고려대학교 통일융합연구원 해란연구총서 시리즈 02

북한의 국내외 북한 통계 진단과 품질 개선 방안

남성욱 · 홍윤근 · 곽은경 · 이현주 · 노현종
이가영 · 김수정 · 이덕행 · 정유석 · 김엘렌

박영사

머리말

북한통계를 찾아 추적에 나선 지 벌써 30년이 지났다. 과거 국가 정보기관에서 근무할 때는 물론이고 미국 유학 시절 박사학위 논문 집필 작성은 정확한 북한통계와의 전쟁이었다. 1990년대 중반 세계 최초로 북한 식량문제로 미국 대학에서 박사학위 논문을 작성한다는 야심찬 계획을 세운 것이 북한통계 확보의 서막이었다.

모형을 설계하는 등 연구방법 등을 모색하였으나 일차적으로 당면한 과제는 시계열적인 독립변수의 확보였다. 북한의 식량 생산, 소비 및 무역에 관한 연구 주제를 작성하기 위해 일차적으로 $Y=f(X1, X2,....)$ 등의 방정식을 구상하였다. Y라는 북한의 식량 생산량을 도출하기 위해서는 $X1..$라는 투입요소인 외부 독립변수를 확보해야 했다. 예를 들어 쌀을 생산하기 위해서는 토지, 노동력, 종자, 농약, 이양기와 탈곡기 등 농기계, 날씨 등 40개의 연간 통계(yearly data)가 필요했다. 투입량에 따른 연간 생산량의 변화를 파악하기 위해서는 최소 40년 동안 축적된 데이터가 필수적이었다.

하지만 북한은 1970년대 이후 경제 상황이 침체 상태로 전환하면서 각종 내부 통계를 정기적으로 발표하지 않기 시작했다. 이후 선전 차원에서 과장된 통계를 간헐적으로 발표하거나 전년과 동일하다는 주석을 붙인 무의미한 통계를 발표하였다. 식량 관련 통계는 일부는 과장되거나 제한적으로 발표하여 외부에서 식량 생산과 소비 및 수출입 동향을 체계적으로 파악하는데 어려움이 적지 않았다. 덕분에 부지런히 미주리 주립대 도서관에 정부 문서(government documents) 담당 사서에 도움을 요청하여 북한통계 찾기에 나섰다. 대학에서 도서관학을 전공한 털보 수염의 사서 Kries는 나를 적극적으로 도와주었다. 때로는 미국 의회도서관을 찾아 북한 경제사회 자료를 입수하는데 시간과 비용을 아끼지 않았다.

북한통계는 한국에서 추산한 통계 못지않게 북한이 유엔(UN) 및 세계은행(World Bank), 국제 식량농업기구(FAO) 등 국제기구와 미국 농무부(USDA)와 상무부(USDC) 등 미국 담당 기관 등에 지원을 받기 위해 제출했던 통계들이 드러났다. 유엔이나 국제기구 및 미국 기관들은 인도적 지원이든 상업적 지원이든 반드시 현황을 요구하는 관행이 정착되어 있기 때문에 각종 기본 통계 및 현황자료 제출은 지원에 필수적인 전제조건이었다. 한편 북한 당국에서 발표하는 자료를 찾기 위해 북한 원전과 연감, 노동신문 등에 간헐적으로 표기된 각종 통계를 찾을 수 있었다. 여전히 날씨와 같은 질적인 변수를 계량적으로 처리하는지라 어려움이 적지 않았지만 북한통계가 '어디에 있는가(know-where)?'라는 본질적인 의문에 실마리를 풀어낸 것은 큰 성과였다.

　통계의 확보(data selection)가 가능해야 다음 단계로 연구를 진행하는 절차를 경험하면서 시의성과 적시성, 명확성, 편리성, 접근성 및 일관성 등 통계의 6대 품질에 대해 고심하였다. 과연 북한통계가 현재 북한의 현실을 얼마나 정확하게 반영할 것인가라는 문제를 두고 북한 전문가 및 통계 전문가들과 의견을 나누었다. 요컨대 결론은 선진국은 선진국의 통계, 중진국은 중진국의 통계가 있다는 점이다. 통계는 한 국가의 경제발전 정도를 반영한다. 제도와 경제 여건이 의식주를 해결하지 못하고 체계적인 통계 교육을 받을 여건이 마련되지 못한 국가에서 선진국 수준의 통계를 요구하는 것은 한계가 있다. 이런 국가에서는 절대적인 실상을 파악하는 것이 우선적인 과제이고 정확한 수치를 파악하는 것보다 추세와 경향을 판단하는 토대로 통계를 활용하는 것이 필요하다.

　표준국어대사전에서는 통계(統計)를 "한 곳에 몰아서 어림잡아 계산함. 어떤 현상을 종합적으로 한눈에 알아보기 쉽게 일정한 체계에 따라 숫자로 나타내는 그런 것"이라고 정의 내리고 있다. 학술적으로 통계학은 관찰, 수집된 현상 또는 상태에 대해서 통계적(수치적)으로 처리하고 연구하는 과정으로 기술통계와 추론통계가 있다. 기술통계(서술 통계, Descriptive statistics)란 수집한 데이터를 요약, 묘사, 설명하는 통계 기법이며 자료의 요약된 정보를 대푯값(Representative value)으로 표현한다. 반면 추론통계(Inferential statistics)는 수집한 데이터를 바탕으로 추론 및 예측하는 통계 기법 표본에서 얻은 어떤 특성의 통계치를 기초로 표집에 따른 오차를 고려하면서 모집단의 모수치를 확률적으로 추정하는 통계적 방법이다. 과연 북한통계를 추정하는데 기술통계와 추론통계를 어떻게 적용할 것인지 상당한 연구 분석이 필요하다.

　현재 북한 경제사회 관련 통계는 국내는 11개 기관에서 110종, 국제는 유엔 등 14개 기관에서 624종의 통계를 발간하고 있다. 통계청은 국가통계포털을 통하여 국내외를 합쳐 총 734개의 통계를 발간하고 있지만 여전히 북한의 공식 통계 미발표와 현장 접근의 어려움으로 정확성을 진단하는 데 한계가 있다.

연구진들이 연구한 결과를 토대로 2023년 6월 통일부의 지원을 받아 연구를 심화시키는 심포지엄을 개최한 것은 북한통계 연구의 동력을 확보하는 계기가 되었다. 통일연구원 최지영 박사, 농촌경제연구원 김영훈 박사, 농어촌연구원의 김관호 박사, 한국해양수산개발원 채수란 박사, 고려대학교 조시준 박사, 남북하나재단 김영희 박사, 현대경제연구원 이해정 박사, 전병길 통일과나눔 사무국장, 통일융합연구원 김혜원 박사 등이 참여하여 귀중한 제언과 토론을 주었다. 심포지엄을 통해 북한의 통계와 관련된 이슈와 대응 방안을 함께 모색한 이들 북한 경제·사회 전문가의 제언과 논평은 연구를 보완하는 데 크게 도움이 되었다.

본서의 집필은 지난 30년간의 북한통계 연구라는 2대 연구의 종합적인 결과다. 북한통계 연구는 어느 한 분야만의 연구로는 완성되지 않는다. 통계청의 지원으로 시작되었으나 불합리한 제도 때문에 연속적인 심화연구에 채택되지 못했다. 하지만 북한통계에 대한 최초의 종합적이고 체계적인 연구라는 자부심으로 연구를 지속할 수 있었다. 2년여에 걸친 심화연구에 참여해주신 신한대 홍윤근 특임교수, 통일연구원 초청연구위원 이덕행 박사, 서울평양연구원 이현주 원장, 이화여대 통일학연구원 김엘렌 박사, 통일연구원 정유석 박사, 산업연구원 김수정 박사, 숭실대학교 숭실평화통일연구원 노현종 박사, 통일부 이가영 박사와 곽은경 박사에게 감사드린다. 자료 정리와 분석에 노력한 고려대 통일융합연구원의 조정연 박사와 이다은 연구원에게도 감사의 말씀을 전한다. 본서에 발견될 오류와 한계 등은 연구기획 책임을 맡은 본인에게 귀착된다는 점을 언급하고 싶다.

미국에 거주하시면서 본서를 해란연구총서로 발행하도록 큰 도움을 주신 고려대학교 의과대학 김해란 박사님, 고려대 통일보건의료 연구를 이끌고 계신 김영훈 전 의료원장님, 김신곤 의과대학 교수님께도 심심한 사의를 표하고자 한다.

본서는 고려대학교 통일융합연구원의 해란연구총서 시리즈의 두 번째 성과물로 발간한다는 측면에서 막대한 책임감을 느낀다. 마지막으로 연구총서를 발간해주신 박영사 안종만 회장님과 김한유, 한두희 과장 등 편집진에게도 고마움을 전한다.

2024년 3월에
고려대학교 통일융합연구원에서 남성욱

차례

국내외 북한통계 서비스 현황

남성욱(고려대학교 통일융합연구원 원장)

제1장

:

국내외 북한통계 서비스 현황

1. 통계청 북한통계 서비스 현황

북한은 정기적이고 체계적으로 각종 통계를 발표하지 않기 때문에 남북한 국력 비교 및 국제사회의 위상 파악 등 다양한 목적으로 국내외에서 북한통계를 추정해서 발표한다. 국내에서는 통계청이 북한의 경제·사회 실상에 대한 이해를 돕고자 국가정보원과 통일부 등 관련 기관의 지원을 받아 1995년부터 매년 「북한의 주요 통계지표」를 책자 및 온라인 간행물로 발간하는 등 통계 데이터베이스(DB)를 서비스하고 있다. 2022년 12월 기준으로 통계청은 국내·외 총 34개 기관으로부터 734종의 다양하고 방대한 북한통계를 일목요연하게 수집 및 서비스함에 따라 국내·외에서 활용도가 매우 높다.

발간자료에는 북한의 통계자료를 인구, 농림수산업, 대외거래, 경제 총량 등 각 부문별로 구분하는 동시에 남한의 자료, 도표 등 시계열 자료를 수록하여 주요 남북한 통계지표의 비교 및 변화를 쉽게 파악할 수 있도록 했다. 데이터베이스에 수록된 북한통계는 국내외 여러 기관에서 작성된 것으로 각 통계표 하단에 그 출처를 밝혔으며 대북 접근성 제약 등으로 일부 통계는 간접 추정 방식으로 작성되었기에 사용자들이 자료 해석 시 유의할 것을 요망하였다.

통계청은 2022년 12월 기준으로 북한통계포털(https://kosis.kr/bukhan/)을 통해 ①인구, ②농림업, ③보건, ④광업 및 제조업, ⑤국민계정, ⑥대외무역, ⑦교통/물류 및 에너지, ⑧교육·외교 등 8개 분야에서 남북한 비교 통계표를 제공하고 있다. 국내 11개 기관에서 110종[1], 국외 14개 기관에서 624종[2] 등 총 734개의 통계를 취합하여 제공하고 있으며 유엔의 지속 가능 목표(UN SDGs), 국제노동기구(ILO) 고용지표 등 국제기구 자료를 지속적으로 추가할 예정이나 자체적으로 통계를 파악하거나 생산하는 기능이 없기 때문에 새로운 통계를 찾아내는 데 어려움이 적지 않다. 각 기관에서 발표 혹은 추정한 통계를 취합하여 남한과 비교하는 제한적인 역할만을 수행하고 있다.

인구 분야의 주요 통계는 합계출산율, 5세 미만 아동 사망률, 도시화율, 주요도시 인구 등이다. 농림업은 식량작물, 육류·수산물 생산량, 가축사육 마릿수 등이다. 보건 분야는 기대수명, 의료종사자 수, 1인 1일 영양공급량 등이다. 광업 및 제조업 분야는 자동차 생산량, 이동전화 가입자 수 등이다. 국민계정 분야는 국내총생산, 1인당 국민총소득, 산업구조 등이다. 고용 분야는 산업별 고용률, 실업률, 고용률 등이다. 환경 분야는 PM 2.5 대기오염, 온실가스 배출량 등이다. 대외무역 분야는 수출액·수입액 등이다. 교통·물류 및 에너지 분야는 자동차 등록 및 항공기 보유 대수, 철도 총연장, 항만하역능력 등이다. 에너지 분야는 1차 에너지 총급량/1인당 공급량, 전기이용률, 원유수입량/정제능력 등이다. 교육·외교 분야는 학교 수, 학생 등이다. 기타 분야는 여성 국회의원 비율 등이다.

남한의 국가통계포털(KOSIS) 100대 지표와 북한통계를 비교할 경우 남한통계와 동일하거나 유사한 북한통계는 44종으로 향후 여전히 밝혀야 할 통계가 적지 않다. 따라서 생성하지 못한 분야의 통계 파악을 위해 특집통계 및 통계해설을 추가로 제공하여 이용자들의 이해를 돕기도 한다. 통계청은 2021년 「북한의 주요통계지표」 간행물을 발간하며 '북한통계 입수 및 서비스 개선' 용역사업의 결과를 바탕으로 작성된 '특집통계 및 통계해설' 부문을 북한의 주요통계지표 이외에 추가로 제공했다. '통계해설'은 이용자들이 쉽게 이용할 수 있도록 북한경제의 분야별 전문가

---

1   통계의 출처를 기관별로 분류하면 국가정보원 40, 국방부 1, 기상청 3, 농촌진흥청 4, 대한무역진흥공사(KOTRA) 6, 외교부 6, 통계청 14, 통일부 26, 광해관리공단 2, 농촌경제연구원 1, 한국은행 7종이다.
2   국제기구에서 발표한 통계를 기관별로 분류하면 유엔(UN) 306, 국제식량농업기구(FAO) 38, 국제에너지기구(IEA) 2, 국제적십자연맹(IFRC) 2, 국제노동기구(ILO) 53, 국제의원연맹(IPU) 2, 국제전기통신연합(ITU) 4, 세계은행(World Bank) 111, 프리덤 하우스(Freedom House) 2, 세계보건기구(WHO) 2, 세계지적재산권기구(WIPO) 2, 경제협력개발기구(OECD) 1종이다.

들이 작성하였으며 통계 이용자들이 북한통계를 이해하는 데 필요한 기본사항, 배경지식 및 일반 현황 등을 간략하게 소개했다. 인구, 보건, 농업, 산업, 국민계정, 무역, 교통, 에너지, 국방 등 9개 분야이며 집필진은 국책연구원 등에서 주로 북한경제 및 관련 분야를 담당하였다.

통계청이 기존 북한통계 이외에 분야별 전문가를 동원하여 각종 통계해설을 제공하는 이유는 사용자들이 북한통계에 관한 다양한 의문을 가능한 한 해소시키기 위한 목적이 있다. 2022년에는「북한통계 설명자료 분석을 통한 품질개선 방안」제하의 용역 보고서를 발표하여 북한통계의 진단과 품질개선 방안 등을 체계적이고 깊이 있게 검토하였다.

통계청의 북한통계포털은 지난 1995년 이래 28년간 정책 담당자, 학계 연구자, 국제문제 분석가 및 언론 등 다양한 계층에 북한 사회를 객관적으로 이해하는 지표와 척도 DB를 제공함으로써 한반도 분단체제의 실상 및 남북한의 국력과 사회현상의 비교분석 및 차이를 이해하는 데 크게 기여하였다. 통계를 제공하던 초창기에는 북한통계가 제공되지 않거나 혹은 기존 통계도 적시에 업데이트가 되지 않아 국회 기획재정위 등에서 통계청이 북한통계 제공에 관심이 미흡하다는 지적을 여러 차례 받았다.

2020년 2월에 통계청은 북한통계 업무 관련 대내외 협력 및 총괄기능 확보를 위해 '북한통계 전담팀'을 신설하여 단순 자료수집에서 향후 남북통계 협력 기반 조성을 위한 총괄 기획·조정 조직으로 전환하였다. 2021년 국감에서는 통일대비 북한통계 관리 및 품질점검 방안 마련 등이 제기되었으며 신규통계 및 기존통계의 설명자료 보완 요구 등 개선방안 마련 필요성이 요구되었다.

통계청은 통일정책 지원 및 남북한 통계협력 기반 마련을 위해 국내외에 산재한 북한통계를 종합 수집 및 제공하고 있으나, 북한 당국이 공식적으로 통계를 정기적으로 발표를 하지 않거나 국제기구에 적시에 통계를 제공하지 않음에 따라 출처 불확실 및 시의성 등 신뢰성을 담보하는 데 어려움이 적지 않다.

북한통계의 품질관리 및 신뢰성 확보에 대한 외부의 지속적인 요구가 있으나 현재 통계 개념 및 작성방법 등 설명자료 부족과 공식 자료수집의 한계 등으로 검증을 통한 품질관리가 미흡하여 국내외 여타 통계와 체계적인 비교가 불가능한 실정이다. 특히 입수·제공 중인 통계에 대한 검증 이외에 해당 통계의 작성 과정 및 배경 등 통계를 생성하는데 토대가 되는 '원 설명자료(Metadata)'에 대한 검증이 제대로 이뤄지지 않고 있다. 요컨대, 통계설명자료 검증을 통해 북한통계의 공통 개념 확립 및 작성 과정의 문제점을 최대한 제거하여 품질개선의 가능성을 모색하여야 한다. 향후 2년간 통계설명자료 검증을 통해 북한통계의 공통 개념 확립 및 작성 과정의 문제점을 최소화하여 2025년 북한통계 발표 30주년을 맞이하는 시점에는 통계품질이 획기적으로 개선되기를 요망한다.

2. 북한통계 작성 연혁 및 평가

　　북한통계 확보의 출발은 1960년대 초 남북한 간 체제 및 국력 경쟁이 가속화되면서 경제적 및 도덕적 우위를 입증하기 위한 정치적 고려 차원과 남북한 경제·사회 및 국력 비교 차원에서 연구가 추진되었다.[3] 1960년대 초부터 국가정보기관인 중앙정보부가 북한경제의 현황과 문제점 등 관련 북한 원전자료 및 비밀문서 등을 학계에 제공하였다. 학계는 이를 학문적이고 이론적 차원에서 최대한 체계적으로 정리했다. 주로 체제선전과 정당성 확보 차원에서 사회주의 계획경제의 문제점과 남한의 경제력 우위 등을 분석하고 발표하였다.[4] 1970년대 들어 남북한이 7·4 남북공동성명 합의에 따른 평화공존정책 추진 과정에서 각자의 국력 우위를 강조하는 심리전이 강화됨에 따라 서울과 평양은 정권의 합법적인 정통성을 선점하기 위해 각종 경제지표를 활용하는 데 주력하였다.

　　요컨대, 남북한이 대결과 동시에 대화를 추구함에 따라 각종 경제사회 통계의 중요성은 시간이 갈수록 부각되었고 남북한 국민총생산(GNP) 추계 및 비교 연구는 1970년대에도 적극적으로 추진되었으며 북한경제를 나타내는 각종 지표에 대한 체계적인 정리와 심도 있는 분석이 시도되었다.[5] 대한민국 통계에 따르면 남북한 국력

3　조선민주주의인민공화국, 「조선민주주의인민공화국 인민경제발전 통계집(1946~1960)」, 평양: 국립출판사, 1961.

4　서남원, 「북한의 경제정책과 생산관리: 독재경제의 이론과 실제」, 서울: 고려대학교 아세아문제연구소, 1966.

5　이병용, 「남북의 부문별 경제력 비교 및 장기예측」, 국토통일원, 1972.

경쟁에서 남한의 국력이 북한의 국력보다 앞서기 시작한 시점은 1978년이지만 미국 중앙정보국(CIA) 통계에 따르면 1983년이 되어서야 남한의 경제력이 북한의 경제력을 확실하게 앞서기 시작했다는 평가도 있다.

남북한의 체제선전 활동이 격화됨에 따라 북한의 지도자들이 합법성과 도덕성에서 우위를 차지하기 위하여 식량 생산량 등 일부 통계를 과장하거나 조작하는 사례도 발생하였다. 단순한 수치상의 국민총생산(GNP)이나 전체 생산량만으로는 자본주의와 사회주의 체제 간의 우월성을 정확하게 비교할 수 없음에 따라 남북한 역량 비교에서 제약점인 국민소득 추계방식과 복지후생 면에서의 차이점을 고려한 체계적이고 학술적인 방법을 모색하여야 했다. 북한통계 발표는 남북한 경제체제의 제도적 특징과 정부 기능을 비교하는 비교경제체제의 모형을 사용하여 실질적 역량을 비교하는 목적으로 진행되어 신뢰성이 개선되었다는 평가를 받았으나 사회주의 체제의 고유한 속성에 따른 통계 출처 및 정확성 등에서 여전히 본질적인 문제점이 나타났다.[6]

1980년대 들어 중국의 개혁 개방으로 각종 중국에 있는 북한 원전(原典) 자료와 통계가 공개되면서 북한의 경제사회 현상을 비교사회주의 시각에서 분석하는 연구가 등장하였다. 북한과 중국의 정치, 경제, 사회 및 문화 등 제반 영역에 관한 40년간의 통계와 자료를 수록하는 비교분석 연구들이 등장하여 정치적, 문화적, 역사적으로 이질성이 심해진 남북한 체제를 객관적이고 비교사회주의 관점에서 분석하는 연구가 시도되었다. 북·중 경제의 비교 연구는 공식 통계자료의 신뢰성에는 문제를 제기할 수 있으나 일관된 통계 출처(source)를 토대로 체계적으로 작성되었다는 점에서 변화의 정도와 추세, 양상을 분석하는데 의미가 적지 않았다. 관련 연구들은 북한경제의 1차 자료로 노동신문과 「월간 근로자」를 비롯하여 「조선중앙연감」, 「조선민주주의인민공화국 인민경제발전 통계집」, 「조선노동당대회 자료집」과 「북한 최고인민회의 자료집」 등을 활용하였으며 북한이 직접 발표한 주요 통계자료와 정책 내용 등을 발굴하여 북한의 원전 통계를 확보하는 데 크게 기여하였다.[7]

북한통계를 기반으로 한 1960~1990년대 각종 북한경제 관련 연구는 남북한

---

6   정상훈, 「The North Korea Economic Structure and Development」, 미국 Wayne 주립대학교, 박사학위 논문, 1964.
7   서진영 편, 「현대 중국과 북한 40년- 자료와 통계」, 고려대학교 출판부. 1991.

의 경제력을 비교하는데 북한 사회주의 계획경제의 특수성으로 자본주의 방식의 국민총생산(GNP) 개념을 사용하였다. 국가 주도의 명령경제(command economy) 체제를 유지하고 있는 북한의 경우는 공공배급제(PDS)의 정확한 실상 파악의 한계 및 사회주의 국가 간 무역거래에 적용되는 '우호가격(friendly price)'의 특수성과 수출입 통계의 미확보 등으로 정확한 국내총생산(GDP) 총량을 산출하는데 한계를 보였다.

각종 기초 통계자료가 미비할 뿐만 아니라 GNP 계산을 달러로 할 경우 공식 및 비공식 환율 적용이 부정확하여 북한 경제력 평가의 가장 기초가 되는 GNP 추정에 있어 조사 기관과 방법에 따라 적지 않은 수치상의 편차가 나타났다. 따라서 북한경제 연구는 동유럽 등 공산권에 적용하여 어느 정도 타당성이 인정된 실물지표접근법을 북한에 대입하고자 하였다. 현장에 가장 근접하는 북한 GNP를 추정하려고 시도하는 등 현실과 통계 간의 간극을 최대한 줄이는 작업과 연구를 통해서 오늘날 통계청의 북한통계 발표에 이론적인 토대를 제공하였다.

3. 주요 북한통계와 추정기관

한국은행은 북한의 거시경제와 관련된 다양한 지표를 추정하여 매년 6월경 『각 년도 북한 경제성장률 추정 결과』를 발표한다. 주요 지표는 경제성장률, 산업구조, 경제규모(명목 GDP), 1인당 GNI 등이며, 산업별 성장률과 산업구조 등 거시경제 지표를 제공함으로써 북한경제의 전체 구조와 규모 등을 파악하는데 비교 기준을 제시하였다. 북한은 정기적으로 경제규모 및 경제성장률과 같은 거시경제 통계를 발표하고 있지 않아 매년 발표되는 한국은행의 추정지표가 대내외에서 가장 공신력 있는 자료로 활용되고 있다.

경제성장률을 포함한 7개 항목의 한국은행 북한경제 추정치는 국내 북한 및 경제 전문가들의 최종 검증과정을 거쳐 확정되나 통계를 생산하고 있는 한국은행과 국가정보원 등은 물론이고 1차 자료 접근에 한계가 있는 기관 및 전문가들 역시 본질적이고 구조적인 문제점을 개선하는 데는 어려움을 겪을 수밖에 없다. 한국은행의 북한 경제성장률은 국제경제 분석 기준에 부합하는 UN의 국민계정체계(SNA: System of National Accounts) 방법론을 적용하여 추정한다.

국가정보원이 제공하는 1차 자료를 토대로 추정을 시도하나 국정 원가 및 가격 등 북한의 경제현장에서 사용되는 각종 기초자료 입수가 곤란하다. 북한의 국정가격 체계 대신에 남한의 시장가격과 부가가치율 등 간접자료를 비례적으로 환산하여 산출함에 따라 현장과의 괴리가 불가피하게 발생한다. 한국은행의 북한 국내총생산(GDP) 추정치는 북한에서 생산된 부문별 '부가가치의 총액'을 의미한다. 북한 주민들의 산업 부문별 최종 소비규모를 추정하는 데 있어서 부가가치 생산 총액을 그대로 적용한다면 비용과 편익의 가감 등 이중계산의 문제 등으로 북한의 생산 및 소비 현실과 다소 괴리된 수치를 제공할 가능성이 있다. 북한은 생산 총량 부문의 경제지표로서 자본주의 경제에서 사용하지 않는 '사회총생산물과 국민소득'이라는 사회주의 정치경제체제에서 제기된 특별한 개념을 사용한다.[8]

예를 들어 식량의 생산 및 소비의 경우 북한 주민들은 곡물 부문에서 생산된 부가가치의 일부를 소비하는 것이 아니라 곡물 총생산의 일부를 소비하고 있어 자본주의 추정 방식과는 다소 차이가 있다.[9] 한국은행의 북한 거시경제지표를 자본주의 국가들과 직접 비교할 경우 물가(price), 구매력, 교육, 의료 등 국가의 무상복지 지원, 국방비 및 세금[10] 등의 지표가 정확하게 반영되지 않아 북한경제의 현실을 정확하게 표기하는 데 한계가 있다. 사회주의 국가에 특유한 교육, 보건복지, 공공배급 제도(public distribution system) 등이 정확하게 반영되지 않아 자본주의 가격제도를 근간으로 분석한 한국은행의 통계가 북한의 현실을 어느 정도 반영하는지를 둘러싸고 과소평가 및 과대평가 논란이 불가피하다.

---

8 '사회총생산물(GSP: Gross Social Product)'이란 "일정한 기간(보통 1년)에 사회의 모든 생산 부문들에서 창조된 물질적 부를 전사회적 범위에서 개괄한 총량"을 의미한다. 순국민소득(NMP: Net Material Product)은 "사회총생산물 중에서 생산하는데 소비된 생산수단을 보상한 나머지 부분, 즉 그 해에 새로이 창조된 가치"를 말한다. 사회과학출판사, 「경제사전 2」, 평양: 사회과학출판사, 1970, 134쪽.

9 자본주의 국가의 국민소득을 평가하는 '삼면등가의 원칙'에 따르면 생산, 지출, 분배의 세 가지 측면에서 파악된 국민소득의 화폐 금액이 모두 일치한다. 이 법칙은 한 나라의 국민소득 총액에 대한 원칙이지 개별산업 부문에 적용되는 원칙은 아니므로 각 산업 부문의 최종 소비 규모를 파악하기 위해서는 각 산업의 총산출액(부가가치+중간 투입)을 사용해야 한다. 그레고리 멘큐 저. 김경한 역, 「멘큐의 경제학」, 한티에듀, 2021.

10 북한은 1974년 세금제도를 폐지하여 세금이 없는 사회라고 주장하고 있으나 부가가치세를 거래세로 표기하고 개인에 대한 소득세를 기업에 원천적으로 부과하는 등 형식과 명칭만 다를 뿐 무세주의(無稅主義) 주장은 선전에 불과하다.

일부 전문가와 정치권에서 대북 인식 차이로 인해서 북한통계의 정확성을 둘러싸고 정치적인 논쟁도 제기되었다. 예를 들어 한국은행이 발표한 북한의 1인당 국민소득 1,200달러의 통계치를 둘러싸고 국가가 의식주를 공급하는 만큼 진보 진영 측에서는 상당 부분 과소평가 되었다고 주장한다. 반면에 보수 진영 측은 북한 주민들이 실제로는 더 못살기 때문에 소득이 과대평가 되었다고 주장하고 있으나 자본주의 경제의 분석 방식으로 어느 일방의 주장이 타당하다고 결론을 내리기는 용이하지 않다.

북한경제의 수준을 국제적으로 비교할 경우 한국은행 통계가 논리성이 다소 부족하다는 지적도 대두된다. 구매력평가환율(PPP) 기준으로 2005년 북한의 1인당 GDP는 1,333달러로 아시아 최빈국인 네팔의 1,419달러와 유사한 수준이다. 하지만 2017년 추계에서는 네팔이 2,867달러인데 비해 북한은 1,669달러에 머물렀다. 일부에서는 북한 GDP가 아시아 최빈국인 네팔의 GDP 성장률보다 낮았다는 점에서 설득력이 없다고 지적한다. 이와 같은 불일치는 저소득국가 평균 기준으로도 확인되며 구매력평가(PPP) 기준 저소득국가 평균은 지난 2005년 1,250달러에서 2017년 2,500달러 수준으로 증가하는 현실을 볼 때 북한과 일부 저개발국과의 도식적인 비교에서 괴리가 발생한다. 하지만 인구 250만 명의 평양을 제외한 인구 2,250만 명의 비평양 지역의 국민소득은 네팔보다 낮은 수준으로 평가되기 때문에 북한이 반드시 네팔보다 국민소득이 높다고 평가하는 것도 한계가 있다.

남북한 국력과 경제력을 비교 평가해야 하는 정부입장에서 한국은행의 북한경제 거시지표는 북한의 경제·사회를 평가하는 데 현재까지는 가장 객관적이고 장기간에 걸친 시계열적인 추정치로 평가되고 있으나 최대한 사회주의 계획경제의 이질적이고 독특한 특성을 반영해야 하는 현실적인 과제를 안고 있다. 북한의 1인당 GDP 추정치는 현재 한국은행 이외에 UN 등 국제기구와 미국의 정보기관인 중앙정보국(CIA) 등에서 제공하고 있다.

미국 중앙정보국(CIA)은 유엔 회원국들의 국가 기본정보 수집의 토대를 확보하기 위하여 북한을 포함한 세계 각국의 주요현황(CIA Factbook)을 제작하여 공개해 왔다.[11] 미 중앙정보국(CIA)는 북한 경제통계에서 인구 등은 최신수치로 업데이트하

---

11 CIA, 「World Fact Book」, every year. https://www.cia.gov/the-world-factbook/

고 있지만 GDP 등은 2022년 11월 기준으로 2015~2017년도의 과거 시점의 통계를 공개하고 있어 시의성이 결여되어 있다. CIA는 2022년 12월 말에 2015년 구매력평가지표(PPP)를 적용하여 최근 북한의 GDP가 400억 달러라고 신규 수치를 발표하였다.

UN 통계국에서도 북한의 경제성장률 추정치를 제공하지만, 특정 기간의 통계는 한국은행의 수치와 동일 및 유사한 것으로 볼 때 한국은행의 경제성장률을 토대로 자신들이 입수한 특별한 수치, 예를 들어 북한이 공식적으로 제출한 간접자료 등을 가감하여 추정하고 있는 것으로 평가된다. 북한은 부정기적으로 자체 추산한 GDP를 국제기구에 제출해왔으나 2016년 북한의 4차 핵실험 이후 유엔의 대북제재가 채택됨에 따라 북한이 자료를 적기에 제출하지 않고 있어 유엔의 북한통계가 일관성과 적시성이 결여되어 있다는 지적을 받고 있다.

유엔은 에너지 및 관련 공업 통계는 2019년까지, 원유 수출입 통계는 2018년 자료까지만 각각 제공하는 등 분야별 통계 제공의 시의성과 일관성이 다소 미흡하였다. 한국은행의 GDP는 한국의 원화 기준이며, UN은 북한의 실질 GDP와 명목 GDP를 미국 달러화 기준으로 추정하고 있어 어떤 환율을 적용할 것인가가 매우 중요하다. CIA가 추정한 북한의 GDP는 구매력평가지수(Purchasing Power Parity: PPP)로 환산된 값이라는 특징이 있다. 북한의 GDP와 소득통계는 경제 현상을 정치·경제학적 측면에서 분석한 기본 데이터인 만큼 북한의 절대 국력 평가 및 남북한의 경제 규모 및 발전 정도를 비교하는데 하나의 기준으로 적용하는 것이 바람직하다.

표 1-1	북한 GDP 관련 남북한 및 해외 통계 비교		
구분	국내기관	해외기관	북한 VNR
GDP	한국은행 원화로 추정	미국 CIA, UN 통계국, 실질, 명목 GDP in US dollars	총사회소득 개념 사용
비교	국가정보원 1차 자료 제공	CIA, PPP로 평가된 환율 적용	2019년 기준 335억 미 달러

자료: 저자 작성

북한의 농업통계는 공공배급제(PDS)하에서 식량 수급이 여의찮은 상황을 볼 때 기근과 식량 부족량 등을 파악하는 기초자료로서 매우 중요한 통계이다. 국내에서 유일하게 농촌진흥청(RDA)이 북한의 기상 조건, 남북한 접경지역 품종 시험 재배, 국제기구의 유사 자료 및 기타 정보 등을 활용하여 매년 말 「북한 식량 작황 자료」를 발표한다. 농촌진흥청의 북한 식량 작물 생산량 추정은 작물 재배 지역 면적 및 기후 등 농업 환경이 북한과 유사한 중국 두만강, 압록강 인근 지역의 기후 현황을 파악하여 양강도, 자강도 및 함경북도 등 북한 북부 지역의 밭작물 생산 현황을 간접 추정한다. 경기도 포천, 철원 등 비무장지대(DMZ) 인근 접경지역에서 북한 종자를 시험 재배하여 북한 남부 지방의 당해 연도 기상, 병충해 발생 빈도, 재해 여부 등 자연조건과 함께 비료·농약 등 농자재 수급 등을 감안하여 비교 추정한다.

농림수산부는 조사분석 결과를 토대로 관련 전문가들과 협의하여 최종적으로 면적당 생산 수량(단수)을 추산한다. 식량작물 생산량 추정에 필수적인 재배면적과 작목 자료는 일차적으로 위성 자료와 기타 정보자료를 바탕으로 하며 국가정보원, 국군정보사 등 관련 기관 협의로 확정된 기본자료를 활용한다. 북한의 농업통계는 기본적인 농축산물 생산 구조와 양, 기본적인 인구 구성, 기초적인 식량 수급 자료 이외에 관련 경제 분야의 가용 데이터가 제한되어 있어 농업생산의 세부적인 분석이 용이하지 않다. 북한 농업통계에서 가장 주목할 만한 기관과 통계는 이탈리아 로마에 소재한 유엔식량농업기구(FAO)가 1993년부터 현재까지 지속적으로 제공하는 FAOSTAT(www.fao.org/faostat)이다.

FAO 통계는 유엔이 대북 식량 지원을 시작한 1995년 이후 주기적으로 'FAO/WFP 북한 식량현황조사단'이 북한 현지를 답사한 결과와 북한이 직접 제공한 자료를 토대로 작성되었기 때문에 통계 항목의 수, 제공하는 연도, 일관성과 구체성 측면에서 가장 신뢰도와 활용도가 높다. 가장 최근에 발표한 북한 현장조사 결과 보고서(DEMOCRATIC PEOPLE'S REPUBLIC OF KOREA (DPRK) May 2019, FAO/WFP JOINT RAPID FOOD SECURITY ASSESSMENT)[12] 등은 유엔 및 국제기구 등 국제사회와 언

---

12 이외에 다수의 특별보고서가 발표되었다. Special Reports & Alerts of North Korea Food Security Assessment: 2019, 2017, 2013, 2012, 2011, 2010, 2008, 2004, 2003, 2002, 2002, 2001, 2001, 2000, 2000, 2000, 1999, 1999, 1998, 1998, 1998, 1997, 1997, 1997, 1996, 1996, 1996, 1995

론에서 사용되는 북한의 식량, 소비 및 수입 관련 통계는 대부분 국제식량농업기구(FAO)의 데이터를 사용한다.

기상청 국가기후데이터센터에서 매달 공개하는 「북한기상자료」는 북한 전역에서 27개 주요 지역의 매일 기온과 강수량을 엑셀로 정리하고 제공하여 일관성과 정확성이 높다. 평양, 신의주, 개성, 원산, 남포, 사리원, 해주, 함흥, 청진, 혜산, 강계, 선봉, 삼지연, 중강, 풍산, 김책, 수풍, 장진, 구성, 희천, 신포, 안주, 양덕, 장전, 신계, 용연 등 27개 지역에서 강수량과 기온 등의 실측자료를 토대로 작성하여 가장 정확한 것으로 평가된다. 1991~2021년까지 30년간 해당 지역의 평균값을 제시하여 기온과 강수량의 변화에 따른 차이를 비교할 수 있도록 제공한다.

표 1-2   북한 식량 생산량 관련 남북한 및 해외 통계 비교

구분	국내기관	해외기관	북한 VNR
GDP	농촌진흥청	FAO, 북한 현지조사 : 1995~2019	
비교	북중 국경 및 DMZ 인근 시험 재배	정곡 기준 생산량 발표	조곡 기준 생산량 발표

자료: 저자 작성

북한 산업 관련 통계는 산업자원부 및 국가정보원 등 관련 부처에서 추정이 이루어지고 있으나 공장 설비 규모의 하드웨어와 소프트웨어라는 가동률 측면에서 추정에 어려움이 적지 않다. 지하자원 및 제조업 생산통계는 북한이 공식적인 통계를 발표하지 않고 있고 현지 조사도 불가능하기 때문에 위성자료 등과 일제 강점기 건설된 공장의 주요 설비 및 북한이 발표한 각종 기업소 및 공장 관련 언론 보도의 가동률 추이 등을 토대로 국가정보원에서 간접 추정한 결과를 사용한다. 북한 언론매체에서 공개한 공장이나 기업소 등 물리적 시설 이외에 위성자료 등을 통하여 실제 생산 참여 인원 등 생산 활동을 관찰하기가 어렵고 1990년대 이후 급격한 설비의 노후화 등으로 기존 설비의 생산능력을 토대로 한 생산량 추정이 어려운 품목 등의 경우 실제 가동 수치를 신뢰하는데 한계가 있다.

광공업 및 주요 공장 가동 현황 등 산업통계는 북한경제의 핵심 능력을 파악할 수 있는 자료인 만큼 북한이 일급비밀로 간주하여 구체적인 수치를 공개하지 않는

다.[13] 광업통계는 주로 광해관리공단에서 생산한 통계가 사용되며 북한의 광물자원 매장량은 북한이 매년 발간하는 「조선중앙연감」에 제한적으로 발표된다. 다만 국가정보원 등 관계기관이 자체 수집한 자료를 근거로 한 잠재매장량 수치 등은 대부분 중국 등지에서 간접적으로 확보한 자료부터 일제 강점기 자료까지 종류가 다양함에 따라 실제 현황을 파악하는데 어려움이 있다. 북한의 광업 및 제조업의 생산량 통계는 절대적 수준을 파악하기보다는 증감의 추세(trend)를 확인하는데 활용하는 것이 적절하며 국제세미나 등을 통하여 북한이 최근 자료를 제출하도록 유도할 필요가 있다.

북한통계에서 정확성이 있는 대표적인 분야는 농업과 함께 국제무역 분야다. 대한무역진흥공사(KOTRA)는 북한의 대외무역통계 및 주요 교역 현황 분석을 1990년부터 발표하고 있으며, 통계청 홈페이지에서는 초창기인 1996년부터 자료를 제공한다. KOTRA의 북한통계는 해외무역관 주재 국가별로 대북 무역 동향 자료를 수집하고 상대국 등의 확인 과정을 거쳐 최종자료로 발표하고 있으나 회원제 유료 사이트로 제공되어 이용에 제약이 있다. KOTRA는 해외무역관을 통해서 '거울통계(mirror statics)' 방식으로 집계된 북한의 대외무역 통계를 검증하는 역순 절차를 거치면서 거울통계의 정확성, 신뢰성 및 통계로서의 유효성을 높이는 데 주력하고 있다.

해외무역관들은 Global Trade Atlas(유료 무역통계 사이트)를 통해 북한의 대외무역액을 확인하고 주재국 정부 통계 사이트 등을 활용하여 해당 데이터 확인 작업을 진행한다. 한국무역협회(KITA)는 2001년부터 185개 국가를 대상으로 북한 HS code 6단위로 품목별 교역 현황 데이터를 제공하고 있다. 이는 현재 제공되는 북한의 무역 데이터 중 가장 광범위한 자료로 평가된다.

한국무역협회(KITA)는 중국의 해관(海關)통계를 기반으로 북·중 무역유형, 중국 성(省)별 북한과의 교역을 HS code 8단위로 교역통계를 월별로 제공하며 수출입 금액과 더불어 중량 통계까지 제공하고 있다. KITA는 남북한 반·출입 통계를 발표하고 있으며 북한의 대외무역에 남북한 교역통계를 포함하고 있다.

이외에 다양한 국제기구 및 해외기관들이 북한의 대외무역 통계를 발표한다. 대표적인 통계는 UN의 Comtrade 데이터(https://comtrade.un.org/data)로서 UN

---

13 황장엽 전 노동당 비서의 증언. 2009년 10월 24일, 필자와의 면담.

Comtrade는 130개 국가와 북한과의 무역통계를 1988년부터 2021년에 이르기까지 HS code 6단위로 발표한다. 상품별, 국가별, 연도별 데이터 확보가 가능하고 금액과 중량으로 발표하며 그밖에도 SITC, BEC code로 무역통계를 확보할 수 있기 때문에 통계적 가공 절차를 연구자가 직접 추진하지 않아도 되는 장점이 있다. IMF, WTO, ITC 및 중국 해관 등 국제기관도 북한의 무역통계를 주기적으로 발표한다. IMF 통계는 수출입 총액만 연도별, 월별, 분기별(yearly, monthly, quarterly)로 확보가 가능하고, 국제무역기구(WTO) 통계는 1980년 이후 연도별(yearly)로 공개된다.

세계무역센터(ITC, International Trade Centre)는 UN과 세계무역기구(WTO)의 연계기관(joint agency)인 만큼 두 기관의 통계를 기반으로 하며 HS code 6단위로 최대 2001년부터 2022년까지 150개 국가의 무역통계 이용이 가능하다. 다만 북한 무역통계는 무역 상대국이 발표한 내용을 통해 규모를 추정할 수 있는데도 무역의 조사범위가 품목별로 다소 차이가 발생하여 관련 수치가 일치하지 않는 등 여전히 통계의 신뢰성을 확보하는 데 어려움이 있다. 통상적으로 국내외 기관의 무역통계 추정 과정에서 조사 기관별로 가중치를 다르게 매기는 데다 일부 저개발국가에서 남북한을 혼동한 데이터를 발표하여 오해를 일으킬 소지도 적지 않다.

조사기관 간 통계 수치뿐만 아니라 연도별 편차가 크게 벌어지는 점도 지속적으로 문제점으로 지적되고 있다. 무역통계는 북한과 거래하는 무역 대상국의 범위를 어느 정도로 잡느냐에 따라 달라진다. 유엔과 IMF는 북한의 무역 상대국으로 90~140개국을 평가 대상으로 하고 있는데 비해 KOTRA는 60~70개국으로 한정하고 있어 일부 국가의 데이터가 제대로 확보되지 않는 한계에도 불구하고 대상을 확대해야 하는 과제를 안고 있다.

표 1-3　　　　북한 무역관련 남북한 및 해외 통계 비교

구분	국내기관	해외기관	무역대상국
무역액과 무역 품목	KOTRA, KITA	UN Comtrade data, UNCTAD, UNCTAD, IMF, WTO, ITC	KOTRA: 60-70 KITA: 180 UN and IMF: 90-140개국
비교	거울통계 방식 사용	중국 해관 통계 발표	일부 저개발국 남북한 국가 혼동

자료: 저자 작성

산업 관련 특징적인 북한통계는 북한이 UN에 제출한 자발적 국별 검토(Voluntary National Review, VNR)에 포함된 산업 관련 통계다. 북한은 2021년 7월 UN 고위급정치포럼(High-level Political Forum, HLPF)에서 최초로 VNR을 발표하였다. 이는 2015년 유엔 총회에서 2030년까지 달성하기로 결의한 의제인 '지속가능발전목표(Sustainable Development Goals, SDGs)' 이행 상황을 각국이 자발적으로 검토하여 UN에 제출하는 제도의 일환으로 작성된 자료로서 정확성 여부를 떠나 북한이 직접 제공하여 현장을 파악하는 중요한 지표로 평가된다.

북한은 자료 서문에서 "2021년 조선민주주의인민공화국의 자발적국가검토 보고서는 우리가 유엔 고위급 정치포럼에 제출한 첫 보고서이며, MDGs에 이어 SDGs를 달성하기 위한 우리 정부의 정책 및 노력, 과제, 우선순위 계획 등을 내용으로 하고 있습니다."라고 밝혔다. 또한 "우리의 지속가능발전목표 계획은 정부의 최우선 과제들에 부합하는 17개의 목표, 95개의 세부목표, 그리고 132개의 지표로 구성되어 있습니다."라며 이례적으로 총 80개 통계치를 제시하였다. 공개된 통계자료가 분야별로 단편적이어서 통계자료로서의 가치는 정밀 평가가 필요하지만, 일부 자료는 북한 당국이 최초로 공개하여 의미가 적지 않다. 2015년, 2018년, 2020년의 3년 주기의 자료만 제시하여 시계열적으로 한계를 보이나 처음으로 공개된 통계가 제시되는 등 외부에서 찾아보기 어려운 유용한 통계로 평가된다.

또한 통계치가 연간 단위로 시계열화(time series) 되어 있지 않아 연도별 변화 등 정확한 추정에는 문제가 있으나 북한이 공식적으로 공개한 자료로서 의미가 적지 않다. 이 보고서는 UN 경제통계 전문가들로부터의 교육과 전문적인 교육 지원을 받아서 작성되었으며, 종래 북한에서 생성하고 발표하는 사회주의 계획경제 하의 사회총생산 등의 거시경제 통계 체계가 아니라 국내총생산(GDP) 등 보편적인 자본주의 거시경제 체계에 의한 경제통계가 수록되었다.

북한은 그동안 국제기구와 협력하여 몇 차례 단편적인 경제 통계조사를 시행한 바 있다. 2014년 사회경제연구조사(HDHS), 2015년 중앙통계국 말라리아 인식도, 2017년 중앙통계국과 유니세프(UNICEF)가 공동 수행한 다중지표 군집 조사(MICS) 및 2019년 동북아이해관계자 포럼(Northeast Asia Stakeholders Forum)에 각종 통계자료를 제출하였다. VNR에서 밝힌 GDP 대비 제조업의 부가가치 비율의 변화는 광공업 통계의 주요 품목 생산량 추정치와는 통계 생성 방식 등에서 완전히 다른 추계다. VNR 통계 중에서 GDP 대비 연구개발 지출의 비율, 정부지출 대비 연구개발비 지출, 인구 백만 명당 연구자 수 등은 연구개발 분야의 비중과 연구개발 역량을 파악하기 위해서 유용하게 활용될 수 있는 최초로 공개된 통계로 평가된다.

북한이 제시한 통계자료는 변수의 성격에 따라 큰 차이를 보이며 통계별로 정확성과 신뢰성에 다소 편차가 있다. 북한의 GDP 경제성장률에 대한 신뢰도는 부분적으로 의문시되나 반대로 북한의 식량 생산량의 통계 신뢰도는 상대적으로 높다고 판단된다. 자연환경, 기후 및 재난 등과 관련된 통계자료는 정확도에 대한 평가에 상관없이 최초의 공개 사례로서 의미가 있다. 북한이 공개한 자료를 통해 북한의 현실을 역으로 추적하여 정확한 실상을 파악하는 노력이 필요하며 통계청의 자료와 비교 검토를 통해서 통계품질을 개선하는 자료로 활용해야 한다.

북한 VNR 통계와 남한 통계청 통계의 비교 검토를 통해 VNR 통계의 신뢰성을 비교 검증해보자. VNR의 2019년 국내총생산(GDP)은 2015년에 비해 1.2배 성장한 335억 400만 달러(USD), 한국은행은 2019년 329억 1,900만 달러(실질 GDP), 352억 7,900만 달러(명목 GDP)로서 실질 GDP보다는 많고 명목 GDP보다는 적다. VNR은 경제기반 산업은 금속, 석탄, 전기, 광업, 기계, 건축 자재 생산, 화학 및 경공업이며, 국내총생산의 38.6%를 차지한다. 한국은행이 발표한 2018년 북한의 국내총생산 산업별 비중은 서비스업(33.0%), 제조업(18.8%), 광업(10.6%) 등이나 지표 기준이 상이하여 단순 비교가 용이하지는 않다.

북한의 VNR이 밝힌 2018년 식량 생산량은 조곡(粗穀) 기준으로 495만 톤으로 최근 10년간 최저치를 기록했다. 2019년에는 지난 10년간 가장 많은 655만 톤을 생산했으며, 자연재해로 2020년에는 552만 톤을 생산했다. 남한 통계는 정곡(精穀)[14] 기준으로 2019년 464만 톤, 2020년 439만 톤을 기록하여 남북한 통계를 단순 비교가 용이하지 않다. VNR의 경우, 2012년부터 시작된 북한의 대규모 개간사업은 2021년 4월에 완성되어 서해안 홍건도와 용매도에 약 13,000ha의 새로운 간석지를 조성하여 전체 영토 면적은 12만 3,138㎢다. 반면 남한 관계기관은 12만 3,214㎢로 발표하여 남한 통계가 약간 크다. 간척지의 완성 여부를 판단하는 지표의 차이로 발생한 결과로 판단된다.

---

14 정곡은 벼 껍질을 벗겨서 깨끗하게 손질한 곡식이다. 조곡은 수확 직후 탈곡 및 가공 이전에 원래 상태를 유지하는 곡식이다.

표 1-4 　　　　　**남북한 및 해외 통계 비교**

	국내	해외	VNR
2019년도 국민총생산(GDP)	한국은행 329억 달러(실질 GDP) 352.7억 달러(명목 GDP)	CIA 400억 달러 2015년 구매력 평가지수 적용	335억 달러
비고: 2019년 통계	농촌진흥청 정곡 기준 464만 톤	FAO 정곡 기준 420만 톤	조곡 기준 655만 톤

자료: 저자 작성

　　북한의 체계적인 통계 구축 역량 강화를 위한 국제사회의 지원 확대는 열악한 북한경제의 현실을 고려할 때 불가피하다. 국제사회가 북한의 국가통계 구축 역량 강화를 위한 지원을 보다 확대하는 것은 북한의 개혁·개방 유도 등과 관련해서 적극적으로 검토할 필요가 있다. 지속 가능한 발전목표(SDGs)의 달성 여부는 주로 계량화된 지표에 의거해 결정되므로, 각종 지표에 관한 신뢰할 수 있는 통계를 구축하는 것은 SDGs 실행을 위한 중요한 선결 조건이 될 것이다. 북한은 체계적이고 국제수준에 맞는 통계 구축 역량이 부족한 상태다. VNR 보고서를 통해 북한 스스로 이러한 역량을 강화할 필요가 있음을 인정하고 있는 것은 북한이 국제사회의 규범에 편입될 가능성을 시사하는 만큼 매우 의미 있는 진전으로 평가된다.

　　최근에 의미 있는 북한통계 중의 하나는 북한 국가표준국이 국가표준규격목록(KPS) 통계를 발표한 것이다. 북한 표준 당국은 산업발전의 토대가 되는 표준 규격 정비에 주력하여 2015년에 670쪽 분량의 최신 『국가규격목록(KPS)』을 발행하면서 처음으로 북한의 국가규격 종류를 외부에 공개하였다.[15] 해당 목록집은 서문에서 '국가적으로 모든 제품들에 대하여 규격을 올바로 제정하고 그것을 철저히 지키도록 규율을 강하게 세워야 합니다'라는 김정은의 교시를 강조함으로써 북한도 표준 제도의 확고한 시행을 위하여 주력하고 있다는 점을 시사하였다. PDF 파일로도 공개된 해당 목록은 2015년 4월까지 제정된 국가규격 16,000여 건을 수록하여 북

15　국가규격제정연구소, 『국가규격목록』, 평양: 국가규격제정연구소, 2015. 이 목록은 편리상 I. 규격분류, II. 분류순목록, III. 번호순목록, IV. 대신규격목록, V. 실마리어 검색목록으로 구성하였다. 컴퓨터 프로그램에서 검색이 가능하도록 했다.

한의 국가규격(KPS)이 2015년 기준 16,000여 건이라는 사실이 처음으로 공개되었다. 동서독 통일 과정에서 표준의 차이로 인하여 천문학적인 예산이 투입된 전례를 교훈 삼아 남한의 국가표준(KS)과 북한의 국가규격(KPS)을 통합하기 위한 사전 정지 작업으로서 정확하고 가능한 다수의 북한의 표준규격 현황을 파악하는 일은 지속적으로 추진되어야 한다.

4. 북한통계 품질개선 필요성

1990년대 들어 남한의 국력이 북한의 국력을 경제 및 사회 등 여러 분야에서 추월함에 따라 한반도 분단 이후 냉전 시대에 시작되었던 체제 경쟁은 종결되었고 통일 대비 차원에서 객관적이고 정확하며 다양한 북한통계를 확보해야 하는 현실적인 과제가 부각되었다. 남북한 국력 비교 우위 경쟁에서 출발했던 북한통계의 체계적인 추정은 남북한의 국력 차이가 심해짐에 따라 남한이 북한보다 경제적으로 우위에 있다는 증거로서 활용되었던 과거의 목적은 의미가 상당 부분 약화되었고 오히려 정확한 분단 현실을 토대로 분단 극복과 통일 성취라는 한민족의 21세기 시대적 소명에 기여해야 하는 합리성 당위성 차원에서 접근해야 한다.

동서독 통일에서 나타난 다양한 문제점이 향후 한반도 통일에서도 발생할 것으로 예상됨에 따라 분단 장기화에 따른 이질화를 최소화하기 위해서도 북한 현실에 대한 정확한 추정 및 판단이 필요하게 되었다. 체제 및 국력 우위 경쟁에서 벗어나 보다 객관적이고 정확한 북한통계를 확보하기 위한 노력으로 정책의 초점이 달라짐에 따라 지난 1995년부터 통계청에서 각 기관의 자료를 종합한 시계열 통계자료를 보다 업그레이드해야 하는 도전적인 과제를 안고 있다. 북한통계는 지난 1995년 통계청에서 발표한 지 28년의 시간이 지나면서 일부 통계는 시계열적(time series) 통계가 축적되어 중장기에 걸친 경향성(trend)을 파악하는데 시너지 효과를 내는 등 객관성과 신뢰성을 확보하는데 상당한 성과를 거두었다.

한편 여전히 다수의 국가통계는 일급비밀이라는 북한의 폐쇄성과 비공개성으로 인해 매년 기계적으로 기존 수치의 가감 정도로 통계가 생산되는 구조적인 문제점과 함께 북한이 설명자료 및 통계를 적시에 공개하지 않으면 시계열 자료에 공백이 발생하는 등 한계에 대한 보완책 마련이 필요하다. 734종의 북한통계를 생산하는데 토대가 되었던 메타데이터(Metadata) 자료를 최대한 확보하여 북한통계의 품질을 개선하는 작업이 지속적으로 진행되어야 한다.

특히 전체통계 중에서 최소 30% 이상의 북한통계를 제공하고 있는 관계기관인 국가정보원에서 메타데이터 자료를 매년은 아니더라도 최소 2~3년에 한 번씩은 공개하여 종합적이고 구체적인 통계 진단을 실시할 필요가 있다. 통계청은 이를 축적할 통계 아카이브를 구축하여 학계와 정부, 국책연구기관 등이 참여하는 공개적인 분석이 이뤄져야 한다. 2020년 1월 시작된 코로나 바이러스 사태로 북ㆍ중 국경이 봉쇄되고 일체의 물자 유통과 인적 왕래가 중단됨으로써 원ㆍ부자재 수입 중단으로 북한경제의 가동이 3년째 위축되었다. 최소 3년간 시계열적으로 북한통계 확보에 대한 블랙홀이 발생함에 따라 코로나 사태 진정 후에 제로베이스 차원에서 각종 통계를 재점검해야 하는 과제를 안고 있다.

5. 북한통계 품질개선 방향

통계청은 매년 전체 국가승인통계 1,276종을 대상으로 통계의 △정확성(accuracy) △시의성/정시성(timeliness/punctuality) △일관성(coherence) △비교성(comparability) △관련성(relevance) △접근성/명확성(accessibility/ clarity)의 6개 등급으로 품질을 진단한다. 통계청의 통계품질진단 업무는 각 기관이 작성한 「통계정보 보고서」를 활용하여 진단 준비→진단 실시→결과 분석→결과 환류 등의 순차적인 흐름을 거쳐 이뤄진다.

정부 각 기관은 분야별 통계정보 보고서를 작성하고, 통계청은 보고서를 기반으로 정량ㆍ정성적 판단을 시행하며 진단 결과를 분석하여 문제점 도출 및 개선사항을 정리하며 진단 최종 결과와 진단 점수 등을 작성기관에 통보한다. 진단에서는 「통계정보 보고서」에 수록된 10개의 작성 절차별로 품질지표를 구성하여 통계의 품질 수준을 측정하며 품질지표들의 설명 여부를 표기토록 함으로써 기본적인 통계 작성 절차를 준수하는지 여부를 점검하는 체크리스트로 활용될 수 있도록 한다. 품질검증 방안에 따라 각 지표별로 점검을 실시하여 개괄적으로 개념상 불일치, 불분명한 출처 등의 오류를 점검하며 방법론에서 집계 및 추정 방법 등 작성 방법의 적정성을 검토해야 한다. 하지만 북한통계는 '진단 준비 → 진단 실시 → 결과 분석 → 결과 환류'라는 4단계를 정확하게 거쳐 진단하는 것은 원천적으로 한계가 있음에 따라 「통계정보 보고서」 진단양식에서 가공통계용 방식을 매우 제한적으로 적용하여 진단을 하는 것이 불가피하다.

통계품질 진단 평가를 활용하여 북한통계가 '이용자에게 얼마나 유용하게 사용되고 있는지'의 '사용자 적합성(Fitness for Use)'을 살펴보는 등 북한통계의 적정성여부를 점검하는 작업이 지속적으로 수행되어야 한다. 통계품질 진단은 궁극적으로 6가지 차원의 품질 수준이 어느 정도인지를 측정하고 각 차원의 품질 수준을 높이기 위해 통계를 어떻게 개선해야 하는지 그 방향을 제시하고자 하는 것이다. 관련성은 이용자 관점에 초점을 둔 차원으로 북한통계의 포괄범위와 개념, 내용 등이 이용자 요구에 부합되는 정도를 의미하며 특히, 이용자에게 얼마나 의미 있고 유용한 통계를 작성하여 제공하고 있는지 파악하고자 한다. 대부분의 통계는 알 수 없는 참값을 추정하게 되는데, 정확성이 이 추정된 값이 미지의 참값과 근접하는 정도를 의미하며 참값과 추정값의 차이, 즉 오차가 작을수록 정확성이 높은 통계가 되는 만큼 각종 통계의 정확성은 반드시 점검해야 한다. 통계가 설명하고자 하는 사건이나 현상이 발생한 시점과 통계자료 공표 시점 간의 시차가 커지면 통계자료에 대한 신뢰성을 잃게 되므로 통계자료의 작성 주기, 기간 등이 적절한지, 공표 예정일을 준수하고 있는지 등을 점검하여 시의성과 정시성 측면에서 북한통계의 품질을 평가하는 것이 필요하다.

통계자료는 시간 또는 공간이 달라도 통계자료가 동일한 개념, 분류, 측정도구, 측정과정 및 기초자료 등을 기준으로 집계되어 서로 비교가 가능해야 한다. 비교성은 시간적 및 공간적으로 자료가 비교 가능한 정도를 말하며 북한통계에 대하여 다른 나라, 다른 도시 또는 다른 연도의 자료와 비교가 가능한지를 파악해야 한다. 일관성은 동일한 경제·사회현상에 관해 작성된 다른 통계자료와의 유사 또는 근접한 정도를 의미한다. 서로 다른 기초자료나 작성 방법에 의해 작성되었더라도 동일한 현상을 반영하는 통계자료들은 서로 유사한 결과를 보여야 하는 원리를 기반으로 북한통계의 일관성을 파악하고자 한다. 접근성은 이용자가 얼마나 쉽게 통계자료에 접근할 수 있는가 하는 물리적 조건을 말하며, 명확성은 이용자의 통계자료 이용 편의성 제공 정도를 의미한다. 북한통계의 접근성과 명확성을 파악하는 것은 신뢰성 확보에 필수적이다. 6대 통계품질 진단 기준을 활용하여 북한통계의 신뢰성을 담보하는 작업은 남북한의 이질화 파악은 물론 통일 준비 차원에서 지속적으로 수행되어야 한다.

남북한 분단이 78년을 지나면서 체제의 정통성과 국력 우월성을 선점하기 위한 경쟁도 완화되면서 북한통계의 발표 목적도 변화가 불가피하다. 정부는 남북한의 통합을 준비하는 차원에서 정확한 북한통계 확보를 위한 정책을 적극 추진하여야 할 시점이 도래하였다. 국가승인통계가 1,276종이나 달하는 통계선진국인 대한민국의 6대 지표를 적용한 통계 품질개선 방안을 그대로 북한통계에 적용하는 것은 북한 메타데이터의 접근성에 한계가 있다. 통계청이 국내에서 사용되는 6단계 기준의 기계적인 적용 진단은 어려움이 있으나 주기적으로 통계 품질개선 작업을 시도하는 것은 불가피하다. 북한통계 공식 발표 30주년을 3년 앞둔 시점에 지난 28년간 1차 자료의 접근 곤란과 비밀성 때문에 관행적으로 지속 되어온 북한통계 제공 내용과 방식에 대해 최대한 국내통계 진단 6대 지표로 제한적으로나마 객관적인 진단을 실시하여 품질개선 방안을 마련하는 작업은 시의적절하며 중요한 과제다.

북한통계 품질을 개선하기 위한 체계적인 인프라 구축을 위해 통계청에 북한통계국을 신설하여 아카이브 구축을 위한 전담 인력과 예산을 확보하여야 한다. 통계청장에게 북한통계 수집 권한을 법적으로 부여하는 통계청법의 개정안이 지난 2021년 국회에 제출되었으나 국회의 관심 부족과 관련 기관들의 미온적인 입장으로 통과되지 않고 있다. 신속한 법적 처리로 북한통계의 품질을 개선하는 정부 차원의 대책이 강구되어야 한다. 매년 734개에 달하는 북한통계에 대한 체계적인 품질 진단을 실시하여 6대 지표를 적용하여 연구 과제 수행 결과를 토대로 최종적으로 3단계로 북한통계를 평가하는 작업은 신뢰성 확보 차원에서 매우 중요한 과제다.

요컨대, 세 가지 방향으로 북한통계의 신뢰를 제고해야 한다. 첫째, 중지조치로서 통계의 신뢰성을 심각하게 훼손하는 자료는 통계청이 제공을 중지한다. 둘째, 대체조치로서 유사한 자료로 대체하여 신뢰성이 높아지는 경우 대체를 권고한다. 셋째, 신규조치로서 2개 이상 통계를 혼합하여 신규지표의 작성 가능성을 제시한다. 이와 같은 3단계 조치에 해당되지 않으나 유효한 진단 검증이 어렵고 모호한 통계는 현재의 상태를 유지하되 유보조치를 통해 차년도에 재검토하는 것이 필수적이다. 당국과 전문가들은 매년 정확한 북한통계를 확보하는 작업이 통일을 준비하는 중요한 과제라는 점을 인식해야 한다.

제2장

인구

홍윤근(신한대학교 특임교수)

제2장

:

인구

1. 서 론

1) 머리말

북한의 인구 통계는 크게 한국 및 해외기관에서 생산하는 통계와 북한이 자체적으로 생산하여 발표하는 통계로 나뉜다. 이 통계들은 통계청이 운영하는 '국가통계포털(KOSIS)'을 통해 서비스하고 있고, 특히 인구 관련 통계 항목은 △총인구 △연령별·성별 인구 △기대수명 △출생률과 사망률 △주요 도시 인구 △도시화 △부양비 △순이동인구 △경제활동 인구 △취업자 등으로 구분하여 제공하고 있다.

남북 분단 이후 현재까지 폐쇄적인 북한지역에서 북한 당국은 정기적으로 인구 통계자료 발표를 하지 않았기 때문에 한국 통계청과 해외 각 국가 및 국제기구는 1993년 및 2008년 유엔인구기금(UNFPA)의 지원으로 북한 당국이 조사하여 발표한 통계를 바탕으로 불확실한 북한의 인구수를 추정 및 추계할 수밖에 없는 상황이다.

일반적으로 인구 추계의 불확실성은 다음과 같은 몇 가지 원인에 의해서 나타나고 있다. 첫 번째는 미래의 인구변동 요인에 의한 본질적인 불확실성이다. 특히 이동력의 경우 정치, 경제, 환경 변화와 같이 구조적 조건에 영향을 크게 받기 때문에 그 예측이 쉽지 않다. 두 번째는 인구 추계 자료의 불확실성이다. 국가별, 시대별 통계의 정의가 불분명하거나 체계적인 자료의 구축이 불가능할 경우 인구 추계 자료의 불확실성은 더욱 커진다. 마지막으로 인구 전망에 사용된 모형에 따른 불확실성이다. 동일한 자료를 대상으로 하더라도 사용되는 모형에 따라 결괏값이 다르게 나타날 수 있기 때문이다.[1] 그리고 앞서 언급한 인구 추계의 불확실성에 대한 원인과 비슷한 맥락으로 각 기관의 특징에 따라 인구 통계 항목이 각기 다르고, 추정에 사용하는 출처 자료가 상이하기 때문에 생산된 추계 결괏값은 수치상 일정 부분 차이를 나타내고 있다.

북한 인구조사 결과는 정치·경제·사회 등 여러 분야에서 다양하게 사용되고 있다. 예를 들어 군대 인구 규모 및 구성과 같이 북한의 체제를 깊이 있게 이해하기 위해서도 인구 분석이 필요하다. 그러나 인구 자료가 양적으로 부족할 뿐 아니라 통계 기관마다 추계에 사용한 자료 및 모형이 다르기 때문에 자료의 정확성도 떨어진다는 한계점을 가지고 있다. 따라서 이번 연구를 통해 각 기관·단체 등에서 추계 및 추정에 출처로 사용한 북한 인구 관련 보고서의 메타데이터를 분석하고자 한다. 이를 통해 통계 사용자들이 다양한 관점에서 생산된 통계 데이터를 이해하고 어떤 통계 자료를 사용할지 판단하며 자료를 탐색하는 데 필요한 정보를 제공할 수 있는 유익한 연구가 될 것으로 판단된다.

2) 선행연구 검토

1960년대 이후 북한은 통계자료를 거의 공개하지 않고 있다. 마찬가지로 인구통계의 경우도 1964년 「조선중앙연감」에서 공개한 1963년까지의 인구변화 상황[2]을 제외하면, 북한은 1993년 전까지 공식적 통계자료를 발표하지 않았고(북한 통계의 암흑기) 간접적으로 인구를 추계해 볼 수 있는 데이터를 간헐적으로 발표하였지만, 그 신뢰성이 매우 희박하였다. 그러나 이렇게라도 공개된 자료를 기초로 하여 북한의 인구를 분석하는 연구가 이루어졌다. 먼저 1978년 국토통일원에서 북한인구(1946~1978년)를 추계하였다. 그 이후 1980년 북한의 공민등록통계가 공개되었을 때 Eberstadt와 Banister(1992)가 이를 분석하여 북한의 인구와 군(軍) 인구수를 추계하였다. 그리고 1992년 한국보건사회연구원(정기원 외)에서 북한 인구의 현

---

1   우해봉 외, 『인구추계 방법론의 현황과 평가』, 한국보건사회연구원, p.24, 2016.
2   그러나 북한은 1964년 공개한 자료에서도 1946~1963년까지의 몇 개 연도에 대하여 천명을 단위로 나타낸 총인구와 성비, 출생, 사망 그리고 인구의 자연증가율 등만 밝혔다. 총인구의 연령별 구조나 지역별 분포는 공개하지 않았다.

황에 대하여 추계하였다.

그러나 1993년 및 2008년에 유엔의 자금지원을 받아 진행된 북한 인구센서스가 공개되고 나서 노용환·연하청(1997), 김두섭(2001), 한국통계청(2010) 등 북한의 인구구조를 분석하려는 시도들이 제법 있었다. 남북한 인구 비교 및 통일 이후 인구 추이에 대한 주제로 이루어진 연구로는 Eberstadt와 Banister(1992b), 이석·김두얼(2010), 김두섭(2011), 그리고 Stephan(2013) 등이 있다. 이 밖에도 북한의 인구에 대한 연구는 통일연구원, 한국보건사회연구원, 한국은행, 국토연구원 등에서 지속 진행해 왔다.

북한의 인구 추계 이외의 연구는 주로 통계의 신뢰성에 대한 문제와 남북한 인구 비교 및 통일 이후 인구 추이에 대한 주제로 이루어졌다. 먼저 북한 인구센서스의 신뢰도에 대한 문제 제기는 군대 등 집단시설 거주 인구가 누락되었다는 점을 미루어 보아 북한에서 통계를 의도적으로 왜곡했을 가능성에서부터 시작되었다. 대표적인 연구로는 Eberstadt와 Banister(1992), 그리고 이석(2011)이 있다. Eberstadt와 Banister는 북한이 집단시설 거주자의 경우 공민증을 발급받지 않기 때문에 공민등록통계에서 나타내는 성비가 왜곡되었을 가능성에 대해 지적했다. 이들은 이런 점을 감안하여 일반적인 동아시아 인구 모델과 비교하여 1980년 북한의 군대 규모가 최대 125만 명 정도일 것으로 추정하였다. 이석은 공민등록통계와 유엔 인구센서스를 비교하여 두 자료를 토대로 계산한 군대 인구수에도 큰 차이가 보인다고 지적했다.

이러한 문제점들을 통해 어떤 통계자료를 바탕으로 어떻게 인구를 추계했는지에 따라 결괏값이 달라질 수 있다는 점을 알 수 있다. 따라서 이용자가 통계 자료를 정확히 이해하고 사용하기 위해서는 통계 데이터의 원출처에 대한 설명, 즉 메타데이터가 함께 제시되어야 한다. 이미 북한 통계 자료의 신뢰성에 대한 연구와 이를 보정하기 위한 시도는 다양하게 이루어졌다. 하지만 북한 인구 통계 사용자를 위한 통계 메타데이터에 관한 연구는 이루어진 바 없다. 이번 연구를 통하여 북한의 인구 통계 자료 검색 및 탐색과 통계 자료의 해석을 위한 메타데이터를 제공하고자 한다.

2. 북한 인구의 통계 현황

1) 통계 현황

북한의 인구통계는 북한 주민들에 대한 통제의 수단으로 북한이 1946년부터 실행한 공민등록제와 북한 중앙통계국이 1993년 및 2008년에 유엔인구기금(UNFPA: UN Population Fund)의 재정적 및 기술적 지원을 받아 실시한 인구일제조사(센서스)가 있다.

국내에서는 북한의 인구와 관련하여 국가정보원, 국토통일원(통일부), 한국은행 등 관계기관 및 통계청이 수집 업무를 지속 수행하고 있다. 그리고 해외에서는 유엔인구국(UN Population Division)과 유엔인구기금(UNFPA), 세계은행(World Bank), 유니세프(UNICEF: United Nations International Children's Emergency Fund), 국제노동기구(ILO: International Labour Organization) 등에서 북한 인구와 관련된 통계자료를 수집하여 공개하고 있다(아래 〈표 2-1〉 참조).

표 2-1 　북한 인구통계 제공기관 현황

분류	통계 제공기관
북한	중앙통계국, 사회안전성 (공민등록통계)
	중앙통계국 (인구일제조사)
한국	통계청
	국가정보원, 통일부 등 관계기관
해외	유엔인구국 (세계 인구 전망), 유엔인구기금
	유니세프
	세계은행
	국제노동기구

* 출처: kosis.kr.

한편 북한에서 제공하는 공민등록통계 및 인구일제조사와 같이 공식적인 통계치가 있지만, 통계가 부정기적(인구일제조사 1993년, 2008년)으로 생산 및 발표되었기 때문에 시계열 자료 확보가 불가능하다. 이 때문에 한국(통계청)과 국제기구는 이러한 한계점을 보완하기 위해 북한 인구의 추계치를 정기적으로 생산함으로써 장기적인 시계열 구축을 위한 작업을 수행하고 있다.

2) 북한 기원 통계

(1) 공민등록통계

북한 정권은 사회주의적 가족 건설과 가정 혁명화를 목적으로 1950년부터 1955년까지 순차적으로 기존의 전통적 호적제를 폐지하고 새로운 신분 및 거주등록관계 확립을 위해 공민등록사업, 신분등록사업, 주민요해사업 등 세 가지 사업을 시행하였다.[3] 이 중 특히 공민등록사업은 주민들에 대한 통제의 수단으로 사용되었으며 북한 당국은 행정관청에 신고된 가구 구성원의 자료를 바탕으로 공민등록통계를 생산하였다. 북한 주민이 18세에 달하면 인민보안성 이름으로 거주 지역의 인민보안기관이 공민증을 발급한다. 하지만 정신병에 걸리거나 재판소의 판결에 의해서 노동교화형을 선고받을 경우 신분증이 회수된다. 이러한 공민등록통계는 1980년대 말 북한이 유엔인구기금의 지원을 받아 인구센서스를 계획하는 협의 과정에서 세계에 공개되었다. 아래 〈표 2-2〉에서 보듯이 1989년 북한 중앙통계국이 UNFPA에 제출한 인구 통계는 북한에서 공식적으로 발표한 첫 인구 통계 자료였다.

현재 우리나라 통계청과 유엔인구국(UN Population Division)은 북한의 공민등록통계와 인구센서스 자료를 바탕으로 북한의 인구를 추계하여 발표한다. 그러나 북한에서 공개한 공민등록통계는 남성 성비(sex ratio)가 왜곡되었다는 점과 군대 인구를 제외한 민간 인구만을 대상으로 한 통계라는 논란이 지속 제기되고 있다. 그뿐만 아니라 공개된 인구 통계 항목이 제한적이며 제공된 자료의 대상 기간도 일정하지 않다는 문제점이 있다.

---

3 이제우, 북한의 신분 공민 주민 등록제도에 관한 연구, 사법정책연구원. pp. 3~4, 2017.

표 2-2	1989년 북한 중앙통계국이 UNFPA에 제출한 인구 통계 자료	
분류	**내용**	**대상기간**
인구	총인구 (민간 인구)	1949~1987
	남녀 인구 및 성비	1949~1987
	연령별 인구	1986
	지역별 인구 (9개 도와 4개 특별시)	1987
	도시 및 농촌 인구	1953~1987
	주요 도시 인구 (23개 도시)	1980~1987
출생과 사망	(조)출생률과 (조)사망률[4]	1944~1986
	영아 사망률	1944~1986
	총출생자 수와 총사망자 수	1980~1987
	사망 원인 (원인별 사망자 비율)	1960~1986

* 출처: 이석(2007), 북한의 통계: 가용성과 신뢰성.

(2) 인구일제조사

북한의 인구일제조사(인구센서스)는 1993년(1993년 12월 31일 기준) 및 2008년 (2008년 10월 1일 00시 01분 기준)에 실시되었다. 북한 중앙통계국은 1993년 유엔인구 기금(UNFPA)의 기술적 및 재정적 지원을 받아 4만 3천 명의 조사원을 동원하여 2 가지의 항목, 즉 인구(연령별·성별·지역별 인구, 출생자, 사망자) 및 경제활동(경제활동 참 가율, 산업·업종별, 직업별 취업자)에 대한 기본적인 항목 조사를 실시하였으나 전체 수 치와 표 내의 합계가 일치하지 않거나 누락된 자료가 있는 등 정확성이 부족하다는 한계를 보여주고 있다(총인구: 21,213,478명).

이후 북한 중앙통계국은 2008년 또다시 유엔인구기금(UNFPA)의 지원을 받아 3만 5천 명의 조사원을 동원해 북한 국적의 모든 거주민뿐만 아니라, 북한 시민권 을 보유한 타 국적 국민을 포함하여 조사하였다. 군대, 육아원, 교도소 등도 조사 대

---

4 1년간 발생한 총사망자수를 당해 연도의 연앙인구(7월 1일 기준)로 나눈 수치를 1,000분율로 표시 한 지표로 인구 천명당 사망자수를 의미함(crude death rate).

상에 포함하고 건강, 교육 및 주거 상태 등으로 조사범위를 확대한 제2차 인구일제조사(인구센서스)를 실시한 것이다(총인구: 24,052,231명, 1993년에 비해 13.38% 증가).

이와 같은 1993년 및 2008년 인구일제조사는 실제 조사원의 방문 면접조사를 토대로 유엔인구기금 및 한국 통계 전문가의 기술적 도움을 받아 데이터를 가공하였으며, 이는 UN을 비롯한 국내외 북한 통계 제공기관에서 인구 통계의 기본 및 추정의 원출처로 활용되고 있다.

(3) VNR(Voluntary National Review)

VNR(자발적 국가 검토 보고서)은 2015년 유엔총회 결의에 따라 '지속가능한 발전을 위한 2030 의제 이행에 관한 자발적 국가 검토 보고서'로 지속가능발전목표(SDGs)의 이행 현황과 전략 및 추진체계 등을 유엔에 보고하는 내용의 문서이다. 북한이 2021년 7월 제출한 VNR[5]에 따르면, 북한은 인종적으로 단일 국가이며 총인구수(2019년 조선민주주의인민공화국 인구조사 결과) 25,448,350명[6]이라고 기재되어 있다(우리 통계청 2019년 북한 인구 추계치: 2,525만 명). 또한 인구 10만 명당 산모 사망률(49명), 인구 1,000명당 5세 미만 아동 사망률(16.8명), 인구 1,000명당 신생아 사망률(7.7명) 등과 같은 인구 관련 통계를 제시하고 있다.

동시에 2030년까지 10만 명당 산모 사망률을 2019년 기준 49명에서 40명 이하로 감소시키며, 1,000명당 신생아 사망률과 5세 미만 아동 사망률을 각각 12명 이하, 25명 이하로 감소시키겠다고 목표를 설정하였다. 그러나 "부록 II 조선민주주의인민공화국의 성과 지표 및 성과 도출값"에서는 2019년 기준으로 인구 1,000명당 신생아 사망률은 7.7명, 5세 미만 아동 사망률은 16.8명으로 이미 설정한 목표를 이행하였음을 보여주고 있다.

---

5   박정근 북한 국가계획위원회 위원장이 2021년 7월 1일 '북한의 자발적 국가 보고서(VNR, Voluntary National Review/2021 VNR Report DPRK)를 처음으로 보고함.

6   국가통계포털(KOSIS)은 2019년 북한의 총인구를 25,250,377명으로 추계함(https://kosis.kr/).

3) 국내 통계

(1) 통계청

통계청은 1999년 북한 총인구 추계(1970~2030)를 진행하였다. 이후 2008년 북한 인구센서스 결과가 보고된 이후 1993년 인구센서스 결과와 연동 분석하여 1999년 작성된 인구추계의 갱신이 필요해졌다. 이에 따라 통계청(인구총조사과)은 1993년 및 2008년 인구센서스 자료를 기초로 1993년~2008년 사이 북한 인구와 2009~2055년 장래 북한 인구를 추계하여 2010년 11월에 '1993~2055 북한 인구추계' 자료를 배포하였다.[7] 해당 자료가 배포된 시점에는 인구센서스 이외에 접근 가능한 북한 인구통계 자료의 부재로 인구추계에 필요한 출산력 및 사망력은 간접 추정기법들을 사용하였다.

또한 통계청은 북한통계를 체계적으로 관리하고 북한의 경제·사회·문화 전분야를 이해할 수 있도록 1995년부터 국내외 여러 기관에서 작성한 북한 통계를 수집 및 정리하여 매년『북한의 주요통계지표』(구. 남북한 경제사회상 비교)를 발간하고 있다.[8] 그뿐만 아니라 북한통계 홈페이지(http://kosis.kr/bukhan)에서는 북한통계포털 서비스도 제공함으로써 일반인들도 통계 자료에 쉽고 편리하게 접근이 가능하다.

2021년 한국개발연구원은『북한통계 입수 및 서비스 개선 방안 연구』에서 통계청이 생산하는 북한 통계는 UN 등 국외 기관에서 제공하는 통계보다 신뢰성과 활용성 측면에서 우월하다고 판단하였다.[9] 이는 북한 인구 추정 및 추계 시 보건 인구 분야 등에 종사하던 탈북주민의 면담 등 해외 기관보다 더 다양한 정보 획득이 가능하며 북한의 특수성을 반영하여 세부적인 인구 항목에 대해서도 정밀한 분석이 가능하기 때문이라고 설명했다.

---

7 통계청,『1993~1955 북한 인구추계』, 2010.

8 통계청,『북한의 주요통계지표』, 2022.; 통계청은 2021년 북한의 인구를 2,548만명으로 추계함(남한의 5,175만 명의 절반 수준).

9 한국개발연구원,『북한통계 입수 및 서비스 개선 방안 연구』, 2021.

(2) 국가안전기획부, 국토통일원 등 국내 관계기관의 통계

1978년 12월 국토통일원(현 통일부)[10]에서 '북한인구 추계(1946~1978)' 책자를 발간하였다. 동 책자에서 중앙정보부(현 국가정보원)는 1944년 5월 조선총독부의 국토조사에서 나타난 한반도의 성별, 연령별 인구구조 및 북한 발표 인구통계치를 근거로 1965년까지의 인구를 추계하였다. 그리고 추계된 1965년 인구(12,252,000명)를 기초로 하여 1,999년까지의 북한의 총인구 및 성별, 연령별 인구를 추계하였다(1999년 26,340,662명 추계).[11] 이후 1986년 국가안전기획부(현 국가정보원)는 '북한 총인구 판단(1970~2030)' 자료를 제공하였다. 당시 국가안전기획부에서 남북의 위치, 영토의 이용, 행정구역 수, 행정구역명, 지역별 면적에 대한 자료도 제공하였으나 조사 방법에 대한 세부적인 설명은 제공하지 않았다.

한편 국가정보원은 2023년 5월 31일 국회정보위 정기보고에서 "최근 북한에서 아사자 발생이 예년에 비해 3배 늘어났으며, 특히 자살률(2019년 인구 10만 명당 9.4명)이 지난해 대비 40%나 증가했는데 김정은이 이를 사회주의에 대한 반역 행위로 규정하며 막고자 하였으나 여전히 증가하고 있다"고 밝혔다.[12]

4) 해외 통계

(1) 유엔인구국(UN Population Division)

유엔인구국(UN Population Division)은 세계인구 전망(World Population Prospects) 통계를 발간하여 홈페이지(https://population.un.org/wup/)에 데이터를 게재하고 있다. 총인구, 연령별·성별 인구, 기대수명, 출생률과 사망률, 합계출산율, 중위연령, 순 이동률, 도시화율 등과 같은 주요 통계 수치를 제공하고 있다(2022년 9월 '2022 세계인구 전망'보고서 공개).

---

10 1990년 국토통일원의 명칭을 통일원으로 하고 장관을 부총리로 격상, 개편하였으나 1998년 통일부 장관으로 격하시킴.

11 국토통일원, 북한인구추계(1946-1978년간), pp.8~9, 1978.

12 국정원, 김정은 상당한 수면장애(https://skyedaily.com/news/news_view.html?ID=193604), 검색일: 2023.6.5.

(2) 유니세프(UNICEF)

유니세프(UNICEF)는 매해 정기적으로 연례보고서(Country Office Annual Report)를 작성하여 배포한다(https://www.unicef.org/reports/country-regional-divisional-annual-reports-2022/Democratic-Peoples-Republic-of-Korea). 주로 아동 건강, 아동 보호, 신생아, 예방접종, 교육 등의 항목을 제공하고 있으며, 출생아 수, 합계출산율, 어린이 & 청소년 인구, 인구 성장률과 같이 인구와 관련된 항목도 제공한다.

(3) 세계은행(World Bank)

세계은행(World Bank)에서는 도시개발과 관련된 통계치인 도시화, 인구밀도, 도시인구 성장률의 통계 수치를 제공하고 있다(databank.worldbank.org).

(4) 국제노동기구(ILO)

국제노동기구(ILO)에서는 경제활동 인구, 연령별 · 성별 · 도시/농촌별 인구, 취업자 및 고용률에 대한 정보를 제공하고 있다. ILO 출처의 자료는 ILO 모형에 의한 추정 자료로 홈페이지(https://ilostat.ilo.org)에 해당 통계 자료의 개념과 추계 방법이 설명되어 있다.

그러나 ILO의 통계 자료는 대체에 의한 계측값으로 국가 데이터를 기반으로 하지 않아 불확실성이 높아 국가 간 비교나 순위를 정하는 데 사용할 경우 그 신뢰성은 보장하기 어렵다.

3. 북한 통계 메타데이터

1) 북한 인구 통계의 기초자료

(1) 1993년 인구센서스

북한은 유엔인구기금(UNFPA)의 도움으로 최초로 인구 총조사를 실시하였으며 "조선민주주의인민공화국 인구일제조사자료집"을 발간하였다. 이는 북한에서 제공하는 최초의 지필 면접(PAPI: Paper and Pencil Interviewing)으로 조사된 통계 데이터이다.

　앞서 언급한 바와 같이 1993년에는 4만 3천 명의 조사원, 1만 4천 명의 지도원을 동원하여 16만 개에 달하는 조사구를 대상으로 하였다. 1993년과 2008년 인구센서스 조사 내용 비교는 아래 〈표 2-3〉에 정리하였다.

　당시 인구센서스의 조사표의 앞면에는 인구일제조사등록표, 뒷면에는 사망인구등록표가 인쇄되어 1장으로 구성되어 있었다. 인구일제조사등록표는 〈표 2-4〉에 나타나 있듯이 성별과 연령에 관한 개인사항 2개 문항, 직업과 경제 활동상태에 관한 2개 문항, 15~49세 여성에 한하여 출산에 관한 1개 문항, 지난 1년간 사망자에 관한 5개 문항으로 총 10개 문항으로 이루어져 있다.[13]

표 2-3　1993년과 2008년 인구센서스 비교

구분	1993년 인구일제조사	2008년 인구일제조사
조사 시점	1993년 12월 31일	2008년 10월 1일
조사 기간	1994년 1월 3일~15일	2008년 10월 1일~15일
조사 대상	북한 국적 모든 거주민	북한 국적 모든 거주민과 북한 국적을 취득한 외국인 (군대, 육아원, 교도소 포함)
조사 방법	조사원 방문 면접 조사	조사원 방문 면접 조사
조사 체계	공민증 명부를 토대로 거주 여부를 확인하는 방법	중앙통계국에서 기획 및 시행하여 도·시·군의 통계국에서 관할 지역 조사 실시
조사원	약 5만 7천 명 (조사원 4만 3천 명, 지도원 1만 4천 명)	약 4만 3천 명 (조사원 3만 5천 명, 지도원 8천 명)
조사구	약 16만 개	약 3만 6천 개

* 출처: 강창익(2018), 북한통계 작성 및 협력 방안.

13　정영철 외, 『북한 인구의 동태적 및 정태적 특징과 사회경제적 함의』, 선인, 2011.

표 2-4

		조사항목	1993	2008
1. 가구 및 거처 사항		1) 가구원 수(남녀별)		◎
		2) 가구유형(가구/시설)	◎	
		3) 가구주의 현 노동계층(경제활동상태)	◎	
		4) 가구주의 과거 노동계층(경제활동상태)	◎	
		5) 거주 거처의 유형	◎	
		6) 거주 거처의 1차 권리 여부	◎	
		7) 거주 거처의 연면적	◎	
		8) 거주 거처 내 방의 개수(응접실·부엌 제외)	◎	
		9) 거주 거처에의 수도꼭지 여부		◎
		10) 거주 거처 내 물 공급원	◎	
		11) 가구 이용 화장실 유형	◎	
		12) 거주 거처 내 난방시스템 유형	◎	
		13) 가구 이용 난방시스템 유형	◎	
		14) 요리 시 이용 연료	◎	
2. 개인 사항	모든 가구원	1) 평상적인 가구원 여부		◎
		2) 현 가구에의 등록 여부		◎
		3) 실제 등록지		◎
		4) 가구주와의 관계		◎
		5) 성	◎	◎
		6) 생년월일(연령)	◎	◎
		7) 국적(북한인, 기타)		◎
	5세 이상 가구원	8) 시각장애 여부/정도		◎
		9) 청각장애 여부/정도		◎
		10) 걷기/계단 오르기 장애 여부/정도		◎
		11) 기억/집중 장애 여부/정도		◎
		12) 5년 전 거주지		◎
		13) 간단한 메시지 해독능력		◎
		14) 재학 여부(유치원 이상)		◎
		15) 재학 학교급		◎
		16) 정규 학문과정 참석 여부		◎
		17) 최종학력		◎

	16세 이상 가구원	18) 교육 이수증 종류		◎
		19) 졸업학교 및 전공		◎
		20) 자격증 취득 여부		◎
		21) 지난 6개월간 평상활동(경제활동상태)	◎	◎
		22) 지난 6개월간 자가소비 활동		◎
		23) 지난주 자가소비 활동시간(1일 평균)		◎
		24) 산업		◎
		25) 직업	◎	◎
		26) 노동 계층		◎
		27) 혼인 상태		◎
		28) 초혼 연령		◎
	15~49세 여성	29) 지난 1년간 출생아 수	◎	◎
3. 사망	지난 1년간 사망자	1) 지난 1년간 사망자 수	◎	◎
		2) 사망자의 성	◎	◎
		3) 사망자 출생 년월일	◎	◎
		4) 사망 일자	◎	◎
		5) 사망 당시 연령	◎	◎
	모성사망 (15~49세 여성)	6) 모성 사망 여부		◎
		7) 낙태/사산 중(이후42일 이내) 사망 여부		◎
		8) 출산 후 42일 내 사망 여부		◎
		9) 모성 사망 장소		◎
		10) 모성 사망자의 지난 1년간 출생아 수		◎

* 출처: 정영철 외(2011), 북한 인구의 동태적 및 정태적 특징과 사회경제적 함의, pp.68~70.

(2) 2008년 인구센서스

북한에서 1차 인구일제조사를 실시하고 15년 후인 2008년 UNFPA의 지원을 받아 두 번째 인구센서스를 하였다. 인구조사 운영위원회(National Census Steering Committee; NCSC)를 구성하여 인구조사 사업의 지시사항 교부, 안내, 감독 및 협력 조정 역할을 수행했다.[14] 북한의 중앙통계국이 인구조사 계획 및 실행을 담당하였으며, 3만 5천 명의 조사원, 8천 명의 지도원을 동원하였다. 조사원은 매 가구, 기관 숙소마다 설문조사를 실시하여 자료를 수집하였다.

인구조사 설문지는 UN의 "인구 및 주택 센서스의 원칙과 권고사항"을 참고하여 중앙통계국에서 작성하였으며 ① CPF1: 가구 리스트 ② CPF2: 일반 가정 및 기관 숙소 대상 설문지 ③ CPF2-B: 군인 관련 설문지로 구성되어 있다. 〈그림 2-1〉은 실제 2008년 인구조사에 사용한 조사표이다. 일반 가구를 조사하는 가구 조사표에는 가구에 관한 문항 14개, 가구원에 관한 문항 29개, 그리고 사망에 관한 문항 10개로 구성되어 있다. 1993년과 2008년 북한 인구센서스의 조사항목은 위의 〈표 2-4〉에 나타나 있으며 1993년에 비해 2008년 조사항목 수가 훨씬 다양해진 것을 확인할 수 있다.

이때 10개의 도(province) 안의 56개의 도시 및 구역(cities and counties)에서 북한 국적의 거주민, 북한 국적을 취득한 외국인 및 군대, 육아원, 교도소 등의 기관 숙소 거주민을 조사 대상에 포함하여 3만 6천 개의 조사구를 대상으로 하였다.[15] 또한 북한의 인구 등록 명부를 토대로 거주 여부를 확인하는 방법으로 조사되어 인구등록 자료와 내용상으로 밀접하게 관련되어 있다.[16]

---

14 유엔인구기금, 『2008 Census of Population of DPRK Key Findings』, 2009.

15 유엔인구기금, "UNFPA Helps Plan and Monitor Successful DPRK Census" (https://www. unfpa.org/news/unfpa-helps-plan-and-monitor-successful-dprk-census), 검색일: 2022.10.15.

16 통계청, 『1993~1955 북한 인구추계』, 2010.

그림 2-1 2008년 인구조사 조사표

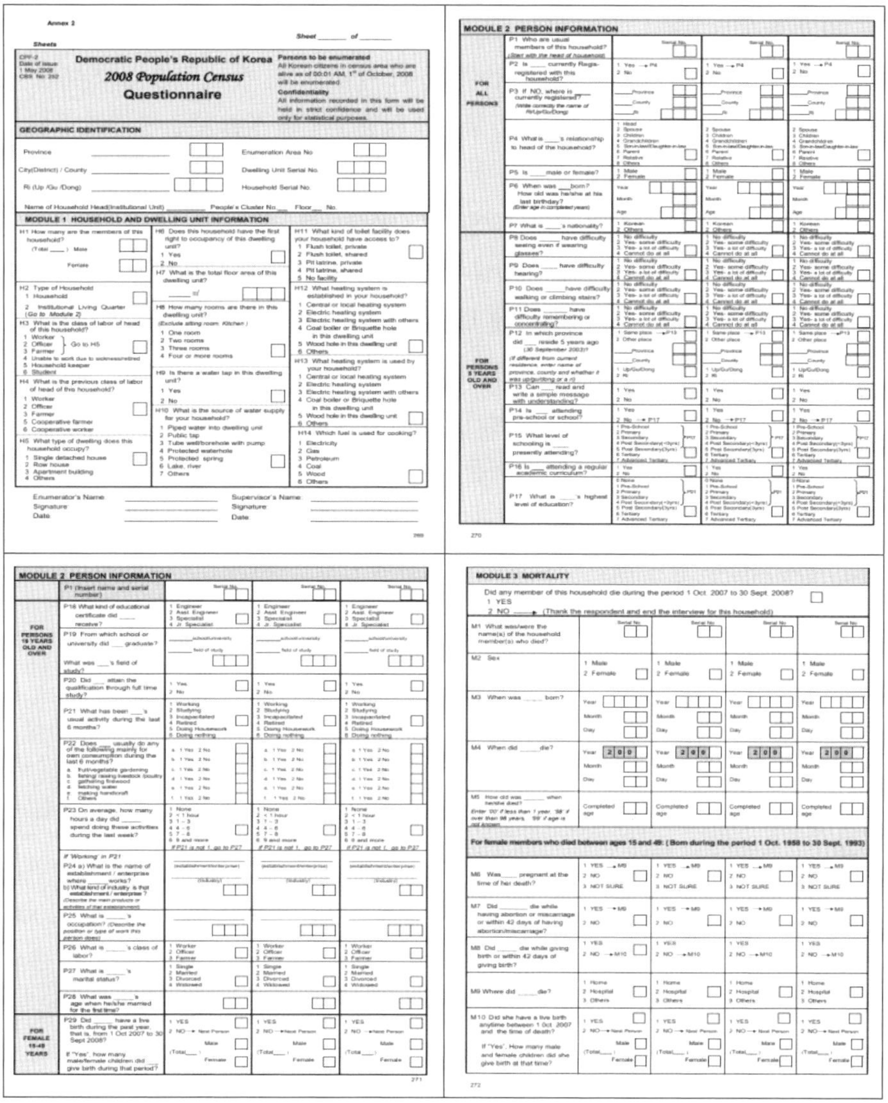
Annex 2

Democratic People's Republic of Korea

2008 Population Census

Questionnaire

GEOGRAPHIC IDENTIFICATION

MODULE 1 HOUSEHOLD AND DWELLING UNIT INFORMATION

MODULE 2 PERSON INFORMATION

MODULE 3 MORTALITY

* 출처: Central Bureau of Statistics Pyongyang(2009), DPR Korea, DPR Korea 2008 Population Census National Report.

(3) 다중지표군집조사(MICS: Multiple Indicator Cluster Survey)

북한 통계 당국은 UNICEF의 지원을 받아 1998년, 2000년, 2004년, 2009년, 2017년 북한의 아동과 여성 현황, 건강, 교육, 아동 보호, 백신 접종 등에 대한 내용을 조사하여 가계 재산, 주거 환경, 영유아 영양상태 등 생활 수준에 관련된 자료를 수집하였다.[17]

2009년 MICS는 북한의 10개 도에서 7,496세대를 대상으로 15~49세 사이의 여성 8,249명, 5세 미만 아동의 어머니 혹은 보호자 2,175명의 표본을 추출하였으며, 3종류의 설문지를 사용하였다. 첫 번째는 모든 법률상 가구 구성원을 대상으로 가구에 대한 정보를 수집하였고, 두 번째는 각각 가구에서 15~49세 여성에게 배경 특징, 산모 및 신생아 건강, 질병 증상, HIV/AIDS에 관한 내용에 대해 질문하였다. 세 번째로는 가구 내 모든 5세 미만 아동의 어머니나 보호자에게 주어진 설문으로 5세 미만 아동의 연령, 출생등록, 초기유년기발달 등에 대한 내용을 다루고 있다. 자료는 사회 과학용 통계 패키지(SPSS) 소프트웨어 프로그램(ver.18)과 UNICEF가 개발한 모형을 사용하여 분석하였다.[18]

2017년에는 8,499세대를 대상으로 15~49세 사이의 여성 8,763명, 남성 4,179명을 인터뷰하였고, 5세 미만의 아동에게 2,275건, 5-17세 아동에게 4,121건의 설문 조사, 1,359가구를 대상으로 수질에 대한 조사를 실시했다. 조사는 가구, 여성/남성, 5~17세 아동, 5세 미만 아동을 대상으로 한 질문지, 그리고 수질에 대한 질문지로 이루어져 있었다. 자료는 CSPro(Census and Survey Processing System) 소프트웨어(ver 6.3)와 MICS 전용 데이터 관리 플랫폼을 기반으로 수집되었다.[19] 2009년에 비해 2017년에는 조사 지표가 55개에서 117개로 증가하였다. 여기서 영유아 사망률 등에 대한 조사가 추가되었고, 출생등록률, 에이즈(HIV/AIDS)에 관한 항목은 제외되었다.[20]

---

17 Global Health Data Exchange (GHDx), 『Dataset Records for Central Bureau of Statistics』 (https://ghdx.healthdata.org/organizations/central -bureau-statistics-north-korea), 검색일: 2022.10.23.

18 Central Bureau of Statistics(DPRK), UNICEF 『Multiple Indicator Cluster Survey, 2009』, 2009.

19 Central Bureau of Statistics(DPRK), UNICEF 『Multiple Indicator Cluster Survey, 2017』, 2017.

20 홍제환, 『UNICEF 조사 결과로 본 북한 민생 실태』, 통일연구원, p.2, 2018.

(4) 재생산 건강 보고서(Reproductive Health Survey)

북한 당국은 2002년 북한의 보건성과 인구연구소, 중앙통계국, 유엔인구기금 민족조정위원회 구성원으로 '2002년 재생산 건강 조사기술협조위원회'를 구성하여 '2002년 재생산 건강 보고서'를 유엔인구기금에 제출하였다.[21] 당시 북한의 인구연구소가 유엔인구기금과 국제가족계획연맹의 지원을 받아 기초조사 및 보고서 작성을 수행했다. 조사는 2002년 8월부터 10월 초까지 이루어졌으며, 5개의 지역에서 총 4,833가구의 49세 이하 기혼여성 5,683명과 59세 이하 남성 1,138명 등을 조사 대상으로 진행하였다. 이후 2006년, 2010년에도 재생산 건강 보고서를 작성하였으며, 보고서에는 피임 방법, 재활 공공 의료 서비스, 가족계획, HIV/AIDS 지식 수준 등에 대한 정보를 포함하고 있다.[22]

(5) 국가 영양조사(Nutrition Assessment)

UNICEF와 WFP(세계식량계획)의 지원을 받아 아동과 출산한 여성의 영양실조 유발률에 대해 조사하였다. 2002년 실행된 조사는 자강도와 강원도를 제외한 7개의 도와 3개의 시에서 6,000명의 아동과 2,795명의 산모를 대상으로 했다. 그중 25%의 여성 모집단은 빈혈 검사를 위한 혈액 채취에 동의했다.

2004년 실행된 조사는 자강도와 강원도 지역을 제외한 7개의 도와 1개의 시에서 4,800명의 아동과 2,109명의 산모를 대상으로 하였다. 그중 59%의 여성 모집단은 빈혈 검사를 위한 혈액 채취에 동의하였다. 그리고 2012년에는 9월 17일부터 10월 17일까지 10개 도에서 8,036 아동, 7,622 산모를 대상으로 실시되었다.[23]

(6) 사회경제 · 인구 및 건강 조사(SDHS: Socio-Economic, Demographic and Health Survey)

유엔인구기금은 2014년 북한의 중앙통계국과 공동으로 사회적, 경제적, 인구

---

21 연합뉴스, 『북한 '재생산 건강조사보고서란'』 (https://www.tongilnews.com/news/articleView.html?idxno=54271), 2005. 5. 1.

22 17)과 동일, Global Health Data Exchange (GHDx), 검색일: 2022.10.23.

23 17)과 동일, Global Health Data Exchange (GHDx), 검색일: 2022.10.23.

통계학적 상황과 건강 상태에 대한 자료들을 수집하였다. 자료 수집은 북한의 11개 도의 13,250세대에서 10,035명의 기혼 여성, 7,128명의 노인을 대상으로 한 설문 조사를 통해 이루어졌다.[24] 질문지는 가구 질문지, 여성용 질문지, 노인용 질문지 총 3가지로 이루어져 있다. 먼저, 가구 질문지에서는 신분, 주거의 세부 사항, 등록 및 미등록 가구원의 기본 정보, 지난 12개월의 15~49세 여성의 사망률을 다루고 있다. 여성용 질문지는 기혼 여성 15~49세를 대상으로 하며, 생식 출생 기록, 피임 여부, 출산 내용에 대한 질문으로 구성되어 있다. 그리고 노인용 설문지는 60세 이상 노인을 대상으로 건강 상태의 자가 진단, 일상생활의 활동 등에 대한 내용을 다루고 있다.

(7) 세계인구 전망(World Population Prospects)

세계인구 전망은 유엔 인구국에서 주기적으로 제공하는 통계수치로 2022년 9월 개정되었다. 여기에는 인구, 부양비(dependency ratios), 인구변화율, 사망률 등 7개 항목과 31개 세부 지표를 제공하고 있다. 인구센서스, 재생산 건강 보고서(Reproductive Health Survey), 다중지표군집조사(Multiple Indicator Cluster Survey) 등의 자료를 이용한 추계 데이터로 국제노동기구(ILO), 미국의 센서스청(US Census Breau) 등에서 이 보고서를 북한 통계 추정 시 출처로 사용하였다.

(8) 아동 사망 수준과 추세(Levels & Trends in Child Mortality)

아동 사망 수준과 추세는 전 세계 어린이 사망률을 낮추기 위해 유엔 산하 단체들이 합동으로 조사하는 UN IGME(UN Inter-agency Group for Child Mortality Estimation)에 의해 작성되는 통계 보고서이다. 아동 및 사망률에 대한 데이터를 공유하고 추계 방법의 발전 등을 위해 형성되어 매년 아동 및 청소년 사망률 추정치를 산출하여 데이터 출처(WHO, WB 등) 간의 차이를 조정한다.

---

24 Central Bureau of Statistics Pyongyang, UNFPA 『2014 Socio-Economic, Demographic and Health Survey』(https://dprkorea.un.org/en/10162-2014-socio-economic-demographic-and-health-survey)

2) 기관별 사용한 북한 인구 통계 기초자료

북한 인구 조사에 사용한 기초 자료들은 한국 통계청, 유엔인구국, 국제노동기구, 유니세프에서 〈표 2-5〉에 정리된 바와 같이 사용되었다.

표 2-5   출처로 사용된 통계 기초자료

자료명	생산 연도	사용 기관
Population Census (인구센서스)	1993, 2008	한국 통계청 유엔인구국 등
Multiple Indicator Cluster Survey (MICS)	2009, 2017	유엔인구국
Reproductive Health Survey (RHS)	2002, 2004, 2006, 2010	유엔인구국
Nutrition Assessment	2002, 2004	한국통계청
Socio-Economic, Demographic and Health Survey (SDHS)	2014	유엔인구국
World Population Prospects[25]	2019	국제노동기구
Levels & Trends in Child Mortality	2022	유니세프

* 출처: UN(2022 세계인구전망), 통계청(1993~2055 북한 인구 추계)

(1) 통계청

2010년 10월 통계청에서는 1993년, 2008년 시행된 인구센서스 결과를 추계 기초자료로 이용하여 『1993~2055 북한 인구추계』를 작성하였다. 북한의 인구센서스 외에 조선중앙연감 연말인구, UN 인구 전망(World Population Prospects), 미국 센서스국 북한 추계, UNICEF 북한 영양실태조사결과 보고서 등을 참고 자료로 이용했다. 또한 인구학자, 북한학자, 보건학자, 소아과의사 등 전문가 자문회의 및 탈북주민 면담을 실시하여 추계 및 추정 자료에 반영하였다.

또한 2010년 보고서에는 추정 및 추계 계산 방법이 상세하게 설명되어 있다. 추계 방법은 코호트 요인법(Cohort Component Method)을 사용하였다. 코호트 요인법

---

25   세계인구전망(World Population Prospects)은 2022년 9월 업데이트 됨.

은 특정 연도의 성 및 연령별 기준인구에 인구변동 요인인 출생, 사망, 국제 이동에 대한 장래 변동을 추정하여 이를 조합하는 방법이다.

(2) 유엔인구국(UN Population Division)

유엔인구국은 홈페이지를 통해 메타데이터 자료를 스프레드시트와 텍스트 형식으로 제공하고 있다. 1993, 2008 인구센서스 자료와 2002, 2004, 2006, 2010 Reproductive Health Survey (RHS), 2009, 2017 Multiple Indicator Cluster Survey (MICS), 2014 Socio-Economic Demographic Health Survey (SDHS), Education Stats, Estimates, Vital Registration과 같은 데이터 카탈로그를 기반으로 한다. (아래 〈표 2-6〉 참조).

어떤 데이터 카탈로그를 사용 혹은 고려하여 추정했는지 항목별(Population, Fertility, Child Mortality, Overall Mortality, Adult and Old Age Mortality, Migration)로 나누어 보여주고 있다. 한편 미국의 센서스청(US Census Breau), CIA 등도 유엔인구국의 세계인구전망(World Population Prospects) 자료 등을 북한의 인구통계 데이터로 활용하고 있다.

표 2-6 세계인구전망 2022: 북한 인구 통계의 메타데이터[26]

Data catalog name	Reference year start	Data process type	Popula-tion	Fertility	Child mortality	Adult mortality	Overall mortality	Migra-tion
1993 Census	1993	Census	Used	Used	Used	Used		
2002 Reproductive Health Survey	2002	Survey		Used				
2004 Reproductive Health Survey	2004	Survey		Used				
2006 Reproductive Health Survey	2006	Survey		Used				
2008 Census	2008	Census	Used	Used	Used	Used		
2009 Multiple Indicator Cluster Survey	2009	Survey		Used				
2010 Reproductive Health Survey	2010	Survey		Used				
2014 Socio Economic Demographic Health Survey	2014	Survey		Used	Consi-dered			
2017 Multiple Indicator Cluster Survey	2017	Survey		Used	Consi-dered			
Education statistics (enrolment by level)	1950	Admin Records		Used				
All sources of estimates	1950	Estimate		Used	Used		Used	Used
Vital Registration	1950	Register		Used	Used		Used	

* 출처: 유엔 인구국, 세계인구전망 2022.

---

26 유엔인구국, World Population Prospects 2022: Metadata (https://population.un.org/ wpp/ Download/Documentation/Documentation/).

(3) 세계은행(World Bank)

세계은행은 세계은행 인구 추정치와 유엔에서 제공하는 세계도시화전망보고서(World Urbanization Prospects) 자료를 기초로 합계, 가중평균의 가공을 통해 통계치를 추정한다.

(4) 국제노동기구(ILO)

국제노동기구에서는 1991년부터 2021년 사이 기간에 직접 조사된 데이터의 부재로 전체 통곗값은 유엔 인구국에서 제공하는 "세계인구전망: 2019 개정판"과 "세계 도시화 전망: 2014 개정판" 자료를 이용한 추정치를 사용한다. ILO 모델에 의한 추정(ILO modelled estimates)에 대한 상세한 설명은 홈페이지에 기재되어 있다.[27]

3) 북한의 인구 통계 자료 검색 및 탐색을 위한 메타데이터

(1) 기관별 북한 인구 통계 자료 탐색 경로

북한통계 담당 연락망은 기관별로 아래 〈표 2-7〉에 정리하였다(2023년 6월 10일 기준). 북한의 중앙통계국과 한국의 국가정보원은 기관 특성상 담당자와 연락망이 비공개이며 정보 역시 홈페이지에 공개되지 않는다.

표 2-7 기관별 북한통계 담당 연락망

국가	기관명	담당 부서	홈페이지	대표 이메일 / 전화
북한	중앙통계국	N/A	N/A	N/A
한국	통계청	국제협력 담당관	kostat.go.kr	Tel. 042-481-2122
	국가정보원	N/A	nis.go.kr	N/A
국제기구	유엔	인구국 (Population Division)	population.un.org	polulation@un.org
	유엔인구기금	통계국 (Statistics Division)	unfpa.org	censusprogramme@un.org
	세계은행	–	worldbank.org	ksmithies@worldbank.org
	국제노동기구	–	ilostat.ilo.org	ILOSTAT@ilo.org

---

27 ILO, 『ILO-modelled-estimates』(https://ilostat.ilo.org/resources/concepts-and-definitions/ ilo-modelled -estimates).

(2) 북한 인구 통계의 메타데이터 관련 문의 및 답변 내용

유엔인구국 및 국제노동기구의 대표 이메일로 메타데이터에 대한 정보를 문의한 결과를 아래 〈표 2-8〉, 〈표 2-9〉에 옮겨 놓았다.

유엔인구국은 아래 〈표 2-8〉과 같이 답변을 통해 홈페이지에 공개된 자료를 바로 찾을 수 있도록 2022년 7월 11일 발표한 세계인구전망(https://population.un.org/wpp), 자료 출처 및 추정방법 인벤토리(https://population.un.org/wpp/DataSources/408), 시각적 요약본 등을 찾을 수 있는 홈페이지 주소를 안내해 주었다.

표 2-8	유엔인구국 – 메타데이터 관련 문의 및 답변 내용
문의 일자	2022년 10월 15일
문의 내용	북한 인구 통계 자료의 메타데이터와 기관 내 북한 인구 통계 담당자의 연락망
답변 일자	2022년 10월 18일
답변 내용	You can find a comprehensive set of demographic an populaiton estimates an projections as part of the World Population Prospects released on 11 July 2022 by the Population Division: https://population.un.org/wpp/ An inventory of the data sources and estimation method is available from: https://population.un.org/wpp/DataSources/408 with some visual summaries such as: https://population.un.org/wpp/Graphs/DemographicProfiles/Line/408 and https://population.un.org/wpp/Graphs/DemographicProfiles/Pyramid/408 with further details available from our probabilistic projection plots All the output figures are available for download either in Excel or ASCII format, and we also have an interactive data portal for further interactive queries and data visualizations, for example here is sample with just few indicators like total population: https://population.un.org/dataportal/data/indicators/49,19,61/locations/408/start/1950/end/2030/empirical/empiricaltimeplot

국제노동기구는 아래 〈표 2-9〉와 같이 1991~2021년 전체 통곗값은 ILO 모델에 의한 시계열 추정치라고 설명하였으며, ILO 모델에 대한 자세한 자료는 ILOSTAT 웹페이지(https://ilostat.ilo.org/)를 참고하라고 안내했다.

표 2-9	국제노동기구 – 메타데이터 관련 문의 및 답변 내용
문의 일자	2022년 10월 23일
문의 내용	북한 인구 통계 자료의 메타데이터와 기관 내 북한 인구 통계 담당자의 연락망
답변 일자	2022년 11월 5일
답변 내용	The data for Dem. People's Republic of Korea available in the ILO modelled estimates collection is fully imputed. This means that the model estimated the entire time-series (based on available explanatory variables) as not a single observation for the country was available in the entire 1991–2021 period. For more information on modelled estimates you can consult our dedicated ILOSTAT webpage.

4. 평가 및 제언

1) 북한 통계의 한계

유엔 통계국(UN Statistics Division)의 2020 세계 인구 및 가구 센서스 프로그램(2020 World Population and Housing Census Programme)에 따르면, 인구센서스는 타 국가에서 통상적으로 10년 주기로 실행되고 있다.[28] 〈표 2-10〉에 따르면 최근 북한에서도 3차 센서스가 2019년 10월 1일 실행되었다. 하지만 2019년 3차 인구센서스는 1, 2차와 달리 유엔인구기금의 재정 및 기술 지원 없이 진행할 것임을 통보하고 진행하였다.[29]

한편 2021년 6월 북한이 UN에 보고한 VNR에 의하면, 2019년 10월 제3차 인구조사 결과 북한 총인구수는 25,448,350명이라고 표기되어 있고 2016년 〈북한 신의주국제경제지대투자안내서〉에 공개한 신의주국제경제지대 인구는 244,000명

---

28 UN Statistics Division 『2020 World Population and Housing Census Programme, Census Dates』 (https://unstats.un.org/unsd/demographic-social/census/censusdates/). 검색일: 2022.10.16.

29 연합뉴스, 유엔인구기금, "北, 인구센서스 자체 진행"…유엔지원 거부 (https://www.yna.co.kr/view/AKR20190618175700072), 검색일: 2023.6.5.

이라고 명기되는 등 통계자료를 산발적으로 공개하고 있다.[30] 2008년 인구센서스의 경우에도 2008년 10월 1일부터 15일까지 조사를 실시하고 데이터의 가공 과정을 거쳐 2009년 초 예비 자료를 공개하고, 2009년 말 전체 자료를 공개했다.[31]

〈표 2-10〉에서 민주주의 지수 하위권의 다른 공산주의 국가들과 인구센서스 조사 일자를 비교해 보았을 때도, 북한의 2009~2023년간 주기 인구센서스 결과가 공개되지 않음에 따라 약 15년의 공백기가 존재하기 때문에 시계열이 완전하지 않다. 이 때문에 통계품질진단의 정시성/비교성 측면에서 통계 수치의 결함이 상존하고 있다. 이러한 한계점이 존재함에도 불구하고 대부분의 통계 조사 기관들이 1993년, 2008년 북한 인구센서스를 기반으로 북한 인구를 추정(estimate) 및 추계(project)할 수밖에 없는 실정이다.

표 2-10	국가별 인구센서스 조사 일자			
국가	1990년 주기 (1985-1994)	2000년 주기 (1995-2004)	2010년 주기 (2005-2014)	2020년 주기 (2015-2024)
북한	1993.12.31.	–	2008.10.01-15.	2019.10.01.
한국	1985.11.01. 1990.11.01.	1995.11.01. 2000.11.01.	2005.11.01-14. 2010.11.01-20.	2015.11.01-15. 2020.11.01.
중국	1990.07.01.	2000.11.01.	2010.11.01.	2020.11.01.
러시아	1989.01.12.	2002.10.09.	2010.10.14-25.	2021.10.15.
라오스	1985.03.01.	1995.03.01.	2005.03.01-07.	2015.03.01-07.
베트남	1989.04.01.	1999.04.01.	2009.04.01-15.	2019.04.01.
쿠바	–	2002.09.07.	2012.09.14-24.	(2023)

* 자료: 유엔통계국(2020 World Population and Housing Census Programme)

---

30 북한웹사이트 내나라(조선외국문도서출판사), (http://www.naenara.com.kp/현재 차단됨).

31 유엔인구기금, "UNFPA Helps Plan and Monitor Successful DPRK Census" (https://www.unfpa.org/news/unfpa-helps-plan-and-monitor-successful-dprk-census), 검색일: 2022.10.15.

더욱이 북한 보안당국은 평양 사무소에 상주 중인 국제기구 및 국제 NGO 직원들을 미국이나 서방의 첩보원으로 의심하고 감시를 게을리하지 않고 있다가 2020년 초부터 코로나-19가 전 세계로 확산되자, 방역 조치 강화 차원이라는 구실로 북한에 거주하던 국제원조기구 총 13개의 직원을 순차적으로 출국 조치함에 따라 2021년 3월 18일 기준 북한 내에 잔류하던 국제기구 및 NGO 직원은 더 이상 상주하고 있지 않은 것으로 알려져 있다.[32] 이로써 북한의 폐쇄성이 더욱 심화되어 추계나 추정이 아닌 직접 조사의 필요성이 극대화된 상태이다.

2017년 기준으로 북한에 상주하고 있는 국제원조기구는 UN산하 기구 5개 (WFP, WHO, UNICEF, FAO, UNFPA), 유럽의 비정부단체 6개(Concern Worldwide, Welthungerhilfe, Triangle Generation Humanitaire, Handicap International, Premiere Urgence Internationale, Save the Children), 국제적십자사연맹(IFRC: International Federation of Red Cross) 등이다. 아래 〈표 2-11〉은 북한 상주 유엔기구의 주요 사업을 열거한 것이다.

표 2-11   **북한 상주 유엔기구의 주요 사업**[33]

북한 상주 유엔 기구	북한 상주 개시	주요 사업 (2012년~2014년)
세계식량계획 (WFP)	1995년	여성과 아동에 대한 영양지원
세계보건기구 (WHO)	1997년	공공 보건시스템에 대한 지원
유엔아동기금 (UNICEF)	1996년	영양지원, 식수 및 위생지원, 교육지원
유엔인구기금 (UNFPA)	1985년	인구학 분야 국내전문가 양성, 모성 보건
세계식량농업기구 (FAO)	1997년	식량안보, 농업지원 프로젝트
유엔개발계획 (UNDP)	1971년	지속가능한 농촌지역 에너지 개발

* 출처: 임상순(2015), 유엔 인권메커니즘의 관여전략과 북한 김정은 정권의 대응전략 - 로동신문과 유엔문서 분석을 중심으로.

---

32 강택구·홍윤근 외, 『북한 자연재해 자료 구축과 협력전략』, pp.63-64, 2021.

33 임상순, 『유엔 인권메커니즘의 관여전략과 북한 김정은 정권의 대응전략-로동신문과 유엔문서 분석을 중심으로』, 북한연구학회보 19권 제1호, p. 183, 2015.

이외 1993년 자료 중에는 전체 수치와 표 내의 합계가 일치하지 않거나, 누락된 자료가 있는 등 당시 북한의 통계 기술적 한계에 따른 정확성 문제도 있다. 그리고 인구일제조사 당시 기후 문제로 평양에 위치한 본부와 원격지에 위치한 통계사무실 간 설문지 이동이 원활하지 못하였다.[34] 이로 인해 교통이 원활하지 못했던 함경북도 등 북부 지역에 대한 조사 결과가 누락되었을 가능성도 배제할 수 없다.

2) 북한인구 통계 서비스 개선을 위한 제언

북한 인구 추계에 수반된 불확실성은 다양한 원인과 과정을 통해 발생하는데 미래 사건에 연관된 본질적인 불확실성, 즉 출산, 사망, 인구이동을 아우른 모든 인구변동 요인에 공통으로 적용되는 문제라고 할 수 있다. 특히 출산력과 이동력은 경제 혹은 정치 환경 변화와 같은 구조적 조건의 영향을 더욱 크게 받는 특징이 있다.

아울러 여러 통계표의 데이터를 취합하여 계산해야 하는 항목의 경우 한 가지의 통계 수치만 잘못되어도 다른 통계표의 데이터까지 영향을 미칠 수 있다는 문제점이 있다(예를 들면 인구밀도는 인구수와 국가 토지 면적을 기반으로 한 계산값이므로 두 가지 변수 모두 정확하고 일관되어야 한다). 그리고 북한 인구통계의 결과들이 제한적인 가정과 추론의 한계점 이외에도 2008년 인구센서스 데이터가 군대 인구 약 70만 명 집계(실제 110만~120만 명 추산) 등 결함[35]을 내포한 통계적 불일치의 문제와 통계의 의도적 왜곡 가능성의 문제로 데이터의 신뢰성에 대한 의심[36]이 지속 제기되고 있다. 이 밖에도 북한 인구통계는 지난 1993년 및 2008년 센서스 이후 시계열적 자료 공백 현상이 발생하고 있어 데이터 신뢰성에 한계를 보이고 있다.

이러한 한계점을 극복하고 해소하기 위해 다음과 같은 노력이 필요하다. 첫째, 2021년 제출한 VNR에서 북한당국은 2019년 제3차 인구센서스를 실시하였음을 명기한바, 북한과 우호적인 중국, 러시아 등 국가의 대북 NGO, UN 산하 기구 등을

---

34 유엔인구기금, "UNFPA Helps Plan and Monitor Successful DPRK Census" (https://www.unfpa.org/news/unfpa-helps-plan-and-monitor-successful-dprk-census), 검색일: 2022.10.15.

35 북한은 인구통계자료를 사회통제의 수단으로 여기며 중요한 국가 기밀로 삼고 있어 비밀과 안정성이 절대적으로 보장돼야 한다고 주장하고 있다(정기원 외, 북한 인구의 현황과 전망, p.3. 1992.).

36 이석, 『2008년 북한 인구센서스의 분석과 문제점』, 정책연구시리즈 2011-11, 2011.

통해 북한 사회안전성 등이 주민 통제의 일환으로 내부적으로 조사·축적한 2008
년 이후 인구실태조사 자료에 대한 입수 추진 활동이 필요하다. 둘째, 북한의 인구
규모와 구조는 노동력과 군사력 추정, 통일비용 산정 등의 근거가 되는 꼭 필요한
기초자료이므로 UN의 대북제재가 종료되는 시점에 즈음하여 국제사회 및 대한민
국의 지원을 통한 북한 인구통계에 대한 정밀한 센서스 시행 등 보완책이 요구된다.

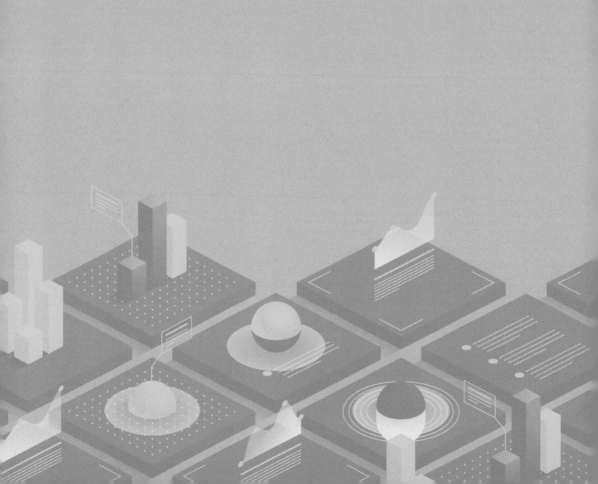

제3장

◆

보건

곽은경(통일부)

제3장

:

보건

1. 북한의 보건 · 의료정책

1) 북한의 사회복지제도

통상 사회주의국가는 복지를 정책적 차원의 인민시책으로 이해하고, 이에 따라 국가의 기본 사업으로 받아들인다. 사회주의국가는 보편적인 의료 서비스 제공과 국민의 건강 증진을 보건정책의 목표로 하는데, 국가 차원에서 의료 시스템을 운영하고, 모든 시민에게 접근 가능한 의료 서비스를 제공하고자 한다. 이러한 정책목표에 따라 보건 · 의료 관련 기반시설을 개발하고, 의료 인프라를 구축하며 의약품을 생산 · 유통하는 것까지 국가 주도로 진행된다. 이 과정에는 의료진의 교육과 임금 · 복지체계에 관한 내용도 물론 포함된다.

사회주의국가에서는 무료 혹은 저비용으로 의료 서비스를 제공하는 것이 일반적이다. 사회복지제도는 사회주의국가의 체제이념적 기초이자 내재적 속성이기 때문이다. 때문에 국가 주도로 질병 예방 및 대응 정책을 수립한다. 예방 접종, 건강검진, 정기적인 건강관리 등을 통해 질병을 예방하거나 조기에 발견할 것을 강조한다. 의료 인프라는 국가의 중요한 책임으로 여겨진다. 이러한 보건정책은 모든 국민이 균등한 기회를 가지고 질병 진료와 치료를 받는데 초점을 맞추고 있다. 결론적으로 말하면, 사회복지정책을 집행하는 측면에 더불어 '인민복지의 정치성'이 공존하고 있다고 볼 수 있다.

북한 역시 사회복지를 '사회주의체제 사회정책'의 기본으로 이해하고 있다. 국가 형성의 초기 단계부터 관련 분야의 제도화를 통한 정책 시행을 궁극적인 목표로 삼아왔다. 북한은 1946년 「사회보험법」을 통해 노동자와 사무원 및 그 부양가족에 대한 무상치료제를 도입한다. 이후 1980년에는 「인민보건법」 제정을 통해 '완전하고 전반적인 무상치료제'를 법제화하게 된다.

2) 북한의 보건 · 의료정책

북한은 국가가 국민의 건강을 도모하며 국민의 건강권 확보가 무상으로 이뤄질 수 있게 한다는 사회주의국가의 보건 · 의료 이념 아래 다양한 제도를 정립하였다. 1985년, 김정일 위원장이 "우리나라 사회주의제도의 참다운 우월성은 국가가 인민의 생명과 건강을 전적으로 책임지고 돌보는 인민적인 보건제도에서 뚜렷이 나타나고 있다"고 언급한 바 있듯이, 북한은 보건 · 의료 부문이 체제 우월성을 나타낼 수 있는 대표적인 지표라고 여겼다. 이러한 인식을 바탕으로 북한은 의료시설과 인력에 대한 국가적 차원의 투자를 적극적으로 시작한다. 유엔의 통계자료에 의하면 1960년대 중반 북한 주민의 평균수명은 59.9세로, 당시 남한(57.6세) 및 개발도상국(52.2세)의 평균수명보다 높은 수치를 보였다. 영아 사망률 역시 1,000명당 56.3명으로 남한(81.5명)과 개발도상국(112.9명)에 비해 매우 월등한 수치였다.[1] 북한의 보건 · 의료에 대한 정책과 제도가 관련 지표의 성과로 나타난 것이다.

이처럼 북한은 당국의 인식에 따라, 경제상황이 나쁘지 않았던 1980년대까지 국가적 보건 · 의료체계를 구축하고 이행해 왔다. 무상치료제, 예방의학제, 의사담당구역제 등은 북한의 보건 · 의료체계를 구성하는 기본 요소이다. 의사담당구역제는 각 지역을 구역별로 나누어 주민들에게 보건 · 의료 서비스를 제공하는 제도로써, 「인민보건법」에 명시된 해당 제도는 "국가 의료진을 통한 국민들의 건강권 확보"하는 것을 목표로 한다. 이처럼 북한은 선진적 의료봉사 시스템을 확보하고 있음을 법으로 명시하고 있다.[2] 또한 같은 법 제3조는 "사회주의 의학에서의 기본은 예방이다. 국가는 인민보건사업에서 사회주의 의학의 원리를 구현한 예방의학 제도를 공

---

1 Population Division of the Department of Economic and Social Affairs of the United Nations Secretariat, World Population Prospects: The 2008 Revision.

2 조선민주주의인민공화국 「인민보건법」 제28조(의사담당구역제) "국가는 의사들이 일정한 주민구역을 담당하고 맡은 구역에 늘 나가 주민들의 건강상태를 돌보며 예방치료사업을 하는 선진적 의료봉사제도인 의사담당구역제를 공고발전시킨다."

고, 발전시킨다"고 말하며 보건정책에서 예방의학의 중요함을 강조하고 있다. 당시 북한이 예방의학을 핵심으로 위생방역사업을 강화했음을 유추할 수 있는 부분이다. 한편 무상치료에 관한 부분은 법 2개 조항에 걸쳐 서술되어 있다.

표 3-1		북한 무상치료제 관련 법

「조선민주주의인민공화국 인민보건법」			
제2장		완전하고 전반적인 무상치료제	
	제9조	무상치료의 권리	국가는 모든 공민에게 완전한 무상치료의 혜택을 준다. 로동자, 농민, 지식인을 비롯한 모든 공민은 무상으로 치료받을 권리를 가진다.
	제10조	무상치료의 내용	무료의료봉사의 내용은 다음과 같다. 1. 외래치료환자를 포함하여 의료기관에서 환자에게 주는 약은 모두 무료이다. 2. 진단, 실험검사, 치료, 수술, 왕진, 입원, 식사 같은 환자치료를 위한 모든 봉사는 무료이다. 3. 근로자들의 료양의료봉사는 무료이며 료양을 위한 왕복려비는 국가 또는 사회협동단체가 부담한다. 4. 해산방조는 무료이다. 5. 건강검진, 건강상담, 예방접종 같은 예방의료봉사는 무료이다.

질병 진단과 치료에 관한 비용, 처방 약품에 대한 비용, 건강 검진과 상담 및 기타 보건·의료에 관한 전반적인 사항이 무상으로 이뤄진다고 북한법은 말하고 있다. 이처럼 북한당국은 사회복지제도의 종류 및 이를 관리·운영하기 위한 체계를 갖추고자 했다. '완전하고 전반적인 무상치료제'에 대한 국가적 공언인 것이다.

북한당국이 보건의료 부문에서 기본적이며 필수적인 사항으로 여기는 무상치료제의 경우, 이에 필요한 자금은 사회보험을 활용했다. 국가기관 및 기업소 등에서 근로자에게 지불하는 임금 총액의 5~8%를, 공장 및 개인 경영의 기업소에서는 10~12%에 해당하는 금액을 사회보험료로 납부하게 하는 방식을 활용한 것인데, 이러한 사회보험법에 의한 무상치료제도를 바탕으로 인민들에게 시혜적인 제도를 제공하고자 하였다. 사회보험이 없는 인민들에 대해서는 국영병원을 통해 무료치료를 실시하고, 국영병원이 없는 지역에 사는 인민들의 경우 개인병원에서 치료를 받

고 그 치료비를 국가가 지급하도록 했다.[3]

　이같은 사회보험에 따른 무상치료는 1947년 시작된 것으로, 북한 당 중앙위원회 상무위원회는 「사회보험법」 관련 최초 논의 이후 각 지역에 사회보험 실시를 위한 부서를 만들고 인력을 충원했다. 북한의 정책 결정과정을 좀 더 살펴보면 다음과 같다. 북한은 당의 결정에 의해 보건·의료정책을 설립하는데, 이 정책은 내각의 보건성과 교육위원회에 하달된다. 우리의 정부기관에 해당하는 내각기관은 정책을 집행하는 역할을 수행한다. 보건성은 의학 연구 및 약품 생산, 행정 분야를 담당하고, 교육위원회는 의학교육 및 보건인력 양성 등을 담당한다. 두 기관은 상호보완적으로 보건·의료 관련 체계를 정비하며 당은 총괄적으로 관련 체계의 종합화·일원화를 추구한다.

3) 김정은시기 보건·의료정책

　이러한 체계에 비해 실제적인 운영은 조금 다른 측면이 있었다. 경제상황이 악화된 1990년대부터는 보건·의료체계가 제 역할을 하지 못하게 된 것이다. 국가 의료·보건체계의 기본적인 요소는 보건·의료 자원의 개발과 배치, 서비스의 제공, 재정적 지원, 국가의 정책·관리이다. 이는 국가가 국민의 건강권을 확보하기 위한 역할을 이행하기 위한 기본 요소인데, 자원을 개발하여 이를 조직적으로 배치하고 구체적인 보건·의료 서비스를 제공하며 이를 활성화하기 위한 재정적인 지원과 정책적인 뒷받침을 한다는 것이다.[4]

　1990년대 중반 경제 침체 이후 1차 의료체계의 기반인 '단위 진료소' 운영이 미흡해지기 시작하는 등 의료전달체계가 붕괴되기 시작한다. 북한 보건성의 2011년 자료는 북한 의료기관이 9천여 곳에 달하고 있다고 기술하고 있다. 그러나 대부분의 병원은 의약품 불충분, 의료설비 낙후, 응급의료체계 부실 등으로 형해화 된 것이 현실이다.

　공적 의료부문 체계의 한계점이 노출된 1990년대 이후 보건의료 전달 체계 및

3　승창호, 『인민보건사업 경험』 (평양: 사회과학출판사, 1986).

4　Kleczkowski BM, Roemer MI, van der Werff A., "National health systems and their reorientation towards health for all: guidance for policy-making," *World Health Organization*, 1984, p.15.

조직체계 측면에서 개선방안을 모색하기도 했다. 대표적인 사례로, 기존의 무상치료제와 의사담당구역제는 유지·강조하는 한편, 과학기술중시정책의 기조 아래 대형병원과 의료품 생산 공장 시설 등을 신설·확장하는 모습들이 언론에 자주 노출되었다.

북한은 보건의료에 관한 제도 수립의 초기단계에서부터 4차급 보건의료시설 체계를 구축하고 있는데, 1차급 치료는 행정구역상 도시의 동(洞), 농촌의 리(里)에 설치된 진료소와 병원이 담당한다. 이곳은 기본적인 진료와 치료가 가능하다. 2차급 시설은 농촌의 군(郡), 도시의 시(市) 및 구역인민병원에서 담당한다. 이곳은 입원환자의 치료가 가능한 곳이다. 3차급 치료는 각 도와 광역시의 인민병원에서 담당한다. 2차급 시설에서 완치가 어려운 중환자들을 다루는 곳이다. 3차급 시설에서도 완치가 어려운 환자는 4차급 시설인 평양의 전문병원으로 이송된다. 최근 북한 관영매체에서 자주 노출되었던 평양종합병원이 이 4차급 시설에 해당되며, 김정은 위원장이 착공식(2020년 3월)에 참석하기도 했었다. 당시 김정은 위원장은 "인민들의 건강 보호·증진이 최급선무"라며 보건·의료부문의 개선을 강조한 바 있다.

이외에도 김정은 위원장은 다양한 보건·의료 시설을 건설함으로써 당국의 의지와 능력을 인민들에게 보여주고자 하였다. 평양산원 유선종양연구소의 경우 2010년 김정일 위원장이 사망하기 한 달 전에 지시한 과업으로, 선대의 보건정책을 잇는 점을 강조하기도 했다. 해당 기관은 건설에 8개월이 소요됐는데, 인민들의 건강권 확보를 위한 정책을 빠르게 추진한다는 점을 보여주고자 한 것이다. 평양의 전문병원들을 중심으로 김정은 정권의 보건·의료 시설에 대한 투자는 집중적으로 진행됐다.

2016년 조선노동당 제7차 대회에서 김정은정권은 '국가발전 5개년 전략'을 제시했는데, 보건·의료 부문에서는 '시·군 인민병원꾸리기사업'을 추진했다. 시와 군 인민병원을 지역의 거점병원으로 정비하고자 한 것이다.

이처럼 김정은정권 이후 당의 보건정책 관철을 위해 보건성의 역할을 확대하거나 의료인력 확충을 위해 인력양성체계를 정비하고자 노력하였다. 최고인민회의는 보건·의료부문에서의 체제 정비를 지속적으로 강조하였다. '사회주의보건제도'를 강조하는 당국의 보건의료 분야 활성화 노력은 북한의 당 기관지인 '노동신문'과 국영 방송 '조선중앙TV' 등을 통해 홍보되었다. 그러나 당국의 노력을 입증할 만한 유효한 데이터는 제공하지 않는 상황이다.

2. 북한의 보건 · 의료 분야 통계

1) 북한 통계에서 나타나는 북한 보건 · 의료 분야의 실상

보건 · 의료 분야 통계와 관련하여 북한 당국은 1990년대까지 공식적인 자료를 제공하지 않았다. 다만, 국가계획위원회와 중앙통계국 등에서 생산한 「인민경제발전통계집(1946~1960)」을 통해서 인민보건사업 발전을 위한 국가적인 노력을 보여주고자 하였다. 이론적으로 사회주의국가 보건 · 의료제도의 우월성을 설명하고 있지만, 통계적으로 그 실상이 입증되지는 않는 상황이다.

특히 기본적인 보건 · 의료 인프라의 취약으로 인해서 필수적인 의료 서비스가 공급되지 못한 1990년대 중반의 보건 · 의료 상황은 북한당국이 숨기고 싶어 한 가장 큰 부분이다. 이 같은 상황은 국제사회의 대북 지원이 시작됨에 따라 본격적으로 공개되었다고 해도 과언이 아니다. 유엔 산하 국제기구의 대북지원사업에 따라 유관 통계가 생각되기 시작했는데, 1993년 최초 실시된 인구센서스는 기대수명과 사망률 등 기본적인 데이터를 제공했다.

북한의 보건 · 의료통계는 1차적으로 북한 당국에서 제공하는 원데이터를 바탕으로 하고 있다. 그러나 북한 국내에서 실시하는 조사의 신뢰성과 대표성, 정확성에 대한 편중이 있다. 농업, 대외무역 등 분야의 경우 일정 정도 정확성을 확보하고 있다. 이 분야들의 통계 수집 방식은 위성자료에 등에 의한 추정통계, 해외무역관의 통계를 통해 간접적으로 추정하는 거울통계 등으로, 북한의 내부 자료만을 원데이터로 하는 보건통계에 비해 신뢰도를 갖추고 있다. 그러나 타 분야의 통계방식을 보건 · 의료 분야에 적용하는 데에는 한계가 있다.

북한 당국에서 공식적으로 발표하는 보건 · 의료 통계 수치의 경우 국제기구 통계보다 낮은 사망률을 제시한 것이 특징이다. 북한 중앙통계국은 인구센서스와 출생이력 추적 가구조사를 기반으로 영아사망률을 산출한다고 언급하고 있다. 그러나 출생신고 이전에 사망한 출생아는 출생 신고 누락 가능성이 높다. 따라서 과소 집계되며, 사망률이 낮게 나타날 가능성이 높다. 이처럼 당국이 제공하는 통계에 대한 검증작업이 제대로 이뤄지지 않는 등 신뢰 확보에 어려움이 있다.

2) 지속가능한 발전을 위한 전세계적 노력이 북한에 미친 영향

이러한 한계 때문에 연구자들이 신뢰하는 북한 보건·의료 부문의 통계는 국제 기구의 데이터이다. 통계청과 관계기관 등이 북한 보건 분야에 대한 통계 수집을 하고 있으나, 세계보건기구(WHO)와 유엔아동기금(UNICEF)을 비롯한 유엔 산하 기구들의 생산 통계가 중요한 이유다. 유엔인구기금(UNFPA)의 지원으로 1993년 최초 실시된 북한 인구센서스의 경우 신생아와 영유아, 모성 사망 통계 등에 대한 유효한 데이터 값을 얻는데 근거 자료가 되었다.

2000년 유엔은 유엔밀레니엄정상회의(UN millenium summit)를 개최했다. 유엔 회의에 참석한 각국의 지도자들은 세계 빈곤 및 기아의 수준을 절반으로 감소하기로 약속했다. 총회에서 합의된 새천년개발목표(MDGs, Millenium Development Goals)는 지구 생태계와 인류 번영을 위한 전지구적 차원의 새로운 패러다임이었다. 현재와 미래 세대 모두를 고려하여 자원을 효율적으로 활용하고, 환경을 보호하며, 사회적인 평등과 경제적인 번영을 함께 추구한다는 의식을 기본으로 하고 있는 유엔의 목표는 인류의 기본 인권, 특히 사회적 불평등을 겪고 있는 사람들의 인권 신장을 위한 노력도 강조했다. 모든 사람들의 건강과 안전 보장 등 삶의 질을 향상시킨다는 목표에 따라 유엔 회원국들은 세부 목적들을 설정하고 2015년까지 이를 달성하기 위해 노력했다. 주로 개발도상국에서 나타나는 사회적 기본권 문제를 해결하는데 초점을 두었다.

보건 분야에서는 주요 전염병의 확산을 방지하고 사망률을 감소시키기 위한 목표를 설정했다. 이를 위해 예방 접종, 질병 치료, 보건 인프라 개선 등을 위한 조치가 마련되었고, 구체적인 정책을 시행하기 위한 기초자료로서 유엔아동기금의 주도 하에 세계보건기구, 세계은행 등이 전문가 풀을 구성하여 관련 통계를 생산했다.

북한 또한 국제사회의 MDGs 실현을 위해 유엔개발계획(UNDP)의 지원을 받아 협력을 하고자 약속했다. 유엔개발계획은 권위주의적 체제의 국가도 지원하는 원칙을 갖고 있기 때문에 북한과의 협력관계가 비교적 지속적으로 유지될 수 있었다. 유엔이 제시한 MDGs에 따라 개발도상국과 지원국 간 개발협력 관계가 더욱 단단해지고, 개발협력의 방향성도 변화하게 되었다. 기존의 일방 공여 방식에서 상호 파트너로서 공동 협력하는 관계로 거듭난 것이다. 즉, 개발도상국은 자국의 개발의지를 정확히 밝히고 선진국은 글로벌 파트너십을 통해 개발도상국의 발전을 지원하는 것인데, 인류의 1차적 기본권을 담보하기 위한 세계 공동의 노력을 엿볼 수 있다.

MDGs 중 MDG-4와 MDG-5는 각각 유아 사망률 감소, 모성 보건 증진에 관한 수치로, 모자 보건에 관한 밀레니엄 프로젝트 분야의 하나다.

표 3-2 　　유엔 새천년개발목표

MDGs(Millenium Development Goals) 세부목표	MP(Millenium Project) 분야
1. 절대빈곤 및 기아퇴치	1. 빈곤과 경제 개발
1. 절대빈곤 인구 절반 축소	
2. 기아인구 비율 절반 축소	2. 기아
2. 보편적 초등교육 달성	3. 교육과 양성평등
3. 초등교육의 이수	
3. 성평등 및 여성능력 고양	
4. 교육에서의 성별간 차이 제거	
4. 아동 사망률 감소	4. 모자 보건
5. 5세 이하 아동사망률 감소	
5. 모성 보건 증진	
6. 출산과 관련된 산모사망률을 3/4 감소	
6. HIV/AIDS, 말라리아 및 기타 각종 질병 퇴치	5. HIV/AIDS, 말라리아 각종 질병 퇴치
7. HIV/AIDS 확산방지, 확산 저지 및 감소	
8. 말라리아 및 여타 주요 질병 발병 억제, 발병 감소	
7. 지속가능한 환경 확보	6. 환경 지속가능성
9. 지속가능한 개발원칙을 각 개별 국가의 정책과 프로그램에 통합시키고 환경자원 손실 보전	
10. 2015년까지 안전한 식수와 기본적인 위생환경에의 지속적인 접근이 불가능한 인구비율의 절반 축소	7. 물과 위생
11. 2020까지 최소 1억 명의 빈민가 거주자의 생활여건의 상당한 개선	8. 빈민가 거주자 생활 개선

8. 개발을 위한 범지구적 파트너십 구축	
12. 이전보다 더욱 개방적이고 원칙에 기초하여 운영되며, 차별적인 무역 및 금융시스템 발전, 훌륭한 거버넌스, 개발 및 빈곤감소에 대한 국가적 및 국제적 공약 포함	
13. 최빈국들의 특별한 요구 수용, 최빈국 수출품에 대한 관 세 및 수량제한조치 면제, 중채무국가들에 대한 부채탕감 및 양자 간 국가채무 면제, 그리고 빈곤감소에 대한 확고한 의지를 보이는 개도국들에 대한 보다 관대한 ODA 지원들 포함	9. 무역
14. 내륙국과 군소도서개발도상국의 특별한 요구 수용	
15. 장기적으로 지속가능한 외채수준 유지를 위한 개도국 외채의 포괄적 해결	
16. 개발도상국과 협력하여 청년층을 위한 적정하고도 생산적인 일자리 창출 전략의 개발 및 시행	
17. 의약품회사와 협력하여 개도국 국민들이 적절한 가격에 필수 의약품을 구입할 수 있도록 함	
18. 민간부문과 협력하여 신기술의 혜택, 특히 정보통신 관련 신기술의 혜택을 이용할 수 있도록 함	10. 과학, 기술과 혁신

MDGs 중 목표4(아동 사망률 감소)와 목표5(모성보건 증진) 이행을 위해 1년 및 5년 단위의 관련 데이터가 확보되었다. 세계보건기구와 유엔아동기금의 공동 모니터링을 바탕으로 홍역, 결핵 등의 질병과 수도·위생 시설에 관한 통계 또한 연 단위로 생산되기 시작했다.

국제기구 전문가 그룹에서 생산한 보건 부문의 통계는 기본적으로 대북 지원을 목표로 한다. 북한 당국과 협력하여 현지 조사를 바탕으로 생산된 추정치로, 생산된 통계를 바탕으로 MDGs를 달성시키는데 효과적인 역할을 할 수 있도록 돕는다. 북한 주민들의 삶을 평가하는 통계 수집 및 분석 작업을 통해 유아 및 산모의 건강과 영양, 각종 전염병과 관련된 지표에 초점을 두었다. 이에 대해 북한 당국은 MDG-4와 MDG-5를 달성하기 위해 2015년까지 영아 사망률을 2/3 수준으로, 산모 사망

률을 3/4 수준으로 낮추는 목표를 세운 바 있다.[5]

2009년 당시 북한 박길연 외무성 부상은 제64차 유엔총회에 북한 대표로 참석하여 "우리가 경제강국으로 되면 지역의 경제발전에도 새로운 활력이 되고 유엔의 새천년개발목표 달성을 위한 국제 사회의 노력에서도 의미있는 구성 요소가 될 것"이라는 기조연설을 했다. 북한이 인민생활 향상의 목표를 달성하기 위해 노력할 것임을 강조했는데, 박 부상은 이듬해 개최된 유엔 MDGs 정상회의에서 "우리나라에서는 오래 전에 무상치료제와 무료 의무교육제, 그리고 남녀평등권이 실시됨으로써 새천년개발목표의 주요 과업들이 실현되었으며, 오늘은 그 성과를 더욱 공고히 하고 질을 개선하기 위한 노력을 경주하고 있다"며 MDGs에 대한 북한의 인식을 알리고 노력을 강조하고자 했다.

3) MDGs와 SDGs에 따른 북한 보건 · 의료제도의 변화

글로벌 차원의 기본권 향상에 대한 노력과 맞물려 북한 당국은 법제를 정비하기 시작한다. 2010년 12월 여성권리보장법을 통해 여성의 권리 확보에 대한 법적 담보를 제공한다. 여성의 사회정치적 권리, 교육 · 문화 · 보건 · 노동 · 인신 · 재산 분야에 관한 권리 보장을 담고 있는 법은 보건 분야에서의 여성정책과 상통한다. 또한 2012년 12월 아동권리보장법을 통해 모든 분야에서의 아동의 권리와 이익을 보장하고 이바지한다고 규정했다. 아동에 대한 인격존중, 가정에서의 체벌금지, 상속권 보장, 유괴 · 매매 금지, 노동 금지, 형사처벌 및 사형 금지 등 교육, 보건, 가정, 사법 등 분야를 망라한다. 이러한 법적 조치들은 김정은 정권이 국제사회의 인권 증진 노력에 협력하고 있다는 모습을 보여주는 역할을 한다. 북한당국이 실질적인 성과는 제시하지 않는 반면, 법제 정비를 통해 MDGs 목표를 이루기 위해 노력하고 있으며 국제사회의 MDGs 체제에 긍정적인 인식을 보이고 있다는 것을 강조하는 것이다. 북한당국은 주민생활을 향상시키고 2015년까지 MGDs를 달성하는데 기여하기를 희망하였으나, 그 실효적 성과는 가시적으로 드러나지 않는 것이 현실이다.

---

5   UN Country Team in North Korea, "Strategic Framework for Cooperation between the United Nations and the Government of the Democratic People's Republic of Korea, 2011~2015."

북한은 2016년 9월, 유엔북한팀(UN Country Team)과 '유엔과 북한의 협력을 위한 전략계획 2017~2021'에 합의했다. 2015년 제70차 유엔총회에서 2030년까지 달성하기로 결의한 의제인 지속가능발전목표(SDGs, Sustainable Development Goals)는 지속가능발전의 이념을 실현하기 위한 인류 공동의 17개 목표, 69개 세부 목표로 제시된 바 있다. 보건 부문에서는 2000년도에 합의된 새천년개발목표에서 이미 중요한 진전이 이루어진 바 있으나, 모든 분야에서 균등한 진전이 이뤄진 것이 아니라는 전제가 바탕이 된 것이다. 때문에 여전히 달성하기 어려운 MDG가 존재하며, 특히 산모와 신생아, 아동 건강과 관련된 보건 목표 달성을 위해 MDG를 바탕으로 새로운 의제를 제시했다.

MDG 이행 목표 설정 당시 유엔국가팀은 북한과 기본계획을 수립한 바 있다. 유엔이 북한측과 함께 작성한 기본계획(2011~2015)은 북한의 인민생활 향상 목표가 MDGs에 기반을 둘 것, 2014년을 목표 연도로 설정할 것 등을 기본으로 했다. 평양에 상주하며 기본계획을 수립한 유엔국가팀은 유엔의 개발지원 우선순위와 활동계획이 북한 자체의 국가발전계획과 일치하게끔 조율했다.[6] 이러한 2011년 합의 이후 5년간 실질적 진전이 다소 미흡했다는 평가에 따라 2016년에 기존계획을 수정·보완한 것이다. 2016년의 새로운 전략계획 합의에 따라 국가적 차원의 활동계획을 이행하기 위해 유엔아동기금 일행이 방북하였고, 노동신문은 이를 대대적으로 보도하였다.

북한은 2016년 7차 당대회 사업총화보고 이후 지속적 발전의 토대를 마련하는 것과 관련하여 사회주의 보건제도의 우월성 강조 담론을 지속적으로 생산하고 있다. "인민대중제일주의가 구현된 우리의 사회주의보건제도"라는 제목의 노동신문 기사(2018.6.23.)는 이를 잘 보여준다. 기사는 김정은 위원장이 인민의 의료상 권리를 높은 수준에서 철저히 보장해주기 위해 노력하고 있다며 북한의 사회주의보건제도와 그 하위 체계인 전반적 무상치료제에 대해 기술하였다. 특히 어린이들과 여성들에 대한 건강보호제, 사회보장제 등의 보건 시책들은 MDGs 이행과 연관된다.

해당 기사에 앞서 2018년 1월, 노동신문은 보건정책이 현실적으로 잘 구현되

---

6   UNDP, *Country Programme for Democratic People's Republic of Korea (2011~2015)*, (January, 2011).

고 있다고 홍보한 바 있다. 1월 28일의 이 기사에는 다음과 같이 기술되어 있다. "어려운 속에서도 조선에서 녀성들과 어린이들의 건강증진과 영양관리에 특별한 관심을 돌리고 있으며 그들이 국가적인 건강보호혜택을 정상적으로 받고 있는 것은 참으로 세계에 자랑할 만한 일이다." 이 기사의 제목은 "지속개발목표를 통해 본 사회주의보건"이다. MDGs의 후속 의제인 SDGs 이행을 위해 당국의 정책이 잘 구현되고 있음을 제시한 것이다.

특히 세계보건기구의 지도 하에 2015년부터 2016년까지 전국 지역사회 단위로 보건성에서 실시한 결핵 실태조사는 질병 퇴치를 위한 SDG 달성에 매우 중요한 지표로 기능하였다. 실태조사는 100여 개 시·군 지역 15세 이상 인구 60,000여 명을 대상으로 실시되었다. 북한은 결핵 질병부담이 높은 30개국에 포함된 국가인데, 이 조사를 바탕으로 해당 질병의 조기 발견과 치료, 감시, 통제를 위한 유효한 지표로 기능하게 되었다.

영유아 사망률 감소를 위한 SDG 관련 통계도 지속적으로 생산되었다. 세계보건기구는 2015년 영아 및 5세 미만 아동의 사망 원인에 대한 통계를 생산하였는데, 사망 원인이 전세계 공통 요인으로 구성되어 있어서 명확한 원인 파악에 어려움이 있다는 점이 한계로 작용한다. 한편, 식수 및 위생 개선을 위한 통계 지표의 경우 2017년 유엔아동기금과 북한의 공동조사로 이뤄진 바 있다. 구체적으로 통계를 살펴보면 다음과 같다.

3. 보건 · 의료 관련 메타데이터

1) 분야별 메타데이터

보건·의료 분야와 관련된 통계 항목은 기대수명, 사망률, 영양공급량, 질병 발생 및 치료율, 의료진 비율 등이 있다.

표 3-3	보건 · 의료 분야 통계 1. 기대수명
생산주기	연간
출처	통계청 북한인구추계(2010)
담당자	통계청 국제협력담당관실
조사방법	1993년부터 2055년까지 연간 북한인구 성별 기대수명
유사통계표	UN, World Population Prospects 〉 Life expectancy at birth

유엔의 세계인구전망의 경우 2100년까지의 값을 추계하고 있어 관련성이 있으나, 성별에 따른 기대수명 지표는 제시하지 않고 있다. 또한, 추계 값 자체에서도 한국 통계청 지표와 격차가 있다. 통계청에서 실시한 남 · 녀 각 지표의 평균값과 유엔 지표로 비교했을 때 2020년(3.02세), 2055년(3.55세)으로, 모두 유엔 값이 더 높다는 차이가 있다.

표 3-4	보건 · 의료 분야 통계 2. 영양 공급량
개념	1일당 1인 영양공급량
생산주기	1년
출처	FAO STAT
담당자	통계청 국제협력담당관실
조사방법	1일 영양공급량을 △총 에너지 △식물성 △동물성 △단백질 △지방질별로 조사
유사통계표	FAO STAT 〉 Food Balances

표 3-5	보건 · 의료 분야 통계 3. 발육부진 아동 비율
개념	2000년부터 2017년까지 5세 미만 발육부진 아동 비율
생산주기	부정기
출처	UNSDG
담당자	통계청 국제협력담당관실
조사방법	중위가정
유사통계표	UNSDG, Indicators 〉 2.2.1

표 3-6	보건 · 의료 분야 통계 4. 저체중 아동 비율
개념	2000년부터 2017년까지 5세 미만 저체중 아동 비율
생산주기	부정기
출처	UNSDG
담당자	통계청 국제협력담당관실
조사방법	중위가정
유사통계표	UNSDG, Indicators 〉 2.2.2

　　저체중 아동, 발육부진 아동 등 아동의 영양결핍 관련 통계는 1990년대 중반 국제기구의 대북 지원이 시작되면서 전국 단위 규모로 실시된 영양조사를 바탕으로 한다. 다만, 2000년의 경우 북한이 공동조사를 수용하지 않아 북한이 독자적으로 조사를 실시하였다. 조사범위의 경우 2000년(3,600가구), 2017년(8,500가구) 등 규모가 확대되었으며, 조사대상 또한 2002년(7세 미만), 2004년(6세 미만), 2009년 이후(5세 미만) 등으로 확대되었다. 그러나 2000년 이전의 통계가 부재하며, 2010년대의 경우 2012, 2017년 값만 존재하여 시의성 떨어진다는 점이 있다. UNICEF의 영양 분야 연간 리포트는 전년도 수치를 바탕으로 비교값을 제시, 영양저하 및 과체중 등을 제시하는데, 부정기적으로 제공된다.

　　사망률의 경우 신생아 · 영아 및 5세 미만 아동 등 크게 두 가지로 분류된다. 통계는 북한 인구센서스 데이터, 출생 및 사망 신고자료, 출생 이력 조사결과를 바탕으로 생산한 추정치다.

표 3-7	보건 · 의료 분야 통계 5. 영아 사망률
개념	1966년부터 2100년까지 출생아 천 명당 영아 사망률
생산주기	5년
출처	UN, World Population Prospects 2019
담당자	통계청 국제협력담당관실
조사방법	UN의 세계인구전망을 토대로, 그해 1년 동안 태어난 총 출생아수 대비 1세 미만에 사망한 영아수 추정 및 추계(중위가정)
유사통계표	△UN, World Population Prospects 〉 Infant mortality rate △UNICEF, Data Warehous 〉 Under-five mortality rate

영아 사망률과 관련하여 우리나라 통계청은 기간별 값을 제시하고 있는 반면, UN 및 UNICEF 등의 경우 연도별 값을 제시하고 있다. 다만, 유엔 및 유니세프 통계 차이를 감안할 필요가 있다. 2021년 자발적 국가 검토보고서(Voluntary National Review, VNR)에 나타난 신생아 사망률은 2019년 기준 1천명당 7.7명으로, 북한이 2019년 인구조사를 통해 제시한 목표값인 '12명 이하'를 충족시키고 있다고 본다.

표 3-8	보건·의료 분야 통계 6. 유아 사망률		
개념	1985년부터 2020년까지 출생아 천 명당 5세 미만 유아 사망률
생산주기	1년
출처	UNICEF
담당자	통계청 국제협력담당관실
조사방법	중위가정
유사통계표	△UNICEF, Data Warehous 〉 Under-five mortality rate △UN, World Population Prospects 〉 Under-five mortality rate △UN Inter-agency Group for Child Mortality Estimation, Data 〉 Under-five mortality rate

유엔과 유니세프, 유엔-IGME 등 모든 통계값이 일치하며, 유니세프의 경우 성별 지표를 제시하고 있다. 한편, 모성 사망비는 UN MMEIG, WHO, UNICEF 등 발표 기관별 차이를 보인다. 각 기관에서 생산한 자료가 모두 UN MMEIG의 신뢰구간 추정값 내에 있지만, 북한 당국이 생산한 자료의 모성 사망비 값이 가장 낮다는 점이 특이하다. 2021년 VNR에 나타난 유아 사망률은 2019년 기준 1천명당 16.8명이며, 신생아 사망률 목표 충족과 마찬가지로 목표값(25명 이하)을 충족시키고 있다고 보고 있다.

표 3-9	보건·의료 분야 통계 7. 모성 사망률	
개념	2000년부터 2017년까지 연간 출생아 십만 명당 모성 사망률
생산주기	1년
출처	UNSDG
담당자	통계청 국제협력담당관실
유사통계표	WHO, UNICEF, UNFPA, World Bank Group, UNPD 〉 Maternal mortality ratio

모성 사망은 출산 과정과도 연결된다. 북한 내 의료진에 의한 출생 비율 통계는 지속적으로 제공되지 않고 있다. 2000, 2004, 2009, 2017년의 수치만 제공하고 있으며, 누락값이 다수 존재한다는 측면에서 일관성이 떨어진다. 또한 UNICEF, WFP, 북한 중앙통계국 등의 자료를 기초로 하고 있으나, 조사 및 가공 방법 등을 알수 없으며 2009년의 경우 북한 인구조사 및 통계국 자료를 바탕으로 100% 값을 제시하는 등 정확성과 신뢰성이 부족한 측면이 있다. 2021년 자발적 국가 검토보고서에 나타난 통계는 출산 10만명당 수치를 제시하고 있다. 2019년 기준 49명으로 2015년 58명 대비 감소 추세다.

표 3-10 보건·의료 분야 통계 8. 의료진에 의한 출생률

개념	의료진에 의한 출생비율
생산주기	부정기(2000년부터 2009년까지)
출처	UNMDG
유사통계표	UNICEF, Data Warehous 〉 Skilled birth attendant (percentage)

15세에서 19세 사이의 여성청소년 출산율과 15세에서 19세 사이 기혼여성의 피임률에 대한 통계 또한 존재한다. 모두 1970년부터 2030년까지의 값을 추정 및 추계하고 있다. 2021년 자발적 국가 검토보고서에서는 숙련된 보건인력이 참여하는 출산 비율이 2014년 99.9%, 2017년 99.5%로, 100%에 가까운 수치로 나타낸다.

표 3-11 보건·의료 분야 통계 9. 기혼여성(15~19세) 피임률

개념	15~19세 기혼여성 피임률
생산주기	연간(1992년부터 2010년까지)
출처	UNMDG
조사방법	중위가정
유사통계표	UN, World Population Prospects 〉 Contraceptive prevalence

표 3-12	보건 · 의료 분야 통계 10. 여성 청소년(15~19세) 출산율
개념	15-19세 여성 1,000명당 청소년 출산율
생산주기	연간(2008년부터 2017년까지)
출처	UNSDG
유사통계표	WHO, GHO Data 〉 Adolescent birth rate (per 1,000 women aged 15-19 years)

다음의 표에서 나타나는 질환별 사망은 사인에 따른 사망자수를 제시하고 있다. 암, 심혈관 질환, 당뇨, 만성호흡기 질환 등에 따른 사망자 수를 5년 단위로 생산하고 있는데, 2000년 이전의 통계는 부재한다.

표 3-13	보건 · 의료 분야 통계 11. 질환별 사망자 수
개념	2000년부터 2019년까지 질환별 사망자수
생산주기	5년
출처	UNSDG
담당자	통계청 국제협력담당관실
유사통계표	WHO, Metadata 〉 Mortality between 30 and 70 years of age from cardiovascular diseases, cancer, diabetes or chronic respiratory diseases

세부 질환별 통계 중 대표적인 사안은 결핵이다. 세계보건기구의 발표에 따르면 2020년 약 987만 명의 결핵환자가 발생하였고, 약 149만 명이 결핵으로 사망하였다. 코로나-19 바이러스에 인한 사망에 이어 감염병 중 두 번째로 사망자 수가 많은 감염병이라고 세계보건기구는 기록하였다.[7] 항결핵제 복용시 완치가 가능한 질병이나, 다수의 빈곤 국가에서 결핵을 원인으로 한 사망률이 높다. 결핵 관련 통계는 세계보건기구의 데이터를 1차 자료로 삼고 있다. 세계보건기구는 북한의 결

---

7   질병관리청, "2020년 국제 결핵 발생 현황 고찰"

핵 발생률을 2000년부터 2019년까지 인구 10만명당 513명으로, 2020년은 523명으로 추정한 바 있다.

표 3-14	보건 · 의료 분야 통계 12. 결핵
개념	△인구 십만명당 결핵 발생률 △결핵환자 검출률 △결핵환자 사망률 △결핵 치료 성공률
생산주기	연간(1990년부터 2013년까지)
출처	UNMDG
유사통계표	WHO, Global Tuberculosis Report

　　2021년 자발적 국가 검토보고서에 나타난 북한의 결핵 발병률은 2020년 기준 351명(인구 10만명당)이다. 이외 B형간염의 발병률은 5.9명(인구 10만명당), 말라리아 발병률은 0.15명(인구 1천명당)이며 국가프로그램의 모든 백신이 적용되는 대상인구의 비율은 94.5%로 설정하고 있다.

　　의료진에 관한 통계는 의료 및 준의료활동 종사자 수가 있다. 우리나라 관계기관의 자료를 기초로 하고 있으나, 조사 및 가공 방법 등을 알 수 없다는 점에서 정확성 확보에 어려움이 있다. 또한 연도별 누락값(1994, 1995, 2002~2008)이 일부 존재한다. 한편, 2021년 자발적 국가 검토보고서에서 나타난 인구 1,000명당 의료 종사자는 2015년 98명, 2018년 99명, 2020년 100명으로, 북한당국은 인구의 10%에 달하는 의료 종사자가 있다고 설명하고 있다.

표 3-15	보건 · 의료 분야 통계 12. 의료종사자 수
개념	의사 · 약사 수
생산주기	연간
출처	관계기관
담당자	통계청 국제협력담당관실
조사방법	1965년부터 2020년까지 연간 의사 · 약사 수 총계
유사통계표	OECD Stat 〉 Health Care Resources (※OECD 회원국 통계만 서비스)

표 3-16 보건 · 의료 분야 통계 13. 준의료활동 종사자 수

개념	준의료활동 종사자 수
생산주기	연간
출처	관계기관
담당자	통계청 국제협력담당관실
조사방법	1975년부터 2020년까지 연간 준 의료활동 종사자 총계
유사통계표	OECD Stat 〉 Health Care Resources (※OECD 회원국 통계만 서비스)

표 3-17 보건 · 의료 분야 통계 14. 보건 · 의료인력 밀집도

개념	인구 만명당 보건의료인력 밀집도
생산주기	연간(2003년부터 2017년까지)
출처	UNSDG
담당자	Khassoum Diallo, WHO (2022.11월 기준)
유사통계표	△UNSDG, Indicators 〉 3.c.1 △WHO, GHO Data 〉 Community health workers density (per 10,000 population)
논의사항	WHO, 데이터 미보유

2021년 VNR이 제시하는 공공보건 부문에 대한 정부 지출 비중은 2014년 6.5%에서 2017년 7.0%로 소폭 상승했다. 이와 연관하여 의학연구 및 기초보건 부문 ODA 순지출액 통계지표가 있으며, 세계보건기구에서 2016년부터 2020년까지의 수치를 제공하고 있다.

표 3-18 보건 · 의료 분야 통계 15. 의학연구 및 기초보건 부문 공적개발원조 순지출액

개념	의학연구 및 기초보건 부문 ODA 순지출액
생산주기	연간(2000년부터 2019년까지)
출처	UNSDG
담당자	Yasmin Ahmad, OECD (2022.11월 기준)
유사통계표	△UNSDG, Indicators 〉 3.b.2 △WHO GHO Data 〉 Total net official development assistance to medical research and basic health sectors per capita (US$)

표 3-19	보건 · 의료 분야 통계 16. 국제보건규정에 의한 수용능력
개념	국제보건규정(International Health Regulations)에 의한 수용능력
생산주기	연간(2010년부터 2020년까지)
출처	UNSDG
담당자	Country Health Emergency Preparedness and IHR Unit (2022.11월 기준)
유사통계표	△UNSDG, Indicators 〉3.d.1 △WHO, GHO Data 〉Average of 13 International Health Regulations core capacity scores
논의사항	WHO, 2018~2020년 값 제시

질병의 예방을 위한 접종 관련 통계는 영유아와 성인으로 구분된다. WHO-UNICEF의 국가 예방접종 보장률 평가에 기초하여 생산하고 있는데, 2000년 초 UNICEF 확대예방접종프로그램 지원으로 국가 영유아 예방접종사업이 확대됨에 따라 접종률이 높아졌다.

표 3-20	보건 · 의료 분야 통계 17. 영아의 홍역 예방접종 비율
개념	12~23개월 영아의 홍역 예방접종 비율
생산주기	1년(1990년부터 2013년까지)
출처	UNMDG
조사방법	WHO-UNICEF의 국가 예방접종 보장률 평가에 기초하여 생산
유사통계표	△World Bank 〉Immunization, measles (% of children ages 12-23 months) △WHO, immunizatio data 〉Measles vaccination coverage
논의사항	World Bank의 경우 1995~2015년 수치 보유, WHO의 경우 1980~2021년 수치 보유, 모두 통계값 일치

표 3-21	보건 · 의료 분야 통계 18. 백신 접종 대상인구의 비율
개념	백신접종 대상 인구 비율
생산주기	연간(2000년부터 2019년까지)
출처	UNSDG
담당자	Marta Gacic Dobo, WHO (2022.11월 기준)
유사통계표	UNSDG, Indicators 〉3.b.1
논의사항	2010년부터 서비스, PCV3의 경우 2018년부터 값 보유

백신 접종 대상인구에 대한 조사와 더불어 주목할 만한 통계는 말라리아 발병률, B형간염 발생률 등이다. 모두 세계보건기구의 1차 자료를 바탕으로 하고 있으며, 2015년 이후의 값은 부재한다.

표 3-22	보건 · 의료 분야 통계 19. 말라리아 발병률	
개념	인구 천명당 말라리아 발병률	
생산주기	연간(2000년부터 2019년까지)	
출처	UNSDG	
유사통계표	WHO, Global Health Observatory(GHO) Data 〉 Malaria	

표 3-23	보건 · 의료 분야 통계 20. B형간염 발병률	
개념	5세 미만 B형간염 발병률	
생산주기	연간(2015년까지)	
출처	UNSDG	
유사통계표	WHO, GHO Data 〉 Hepatitis B Surface antigen prevalence among children under 5 years	

전염병 외의 질환 혹은 교통사고, 자살 등의 요인으로 사망하는 사람의 수에 관한 통계는 다음과 같다.

표 3-24	보건 · 의료 분야 통계 21. 비전염성 질환 사망자 수	
개념	질병 유형 및 성별 비전염성 질환 사망자 수	
생산주기	연간(2000년부터 2019년까지)	
출처	UNSDG	
유사통계표	WHO, GHO Data 〉 Number of deaths attributed to non-communicable diseases, by type of disease and sex	

표 3-25	보건 · 의료 분야 통계 22. 교통사고 사망률
개념	인구 10만명당 교통사고 사망률
생산주기	연간(2000년부터 2019년까지)
출처	UNSDG
유사통계표	WHO, GHO Data 〉 Estimated road traffic death rate (per 100,000 population)

표 3-26	보건 · 의료 분야 통계 23. 자살률
개념	자살률
생산주기	연간(2000년부터 2019년까지)
출처	UNSDG
유사통계표	WHO, GHO Data 〉 Suicide rates (age-standardized, crude)

표 3-27	보건 · 의료 분야 통계 24. 의도하지 않은 중독에 의한 사망률
개념	인구 10만명당 의도하지 않은 중독에 의한 성별 사망률
생산주기	연간(2000년부터 2019년까지)
출처	UNSDG
유사통계표	WHO, GHO Data 〉 Mortality rate attributed to unintentional poisonings (per 100,000 population)

2021년 VNR에서 나타난 교통사고에 의한 사망률의 경우 인구 10만명당 7.3명, 의도치 않은 중독으로 인한 사망률은 0.4명이다.

한편, '열대성 소외질환'은 열대지방에서 주로 발생하는 20개 질병을 소외열대질환(Neglected tropical disease)으로, 깨끗한 식수와 위생 시설이 부재한 빈곤지역에 다수 나타나는 질병이다.

표 3-28	보건 · 의료 분야 통계 25. 열대성 소외질환 관련
개념	열대성 소외질환 치료를 요하는 사람의 수
생산주기	연간(2010년부터 2019년까지)
출처	UNSDG
유사통계표	WHO, GHO Data 〉 Reported number of people requiring interventions against NTDs

이와 연관된 데이터가 식수원과 개량된 위생시설이다. UN SDG를 원데이터로 삼고 있는 세계은행(World Bank) 통계의 경우 2018년 9월 최신화되었고, 2015년 이후 값이 부재한 실정이다. 이 통계는 SDG 여섯 번째 목표인 '깨끗한 물과 위생'과 연관된다. 세부 목표는 '모두를 위한 안전하고 저렴한 식수에 대한 보편적이고 공평한 접근 보장'(SDG 6.1), '여성과 소녀 및 취약계층의 요구에 특별한 주의를 기울이면서, 모두를 위한 적절하고 공평한 공중위생 및 개인위생에 대한 접근 달성 및 노상배변 근절'(SDG 6.2)이다.[8] 세계보건기구와 유니세프는 이에 대한 자료를 공동으로 발간하고 있는데, 최근 발간된 2021년 보고서의 경우 북한지역에 관한 수치가 없다. 2019년에 발표한 보고서에 따르면, 2017년 기준 북한에서 안전하게 관리된 물을 사용하는 인구의 전체의 67%다. 농촌 지역의 경우 50%에 불과하다.

표 3-29	보건 · 의료 분야 통계 26. 식수원 접근 인구 비율
개념	개선된 식수원에 대한 접근이 가능한 인구 비율
생산주기	연간(1990년부터 2015년까지)
출처	UNMDG
조사방법	WHO 및 UNICEF의 공동 모니터링(Joint Monitoring Programme, JMP)을 바탕으로 생산
유사통계표	△World Bank, Databank 〉 Improved water source (% of population with access) △WHO-UNICEF JMP, Data 〉 Drinking water

---

8   WHO/UNICEF JMP (2021), Progress on household drinking water, sanitation and hygiene 2000-2020: Five years into the SDGs.

표 3-30	보건 · 의료 분야 통계 27. 개량된 위생시설 접근 인구 비율
개념	개선된 환경(건설 및 유지보수 포함)의 위생시설(하수도, 정화조, 배수구 등)을 이용하는 인구 비율
생산주기	연간(1992년부터 2015년까지)
출처	UNMDG
조사방법	WHO 및 UNICEF의 공동 모니터링(Joint Monitoring Programme, JMP)을 바탕으로 생산
유사통계표	△World Bank, Databank 〉 Improved sanitation facilities (% of population with access) △WHO-UNICEF JMP, Data 〉 Sanitation

안전한 식수와 안전하게 관리되는 식수원은 개선된 식수원에 대한 접근이 가능한 인구 비율로, WHO-UNICEF의 공동 모니터링을 바탕으로 생산된다. 위생 관련 통계의 경우 하수도, 정화조, 배수구 등의 위생시설에 대한 유지보수 및 건설을 포함하는 환경에 대한 평가로, 이를 이용하는 인구 비율이다. 이처럼 기본적인 건강권 획득을 위한 필수 보건 서비스 보장지수는 다음과 같다. 이 지수는 관련된 14개 세부 지표의 기하평균 값을 0에서 100점 사이의 값으로 나타낸 것이다.

표 3-31	보건 · 의료 분야 통계 28. 필수 보건서비스 보장 지수
개념	필수 보건서비스 보장(Universal health coverage) 지수
생산주기	연간(2000년부터 2017년까지)
출처	UNSDG
유사통계표	WHO, UHC service coverage index

앞서 살펴본 식수원과 위생시설이 보장되지 않아 이로 인해 사망한 인구에 대한 통계도 있다. 안전하지 않은 물과 위생시설로 인한 소외 열대 질환은 극빈층에서 발생하는 경향이 높다. 백신이 부족하거나, 진단 도구가 없거나, 적기의 치료가 부재하기 때문이다.

표 3-32	보건 · 의료 분야 통계 29. 식수 및 위생시설 관련 사망률
개념	인구 10만명당 식수 및 위생시설 관련 사망률
생산주기	1회성(2016년)
출처	UNSDG
유사통계표	WHO, GHO Data 〉 Mortality rate attributed to exposure to unsafe WASH services (per 100,000 population)

식수, 위생시설과 더불어 최근 중요한 이슈가 공기의 질이다. 대기오염으로 인한 사망률 통계는 다음과 같다.

표 3-33	보건 · 의료 분야 통계 30. 대기오염으로 인한 사망률
개념	인구 10만명당 대기오염으로 인한 연령 표준화 사망률
생산주기	1회성(2016년)
출처	UNSDG
유사통계표	WHO, GHO Data 〉 Age-standardized mortality rate attributed to ambient air pollution (deaths per 100,000 population)

기대수명과 영양 공급량, 이에 따른 저체중 및 발육부진 아동의 비율, 영유아 및 모성 사망률과 숙련된 의료진에 의한 출산율, 질환별 사망률과 의료종사자 및 준의료활동 종사자 수, 보건 · 의료 인력의 밀집도, 예방접종 비율, 질병 외 요인으로 인한 사망률, 식수와 위생시설 접근 인구 비율 등을 살펴보았다. 이외에 질병에 직 · 간접적 영향을 주는 음주, 흡연에 대한 통계도 다음과 같이 존재한다. 다만, 일부 값 누락이 누락되어 2000, 2005, 2010년 및 2013년에서 2018년 값이 통계적으로 존재한다.

표 3-34	보건 · 의료 분야 통계 31. 1인당 연간 알코올 소비량
개념	15세 이상 1인당 연간 알코올 소비량(순 알콜리터)
생산주기	연간(2000년부터 2019년까지)
출처	UNSDG
유사통계표	WHO, GHO Data 〉 Alcohol, total per capita (15+) consumption (in litres of pure alcohol)

표 3-35	보건 · 의료 분야 통계 32. 흡연 연령 표준화 현황
개념	성별 15세 이상 인구 중 흡연 연령 표준화 현황
생산주기	연간(2000년부터 2018년까지)
출처	UNSDG
담당자	Tibor Szilagyi, WHO-FCTC (2022.11월 기준)
유사통계표	WHO, Maternal, Newborn, Child and Adolescent Health and Ageing Data 〉 Age-standardized prevalence of current tobacco smoking among persons aged 15 years and older

2) 북한의 보건 · 의료 분야 통계 관련 함의

북한의 보건 · 의료 분야에 관한 통계 지표는 다양한 세부지표에 걸쳐 조사되고 있다. 그러나 통계 소비자 입장에서는 자료 획득의 채널이 다양함에 따라 어느 기관의 자료를 신뢰해야 할지 의문이 드는 것이 현실이다. 비교 대상 간 신뢰도에 의구심이 발생할 수 있기 때문이다. 동일한 자료가 여러 기관에 산재되어 있는 점 또한 접근성을 떨어뜨리는 요인이다.

유엔과 유니세프의 일부 통계 간 차이가 미세하게 있지만, 북한 지역의 현지조사가 현실적으로 불가능한 상황에서 통계의 '추정'은 불가피하다. 특히 코로나-19 확산에 따라 북한에 거주하고 있던 국제기구 직원들이 순차적으로 북한을 떠남으로써 2021년 3월 기준 잔류인원이 남지 않게 되었는데, 범정부 차원에서 실시하는 통계 조사가 필요한 실정이다. 유엔 및 한국 정부의 지원을 통해 북한 보건 · 의료 분야에 대한 정밀한 조사가 바탕이 되어야 국제사회가 공동으로 목표하는 "건강한 삶과 복지"가 가능하기 때문이다.

인류의 기대수명이 늘어나고 비만을 걱정하는 시대다. 하지만 일부 지역에서는 여전히 전염성, 비전염성 질병으로 영유아와 임산부의 사망률이 높다. 쉽게 접할 수 있는 백신이 없어 사망하는 사람도 적지 않다. 국제적인 진전에도 불구하고, 북한을 비롯한 여러 빈곤 지역에서 영유아의 사망률은 증가하고 있다. 최빈곤층의 자녀는 부유층의 자녀보다 5살 이전에 사망할 확률이 두 배 가까이 높다고도 한다.

보건·의료 분야의 통계는 사회적으로 매우 중요한 역할을 수행한다. 질병의 발생과 전파를 모니터링하고 예방하는 데 기초자료가 되며, 질병 감염률을 비롯하여 사망률, 건강상태 및 위험 요인 등과 관련된 데이터는 정책 결정자들이 공중보건 정책 및 예방 프로그램을 개발하고 조정하는 데 활용된다. 뿐만 아니라, 정부와 의료 전문가들이 공중보건 정책을 개발하고 평가하는 데 필수적인 정보를 제공한다. 통계는 건강 관련 문제의 범위와 심각성을 파악하고 특정 인구 그룹이나 지역에서 발생하는 문제를 식별하는 데 도움을 줄 수 있다. 이를 통해 정부는 정책 개발에 대한 방향성을 설정하고, 사회적 문제를 해결할 수 있다.

이처럼 통계는 제한된 자원을 효율적으로 할당하고 우선순위를 정하는 데 기본적인 데이터로 기능한다. 특정 질병의 부담 정도, 효과적인 예방 및 치료 방법의 비용 대비 효과, 인구 그룹별 건강 격차 등을 평가할 수 있으며, 이러한 정보는 보건의료 자원의 공정한 분배를 지원하고 보다 효과적인 결과를 얻을 수 있도록 도울 뿐만 아니라 건강 위험 요인에 대한 인식을 높이고 건강 행동을 촉진하는 역할을 한다.

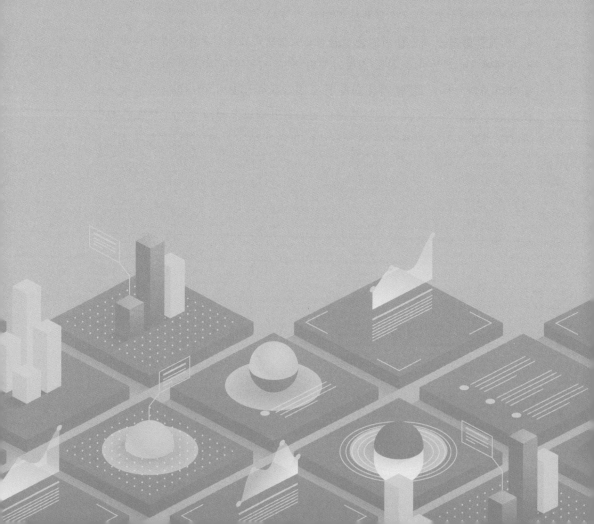

제4장

◆

교육

이현주 (서울평양연구원 원장)

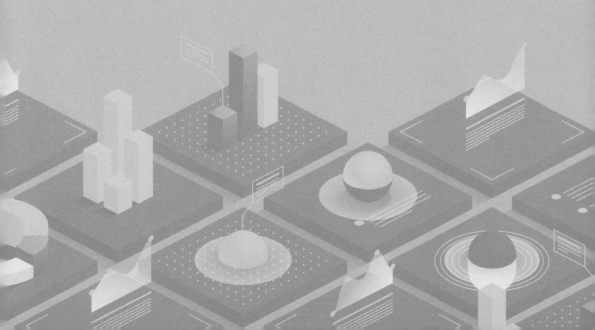

제4장

:

교육

1. 개요

　사회주의국가는 조기 및 집단주의 교육체계를 사회 재생산 기제로 활용한다. 따라서 북한의 공교육 체계는 경제난과 코로나-19로 인한 외부 세계와의 차단 가운데에도 그 기능을 유지하고 있다고 볼 수 있다. 그러나 경제난 이전의 공교육 수준을 회복하기는 어려워졌으며 부족한 공교육 예산이 일부 영재학교에 집중적으로 지원됨에 따라 학교 간의 교육환경 격차가 커졌고, 주민소득 격차가 증가하면서 경제적 취약계층 자녀들의 공교육이탈 현상이 확산되고 있다[1]. 한편, 김정은은 북한교육의 목적을 '세계적 수준의 과학기술 인재 양성'이라고 제시하고, 이러한 목적을 달성하기 위한 당면 과제로 '국가적 투자', '교육의 현대화', '중등교육 수준 향상', '대학 교육 강화' 등을 강조하였다[2]. 이에 따라 2012년 9월 학제 개편과 교육과정 개정, 대학 통합과 단과대학의 종합대학화 등으로 구체화 되었다.

　북한의 기본 학제는 5-6(3-3)-4제로, 초등교육(소학교) 5년, 중등교육 6년(초급중3년, 고급중3년), 고등교육 4~5년이다. 취학 전 교육기관으로 낮은 반 1년, 높은 반 1년 과정으로 유치원을 운영하고 있다. 소학교 취학 연령은 만 6세이고, 취학 전 1년의 유치원 높은 반 교육과 11년간의 초중등교육으로 12년제 의무교육이 시행되고 있다. 초중등 교육단계에서 영재교육기관과 특수계층 자녀를 위한 교육기관도

1　조정아(2016), 『교육통계를 통해 본 북한의 교육』, 통일연구원, p.1.
2　김정은(2012), "위대한 김정일동지를 우리 당의 영원한 총비서로 높이 모시고 주체혁명 위업을 빛나게 완성해나가자," 『로동신문』, 2012년 4월 19일자.

설치, 운영되고 있다. 영재교육기관으로 과학기술 영재 양성을 위한 평양제1중학교와 도 제1중학교, 외국어 특기자를 위한 중등 교육기관인 외국어학원, 예·체능계 특수교육기관이 운영되고 있다. 또한 혁명과 전쟁에서 국가적 공적을 세운 사람들의 유가족과 고위 간부의 자녀들에게 교육을 제공하는 교육기관으로 만경대혁명학원을 비롯한 혁명학원이 있다. 고등교육기관으로는 4~5년제의 종합대학 및 단과대학과 3년제 전문학교가 있다. 중고등 교원을 양성하는 사범대학은 4년제이며, 초등교원을 양성하는 교원대학은 3년제이다. 또한 남한의 대학원에 해당하는 교육기관으로 박사원이 있다.

정규교육제도 이외에도 '일하면서 공부하는 교육체계'라 불리는 고등교육 단계의 시간제 성인 교육체계가 발달하였다. 성인이 직장생활과 학업을 병행할 수 있도록 공장, 농장 등에 부설된 공장대학, 농장대학, 어장대학과 일반대학의 야간 및 통신부가 있다.

2. 북한 교육통계의 현황

1) 김정은시기 교육정책의 변화

김정은시기에 북한 교육정책은 세계교육 발전 추세에 맞추어 내용과 방법, 조건 및 환경 개선, 농촌과 도시지역 간 격차의 과제 개선 및 중등 일반교육체계를 완비하고 상급 및 복합학 과정 개설 및 원격교육 확충 등 교육환경과 내용개선을 위해 UNESCO와 UNICEF를 비롯한 국제기구와 협력을 모색하였다. SDGs에서 제시하는 보편적 초등, 중등교육 이행과 취학 전 교육 기회 제공의 목표 조기 달성과 전반적 12년제 의무교육(2012년 9월) 학업을 전문으로 하는 고등교육체계와 일하면서 배우는 고등교육체계의 혜택을 강조하였다.

그림 4-1 북한 학생 수

자료: 통계청, 2022.

통계청의 2022년 자료에 의하면 2007~2014년의 소학교와 초급중학교 학생 수의 변동이 없다. 김정은 집권 이후 인구 만 명당 대학생의 수는 2003년 227.9명 으로 정점을 찍은 이후 2020년 195명으로 지속적인 감소세를 보이고 있다. 2012 년 교육체계 개편 이후 2017년부터 중학교가 초급중학교와 고급중학교로 분리되 고 단과대학이 종합대학으로 분리되었다.

그림 4-2 북한 교육기관 수

자료: 통계청, 2022.

3. 북한 교육통계의 특징

『조선중앙연감』(조선중앙통신사, 1949~1964)에 의하면 1946년~1963년까지의 기초교육통계(학교 수, 학생 수, 교원 수)를 통해 해방 직후부터 사회주의산업화를 거치는 시기의 북한 보통교육 팽창의 양상이 나타났다.[3] 『북한 총람』(북한연구소, 1983년)과 『북한 경제 통계집』(통일원, 1996년)에는 북한의 교육기관 수와 학생 수가 기재되어 있으나 이들 자료는 원자료 출처를 명시하지 않아 통계 산출 근거에 대한 검증을 할 수 없다는 한계가 있다.

한국교육개발원은 『조선향토대백과』 등 북한원전[4]을 토대로 1993년~2008년의 학령인구 및 문해인구 변화, 지역별 학생 수, 2008년 기준 의무교육 기관 및 고등교육기관 재학생 수, 해방 후부터 2009년까지 학교급별 학교 수와 학생 수, 지역별 교육기관 현황을 제시하고 있다.[5] 북한 교육과 관련하여 국내에서는 교육부(교육통계서비스)와 관계기관이 통계 수집을 담당하고 있다. 2000년대 이후 북한은 UNESCO, UNICEF 등 UN 산하 국제기구와 협력을 통하여 교육협력·지원사업을 전개하고 있어 북한의 교육통계도 보고·공개되고 있다. 국제기구에 북한의 교육 실태와 국제기구와의 교육협력사업 성과를 보고하는 형식으로 작성된 보고서에 학교 수, 학생 수, 교원 수뿐만 아니라 취학률이나 성별 지역별 교육편차 등과 같은 통계수치가 포함되어 있다.

2008년 유엔인구기금(UNFPA)과 협력하여 실시한 인구총조사에는 교육통계를 포함하고 있지는 않지만, 연령별 인구수, 지역별 인구수, 교육단계별 재학생 수, 문해자 수 등을 집계하고 있어, 이를 활용하여 학령기 인구, 취학 실태 및 교육 부문 종사자 실태 등을 1993년과 비교·분석할 수 있다. 북한교육통계 중 취학률을 포함한 통계는 중앙통계국(CBS)과 교육위원회(EC)의 정기 통계, 인구조사와 다중지표군집조사(MICS)에서 수집되며, 교육위원회(EC)는 교육정보시스템(EIS)을 통해 정기적으로 지표에 대한 데이터를 수집하고 있다.

---

3 이향규 외(2010), "학교교육의 팽창과 교육개혁", 『북한교육 60년 형성과 발전, 전망』, 교육과학사, pp. 97~129.
4 조선 과학백과사전출판사·한국 평화문제연구소 공편(2005), 『조선향토대백과』, 평화문제연구소.
5 한만길·이향규(2010), 『북한의 교육통계 및 교육기관 현황 분석』, 한국교육개발원.

4. 북한의 VNR 교육 통계

표 4-1   SDG 4 교육 관련 북한 지표, 2015-2020

지표	단위	2015	2018	2020
4.1.1 읽기, 수학에서 최소숙달기준을 달성한 아동과 청소년 비율 학년 2/3 이수 시점 초등학교 말기 초급중학교 말기	 % % %		(2017) 93.5, 83.4 97.5, 89 97.5, 83.2	
4.2.1 건강, 학습, 심리사회적행 행복(well-being) 측면에서 발달과정에 있는 5세 미만 아동의 성별 비중	 % % %		(2017) 87.7(합계) 86.2(남) 89.2(여)	
4.2.2 학령 전 1년간 체계적 교육에 참여한 성별 비중	 % % %		(2017) 97.1(합계) 97.6(남) 96.3(여)	(2019) 99.9(합계) 99.8(남) 99.9(여)
4.4.1 정보통신기술(ICT)을 보유한 청소년과 성인의 비율(15-19세)	 % %		(2017) 63.7(남) 61.6(남)	
4.5.1 모든 교육지표에 대한 형평성 지수 1) 여성/남성별 초등, 중등, 고등교육 조정 순 취학률 2) 하위20%/상위40%(자산 지수의 초등, 중등, 고등교육 조정 순 취학률 3) 농촌/도시간 초등, 중등, 고등교육 조정 순 취학률			(2017) 1, 0.97, 1 1, 1, 1 1, 0.99, 1	
4.a.1 다음 항목에 접근 가능한 학교 비율 (a) 전기 (b) 청년 교육을 위한 내부 전산망 (c) 청년 교육을 위한 컴퓨터 (d) 학령기 아동 및 장애아동을 위한 공공기반시설 및 교육재료 (e) 안전한 식수 (f) 성별로 분리된 위생시설 (g) 기본적인 손 씻기 시설	 % %	 100 80	(2017) 100 100	 100 100

출처: DPRK, "Democratic People's Republic of Korea Voluntary National Review On the Implementation of the 2030 Agenda", p. 57-58, 〈https://sustainabledevelopment.un.org/content/documents/282482021_VNR_Report_DPRK.pdf〉 (Accessed October 25, 2022)2021 북한 자발적국가보고서 지표별 데이터

5. 메타데이터 검토 분석

통계청의 북한의 주제별 교육통계는 교육체계(2007~2020), 교육기관 수(1965~2020), 학생 수(1965~2020), 인구 만 명당 대학생 수(1965~2020)를 북한과 남한을 비교하여 보여주고 있다. 일부 통계는 55년의 시계열적(time series) 통계가 축적되어 경향성(trend)을 파악하는데 성과를 거두었다. 관련 통계로 UN SDGs 목표4. 교육보장, 평생학습의 하위항목인 4.2.1 36~59개월 아동 중 읽고, 쓰기-산술, 신체발달 사회정서발달, 학습 중 최소 3개 부분에 정상발달에 있는 아동의 비율과 4.b.1 수혜국별 장학금에 대한 총 공적지원을 제시하고 있다(2022년 7월 기준).

또한 Worldbank의 초등학교 조정된 순 등록률, 초등학교 미등록 어린이, 문맹률, 초등졸업률, 교사-학생비율(초등, 중등, 전기중등, 후기중등, 고등)(2021년 9월 기준)의 DPRK다중지표군집조사(MICS)로 주요 통계 수치를 제공하고 있다. 2020년 기준으로 북한의 인구 대비 교육기관 숫자가 남한보다 높게 나타나고 있다. 북한인구는 남한인구의 50%이나 초등학교 78%(4,800), 초급중학교 71%(2,300), 고급중학교 97%(2,300), 대학교 33%(493)로 대학교를 제외한 모든 교육기관의 숫자가 북한의 남한 대비 인구 비율 보다 높게 나타나고 있다. 이는 북한 교육 기관의 규모가 남한보다 작기 때문이라 볼 수 있으나 지역별 교육기관별 규모에 대한 세부적인 조사가 필요하다. 북한의 폐쇄성으로 인해 매년 기계적으로 기존 수치의 가감 정도로 통계가 생산되는 구조적인 문제점과 함께 시계열 자료에 공백이 발생하는 등 한계에 대한 보완책 마련이 필요하다.

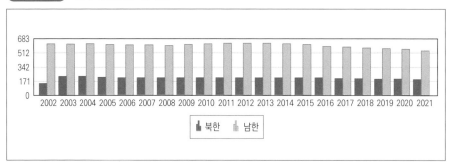

그림 4-3 인구 만명 당 대학생 수

자료: 통계청, 2022.

6. 평가 및 제언

북한교육관련 통계로는 UN SDGs와 Worldbank의 통계가 있다. UN SDGs 목표4에는 36~59개월 아동 중 읽고, 쓰기-산술, 신체발달 사회정서발달 중 최소 3개 부분에 정상발달에 있는 아동의 비율을 포함한다. 또한, 수원국별 장학금에 대한 총 공적 지원을 포함하고 있다. Worldbank의 관련 통계로는 초등학교 조정된 순 등록률, 초등학교 미등록 어린이, 문맹률, 초등졸업률, 교사-학생 비율(초등, 중등, 전기중등, 후기중등, 고등)에 대해 통계 수치를 제공하고 있다.

2020년 기준으로 북한의 인구 대비 교육기관 숫자가 남한보다 높다. 북한인구는 남한인구의 50%이나 초등학교 78%(4,800), 초급중학교 71%(2,300), 고급중학교 97%(2,300), 대학교 33%(493)로 대학교를 제외한 모든 교육기관의 숫자가 북한의 남한 대비 인구 비율 보다 높게 나타나고 있다. 이는 북한 교육기관의 규모가 남한보다 작기 때문이라 볼 수 있으나 지역별 교육 기관별 규모에 대한 세부적인 조사가 필요하다.

통일부 북한정보포털의 남북한 비교통계〉교육〉중학생 수〉에서 초급중학교와 고급중학교가 분리된 2017년 이후부터 초급중학교의 숫자만을 표시하고 있어 고급중학교와 합산된 자료로 수정이 되어야 한다. 2015년 전년 대비 15%(2,520) 증가한 이후 2016년 -25%(1,900), 2017년 -46%(1,020), 2018년은 -1%(1,014), 2019년은 -1%(1,001), 2020년은 -2%(984)로 나타나고 있다. 이는 통계의 신뢰도를 떨어트릴 수 있으므로 수정이 필요하다(본 자료는 통계청에서 제공하는 오픈 API를 활용하여 남북한 주요 통계자료를 서비스하고 있음).

2016년 소학교의 학생 수가 1,170, 초급중학교의 학생 수가 1,900으로 전년 대비 25%감소를 보이고 있어 주석정보를 통하여 세부적인 설명이 필요하다. 전체 통계의 신뢰도를 떨어트릴 수 있다. 소학교의 숫자는 2006년 이후 변동이 없다. 초급중학교의 숫자는 2007년 이후 변동이 없다(2017년 고급중학교로 분산됨). 인구 만 명당 대학생 수는 2009~2016년까지 변동이 없다. 동기간 해당 조사가 진행되었는지 여부를 확인할 필요가 있다.

7. 교육 항목별 메타데이터 검토 분석

표 4-2   **교육체계**

개념	북한의 기본 학제는 5-6(3-3)-4제로, 4년간의 초등교육, 6년간 중등교육, 4~5년간의 고등교육으로 구성됨. 취학전 교육기관인 유치원은 낮은 반 1년, 높은 반 1년 과정으로 운영. 초등교육기관인 소학교, 중등교육기관은 초급중학교(3년제)와 고급중학교(3년제)임. 북한의 기본 학제는 소학교 취학 연령은 만 6세와 11년간의 초중등 교육이 12년제 의무교육으로 진행(2012년 학제 개편).
생산주기	연간
출처	관계기관
담당자	통계청 국제협력담당관실
조사방법	N/A
유사통계표	교육부 교육통계서비스
논의사항	VNR-DPRK(2021, 12)에 제시한 바와 같이 북한의 사회주의교육은 사회재생산에 기여하고 있다고 볼 수 있음. 지속되는 경제난과 COVID-19로 지역별 교육 운영실태에 편차가 나타날 수 있음.

표 4-3   **교육기관 수**

개념	북한의 기본 학제별 교육기관의 수
생산주기	연간
출처	관계기관
담당자	통계청 국제협력담당관실
조사방법	중앙통계국(CBS)과 교육위원회(EC)의 교육정보시스템(EIS)의 정기 통계, 인구조사와 다중지표군집조사(MICS)에서 데이터를 수집함.
유사통계표	교육부 교육통계서비스
논의사항	전체교육 기관 운영의 실태를 분석하기 위하여 지역별 교육기관의 분포와 실제 운영 여부 등 지역별 교육 운영 실태를 조사해야 함.

표 4-4	학생수
개념	북한의 기본 학제별 교육 학생의 수
생산주기	연간
출처	관계기관
담당자	통계청 국제협력담당관실
조사방법	중앙통계국(CBS)과 교육위원회(EC)의 교육정보시스템(EIS)의 정기 통계, 인구조사와 다중지표군집조사(MICS)에서 데이터를 수집함.
유사통계표	교육부 교육통계서비스
논의사항	2007~2014년의 소학교와 초급중학교 학생수의 변동이 없음. 위의 기간은 학생수에 대한 조사 진행 여부를 확인할 필요가 있음.

표 4-5	인구 만 명당 대학생 수
개념	인구 만 명당 대학생 수
생산주기	연간
출처	관계기관
담당자	통계청 국제협력담당관실
조사방법	중앙통계국(CBS)과 교육위원회(EC)의 교육정보시스템(EIS)의 정기 통계, 인구조사와 다중지표군집조사(MICS)에서 데이터를 수집함.
유사통계표	교육부 교육통계서비스
논의사항	김정은 집권 이후 북한의 교육정책은 새 시대의 교육 방향성으로 정보산업시대, 지식경제시대를 이끌어 갈 창조형, 실천형 인재양성이 강조되고 있어, 세계적 교육 추세를 반영한 교육제도개선과 교육 정보화가 추진되고 있음. 그러나 김정은 집권이후 인구 만 명당 대학생의 수는 2003년 227.9명으로 정점을 찍은 이후 2020년 195명으로 지속적인 감소세를 보이고 있음.

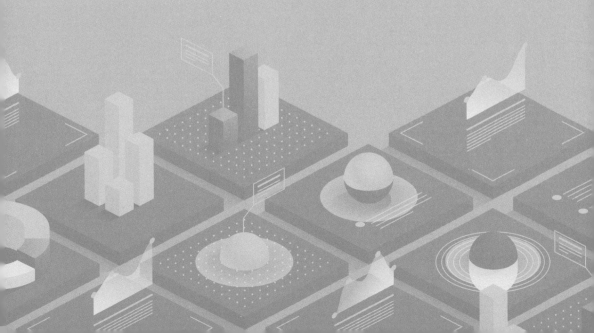

제5장

◆

농업

노현종(숭실대학교 숭실평화통일연구원 도시연구단 전임연구원)

제5장
：
농업

1. 북한 농업통계의 특징

1) 고전적 사회주의 체제 시기의 농업통계 특징

사회주의 중앙계획경제에서 통계가 차지하는 위치는 매우 중요하다. 북한은 통계를 활용하여 "나라의 로력자원, 물자자원, 재정자원, 정보자원의 현존상태와 그 리용정형에 대한 자료를 체계적으로 보장함으로써 경제 전반에 대한 국가의 통일적 지도와 전략적 관리를 실현"[1]하는 것을 목표로 하고 있다. 이에 상당히 이른 시점부터 생산, 공급, 수요 예측을 위한 정확한 통계의 중요성을 강조하였다. 그리고 통계는 1960년대 '계획의 일원화, 세분화'를 실현하기 위한 핵심적인 사항이었다.

김일성 시기의 북한 통계의 특징과 정책 방향은 크게 세 가지로 요약할 수 있다. 첫째, 사회주의 체제의 구조적 특징으로 인한 통계의 왜곡이 발생하였다. 사회주의 국가권에서는 기업소의 금전적인 이득이 아니라 '생산량'이 담당자와 종사자들의 승진과 진로의 중요한 평가 기준이었다. 따라서 개별기업의 담당자들이 통계수치를 조작하는 일이 비일비재 하였다. 김일성도 "농촌경리부문에서는 알곡과 남새, 과일 생산에 대한 통계보고에 거짓이 많습니다. 과일 같은 것은 적게 생산하고도 많이 생산한 것으로 보고하는가 하면 과일을 썩인데 대한 책임추궁이 두려워 많이 생산해놓고도 적게 생산한 것으로 보고하는 현상이 있습니다"[2]라며 실태를 지적한 바 있

---

1   림광남, "경제전반에 대한 국가의 통일적지도와 전략적관리에서 차지하는 통계의 위치", 『김일성종합대학학보 철학, 경제학』 제62권 제3호 (2016), p.91.

2   김일성, "사회주의통계사업을 개선하기 위하여 나서는 몇 가지 문제: 조선로동당 중앙위원회 정치

다. 또한 1986년 제작된 영화 '진심'은 협동농장관리위원장이 자신의 지위와 승진을 위하여 옥수수 생산량을 허위로 보고하는 행태를 비판적으로 다루기도 하였다.

이처럼 북한은 사회주의 체제가 기본적으로 내포하고 있는 '연성예산제약(Soft Budget Constraint)'의 속성이 자국의 통계작성 과정에 부정적인 영향을 끼친다는 사실을 어느 정도 인식하고 있었다. 위와 같은 구조적인 문제를 해결하기 위해서 통계기관의 독립성을 보장하여 객관성을 유지하고자 하였다. 북한은 "중앙으로부터 도, 시, 군에 이르기까지 국가통계기관을 따로 내오고 각급 기관, 기업소들에도 통계 부서를 내와 국가통계기관의 통계 세포로 활동하게 해야 한다"는 원칙 하에 '생산자'와 '통계집계기구'의 분리를 추진하였다.[3] 그리고 통계 일꾼들을 계획 일꾼들과 동등하게 대우하고자 하였다.

둘째, 북한에서는 통계를 집계하는 기술의 미발달로 인한 여러 가지 어려움을 경험하였다. 사회주의 중국에서는 에스노그래피를 활용한 초보적인 집계, 수식을 이용한 확률표본, 전수조사(Exhaustive Approach)의 통계방식을 혼용하였다. 건국 이후인 1950년대에는 전수조사를 선호하였지만, 구체적인 집계방식과 조사 인원의 부족으로 인하여 어려움을 겪었다.[4] 현재 북한의 통계 집계방식에 대한 논의는 공개되지 않았지만 확률표본이 아니라 전수조사에 가깝다고 할 수 있다. 즉 농업에 투입되는 요소와 산출량 사이의 인과관계를 과학적으로 파악하기보다는, 현재까지의 수확량을 집계하는 방식에 집중하고 있다.[5] 또한 1960년대에는 아직 휴대용 전자계산기가 발명되기 이전이었기 때문에 경제 담당 관료들은 상당히 복잡한 계산을 주판과 손으로 직접 처리할 수밖에 없었다. 또한 이를 담당할 수 있는 전문인력도 매우 부족하였다.

셋째, 북한은 통계를 국가의 기밀로 간주하여 공개를 제한하였다. 극단적인 '수

위원회에서 한 연설 1969년 10월 21일", 『김일성저작집 24권』 (평양: 조선로동당출판사, 1983), pp.207~208.

3   리련희, "국가적인 일원화통계체계를 세워주시여" 『김일성종합대학보 기사』 2021년 4월 22일.

4   Arunabh Ghosh, *Making it Count: Statistics and Statecraft in the Early People's Republic of China* (New Jersey: Princeton University Press, 2020), pp.5~6.

5   물론 종자와 생산성에 관한 과학적 연구는 진행하고 있다. 가령 북한 변창률 작가의 "영근이삭"에서는 과학자들이 새로운 종자를 개발하여 협동농장에 보급하고 농장원들이 생산량을 보고하는 장면이 등장한다. 하지만 이것이 전국적 단위에서 보편적으로 실시된다고 보기는 어렵다.

입대체산업화(Import Substitute Industry)'를 실시하는 북한의 입장에서 통계수치를 외부에 공개할 이유가 없었다. 이는 북한의 기업이 외부의 투자자들을 위해 기업의 역량을 보여줄 수 있는 '재무회계'가 아니라 '관리회계'에 해당하는 '부기'라는 용어를 사용한 것과 마찬가지이다. 실제로 조선중앙통계연감은 1960년대 중반까지의 자료만 공개하고 있다. 이러한 내부 방침에 따라 외부에서는 농업과 관련한 정확한 통계수치를 파악하기가 어렵다. 다만 김일성의 연설과 교시를 모아놓은 저작집에는 농업 및 수산업의 일부 항목에 대한 구체적인 수치가 등장한다.[6] 또한 김일성 통치 시기에는 농업 관련 통계의 일부를 국제사회와 공유하였지만 어떠한 방식으로 통계를 집계하였는지는 불명확하다.

이러한 폐쇄적인 정책 기조는 현재까지 유지되는 것으로 보인다. 1996년 11월에 제정되었고 1999년 2월 26일 수정 보충된 조선민주주의인민공화국의 통계법에서도 이와 같은 사항들이 발견된다. 법령의 제28조는 "통계 자료는 중요한 기밀이다. 통계기관 기업소, 단체는 통계자료관리체계를 바로 세워 기밀을 보장하여야 한다"고 기술하고 있다. 같은 법률의 제30조에 따르면 통계자료열람신청서를 해당통계기관에 제출해야 하며, 기관의 승인을 받은 후에야 이 자료를 열람할 수 있다. 또한 제33조는 통계자료를 이용하면서 알게 된 사항을 다른 기관에 알려줄 수 없다는 점을 제시하고 있다. 2021년 북한이 제출한 '자발적 국가검토보고서(Voluntary National Review)'는 농업생산량에 대한 부분적인 수치만을 공개하고 있다.

2) 최근의 북한 농업과 통계

북한의 농업정책은 사회주의적 협동농장을 기초로 하면서 일부 분권적인 정책 변화를 보여왔다. 과거에 북한은 작업반 우대제, 분조관리제를 통해 개인의 인센티브를 고취하고자 하였다. 이는 베트남의 합작사, 중국의 인민공사에 비해 상대적으

---

6 1982년 연설에서 김일성은 대풍년이 들었다고 강조하지만 구체적인 생산량에 대한 언급은 부재하다. 하지만 6만 정보의 간석지 개간에 대한 계획, 알곡 200만톤 추가생산, 정보당 700kg 추가생산, 비료와 트랙터의 필요량에 대한 대략적인 정보는 나타나 있다. 김일성, "농촌경리의 관리운영사업을 개선하며 농업생산을 늘이기 위한 몇 가지 과업에 대하여: 조선로동당 중앙위원회 정치국회의에서 한 연설, 1982년 12월 9일" 김일성, 『사회주의 경제관리 문제에 대하여 6』 (평양: 조선로동당 출판사, 1996), pp.155-188.

로 효율적이었지만 사회주의 체제의 구조적 한계를 벗어날 수는 없었다. 북한은 경제위기가 본격화되기 이전인 1994년 농업, 무역, 경공업의 발전을 골자로 하는 3대 제일주의를 표명하였지만 이 기간에도 협동농장 시스템을 유지하였다. 김정은 집권 이후 '포전담당제'와 같이 개인의 인센티브를 고취하는 정책을 부분적으로 도입하였지만 사적소유에 기초한 개혁으로 이어지지 못하였다. 현재 북한의 사회주의적 협동농장은 시장과 밀접하게 연관을 맺고 있으며 개별 농장관리위원회의 상황에 따라 상이하게 운영되고 있다.[7]

핵과 미사일 문제로 말미암아 국내외로부터 많은 관심을 받지는 못했지만 북한은 농업안정화를 위해 상당한 노력을 기울여 왔다. 특히 코로나 위기 속에서 협동농장의 생산성과 국가의 수매량을 동시에 높이는 것을 목표로 일련의 정책을 추진하였다. 이를 위해 2022년 1월 22일 최고인민위원회 상임위원회는 기존의 농업성을 농업위원회로 격상시켰다. 그럼에도 북한이 농업생산과 관련하여 현재까지 투명한 통계수치를 자체적으로 확보하지 못하고 있는 것으로 판명된다. 실제로 2022년 9월 북한은 제8기 10차 정치국 회의에서 하부단위에서 이루어지는 농업생산 통계 왜곡에 대한 처벌을 골자로 하는 '허풍방지법'을 제정하였다. 이 법안에서는 '농업생산에서의 허풍방지'라는 별도의 장을 두고 있으며 지도, 영농준비, 영농작업, 예상수확고 판정, 수매계획 수행, 토지이용 등 구체적인 사항들을 기술하고 있다. 이는 북한이 이 사안을 심각하게 여기고 있다는 점을 반증한다.

2. 북한 농업통계 현황

한국과 국제기구 등 국내외의 다양한 기관들은 어려운 상황 가운데에서도 북한 농업 실태 및 생산량에 대한 통계를 집계하여 제공하고 있다. 본 절에서는 여러 기관들이 집계한 북한 농업통계 항목들과 메타데이터에 대해서 논의해 보도록 하겠다.

---

7 관련사항은 김소영, "경제위기 이후 북한 농업부문의 계획과 시장" (북한대학교 대학원 박사학위논문, 2017) 참조.

1) 국내외에서 조사한 농업 관련 통계 현황

국내에서는 '농촌진흥청'과 '관계기관'이 북한 농업통계 수집을 담당하고 있다. 해외에서는 'UN'과 '국제식량농업기구(FAO)'가 주요 통계 수치를 제공하고 있으며 '유엔아동기금(UNICEF)', '세계보건기구(WHO)' 역시 아동의 영양상태와 보건 상태에 대한 통계치를 제공하고 있다. 미국 '농무성(USDA)'도 매년 북한 농업 관련 통계를 작성하여 발표하고 있다.

2) 북한 통계

북한 측에서도 농업과 관련된 통계를 정확하게 집계하려고 노력하고 있다.[8] 가령 '예정수확고'를 과학적으로 측정하기 위해서 분주하게 노력하고 있다. 특히 다양한 품종들의 벼 사진을 컴퓨터 프로그램으로 분석하여 풀의 면적을 측정하기 위한 기초작업을 실시하고 있다.[9] 2021년 6월 14일 UN FAO 보고서는 북한농업성이 제공한 식량생산량을 반영하였으며 '자발적검토보고서(VNR)'에서도 식량생산 관련 수치를 제공하였다. 하지만 현재까지 제한적인 사항만 공개하고 있는 실정이며 통

---

8 『인민경제발전통계집』과 『조선중앙연감』에서 농업과 관련된 사항을 부분적으로 다루었다.

9

2) 화상해석에 의한 벼품종들과 계통들에서 벼모의 풀색면적률의 차이
논벼 품종들과 계통들의 벼모사진(그림의 왼쪽)과 그것을 화상해석프로그람으로 처리
하여 벼모의 풀색면적을 보여주는 화상(그림의 오른쪽)은 그림과 같다.

그림. 논벼품종들의 벼모사진(왼쪽)과 화상처리한 벼모의 풀색부분(오른쪽)
ㄱ) 《서해 8》호, ㄴ) 《평북 18》호

정광오, 한광명, 허정심, 여호성, "논벼에서 화상해석에 의한 벼모의 풀색면적률 평가와 몇가지 량적형질들 사이의 상관", 『김일성종합대학학보 생명과학』 제66권 제2호 (2020), p. 31.

계 제작과정에 대한 정보는 제공하지 않는다.

3) 메타데이터 검토 분석

본 연구에서는 5개 기관에서 집계한 북한농업통계 자료들과 메타데이터를 검토하였다.

(1) 농촌진흥청

농촌진흥청은 북한과 유사한 기후와 토질을 지닌 실험장에서 얻은 데이터에 근거하여 주요 농업생산량을 추정하고 있다. 항공우주연구원으로부터 제공받은 위성사진을 통해서 농업경작지 면적과 생산성을 파악하고 있다.

(2) 관계기관

이 기관의 경우 현재까지 메타데이터를 전혀 제공하지 않고 있다.

(3) UN FAO 및 UN 기구

UN 기구들의 데이터 수집 방식은 정확하게 공개되지 않고 있다. FAO는 공식적으로 통계품질과 메타데이터에 대한 논의가 이루어지고 있지 않다고 선언하고 있다. 일부 국가들이 자국 통계수치에 대한 메타데이터를 제공하고 있지만 FAO는 이를 공개하지 않고 있다.

UN 산하 기구들은 다양한 방법으로 농업통계를 집계하고 있다. 북한에서 직접 제공받은 데이터를 활용하여 공개하는 경우도 있으며, 자체적으로 '추정(estimate)'한 자료도 존재한다. 일부 통계가 없는 경우에는 '결측값 대체(imputation)'의 방식을 통해 통계수치를 제공하고 있다. 다만 어떠한 방법론을 활용하여 '추정'과 '결측값 대체'를 실시하였는지에 대해서는 구체적인 설명이 없다. 가령 '결측값 대체'의 경우 핵심항목요약(hot-deck), 평균 대치법(mean-imputation), 회귀 대치법(regression imputation) 등이 있지만 이에 대한 정보는 부재한 상황이며 특히 일부 항목에서는 연도별로 추정방법이 달라지는 경우도 존재한다.

농림수산물 통계에 관한 UN 발표통계(Industrial Commodity Statistics Database)

의 원자료 수집은 제도적 기관(institutional unit), 즉 기업, 정부 조직, 가구 사항을 측정하는 비영리단체 등을 통해서 이루어진다. 특히 생산자, 소비자, 투자자 및 임금 생활자 등의 상황을 종합하여 작성된다. 사회주의 체제인 북한은 기본적으로 정치와 경제가 중복되어 있기 때문에 이와 같은 데이터 확보방식의 정확성과 효율성이 높다고 보기는 어렵다.

또한 UN 및 국제기구는 해당 국가가 제출한 공식자료(official data)를 직접 사용한다. 실제 북한뿐만 아니라 선진국인 덴마크와 캐나다도 자국에서 집계한 통계 수치를 제공하고 있다. 하지만 통계자료의 신뢰도는 국가의 통계평판과 투명성과 직결되기에 국가별로 신뢰성의 차이가 발생한다.

(4) UNFPA 1993년 및 2008년 인구센서스

이 조사는 전수조사를 통해 주민 생활을 포착하였기 때문에 정확성이 가장 높다고 평가할 수 있다. 다만 UNFPA가 기술, 자금을 지원하였으나 실질적으로 북한당국이 통계를 집계하였다는 점을 인식해야 한다. 설문조사에 사용된 질문지는 공개되어 있지만 경제활동과 관련한 기본적인 자료 및 식량 섭취에 대한 항목은 부재하다. 이 때문에 북한 주민의 실제 식량 소비에 대한 사항은 집계되지 않았다. 이는 북한이 자국의 열악한 식량 사정을 대외적으로 공개하는 것을 꺼리기 때문이라고 여겨진다. 마지막으로 이 자료는 2008년도에 제작되었고 후속 조사가 이루어지지 않았기 때문에 현재의 사회상을 반영한다고 보기는 어렵다.

(5) 세계은행(World Bank)

이 기관은 통계수치를 자체적으로 제작하는 것이 아니라 FAO가 수집한 다양한 자료들 가운데 경제활동과 관련된 내용을 취사 선택 및 가공하여 제공하고 있다. 따라서 연구자가 원자료를 직접 찾아서 사용하는 것을 권장한다.

4) 북한 농업통계 기관별 추세 비교

FAO는 1995년 이래 30여 차례 이상 북한 현지를 방문하여 조사를 실시한 바 있으며 북한의 농업과 관련된 다양한 항목을 측정하고 있다. 국내의 농촌진흥청, 미국의 농무성과 북한 역시 유사한 통계수치를 공개하고 있기에 이를 비교 분석하였다. 하지만 각각의 자료를 비교 분석하는 두 가지 문제점이 존재한다. 첫째, 과학적 방법론에 대한 당위성을 떠나서, 추정 산출의 방식이 일관되지 않는다. 둘째, 앞의 원인에 대한 부수적인 결과로 통계 자료의 단위가 각각 다르다(순서대로, '만 톤', 'kg', 'index', '1000톤').

따라서, 데이터를 나열하는 것으로는 유의미한 해석이 불가능하여 중심치에 대한 통계적 추정을 시도하였으며 정규화 방법을 채택하여 자료를 비교 가능하게 재구성하였다. 따라서 각 항목의 평균과 표준편차를 이용하면 조사 방식과 단위가 서로 다르더라도, 동일하게 북한 식량을 추정하였다면 ① 데이터의 상대적 위치, ② 시계열 자료 변화의 경향성을 확인할 수 있을 것이라고 판단하였다.[10] 2019년까지 확보된 전체 기관의 데이터를 기준으로 각 항목의 평균과 표준편차를 계산하였다. 이 경우 2019년까지의 데이터의 상대적 경향성은 일치해야 한다. 다만 2020년 이후의 자료는 2019년까지의 평균, 표준편차를 따름으로 조사간 비교는 통계적으로 부

---

10   이 방법은 과학분야의 SCI 저널에서도 사용되는 기법이기도 하다. [J. Cancer 13, 3318 (2022) 논문의 Figure 1에서 발췌]

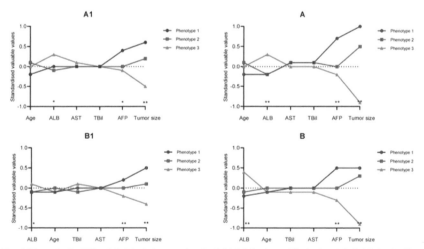

Figure 1. Differences in each variable's standardized values by phenotype on the y-axis, with the individual continuous variables along the x-axis, for the derivation cohort (Figure 1A) and the validation cohort (Figure 1B). Figure 1 A1/B1 refer to variables before first TACE, and Figure 1 A2/B2 after TACE. The variables are sorted based on the degree of separation between the classes from the maximum positive separation on the left to the maximum negative separation on the right. Variable standardization is scaled to zero and standard deviations to one; a value of +1 for the standardized variable signifies that the mean value for a given phenotype was one standard deviation higher than the mean value in the cohort whole.

적절할 수 있으나, 조사 내 경향성 비교는 가능하다. 2014~2019년까지 네 기관의 통계 수치를 비교한 결과는 아래 그림과 같다.

2016년 FAO는 생산성이 하락하였다고 평가하였지만, 다른 세 기관은 생산성 및 생산량이 향상되었다고 평가하였다. 반면 2017~2018년 기간 동안 농촌진흥청 (RDA-ROK)은 북한의 농업 생산성이 향상되었다고 평가하였지만 다른 세 기관은 하락했다고 평가하였다. 농촌진흥청 자료가 데이터의 변동 폭이 가장 큰 것으로 보이지만 이 비교를 토대로 자료의 신뢰성을 비판할 수는 없다. 왜냐하면 농업진흥청이 가장 투명한 메타데이터를 공개하고 있기 때문이다. UN 측은 북한이 제공하는 데이터와 내부 기관들이 제공하는 자료들을 종합하여 생산량과 생산성을 추론하고 있다. 이에 비해 대한민국 농촌진흥청은 위성촬영 데이터 및 강수량, 일사량을 활용하고 있다.

마지막으로 각 기관별로 회계년도에 차이가 있으며 식량생산을 정곡(대한민국), 조곡으로 설정하느냐에 따라 수치가 달라질 수 있다. 연구자는 이와 같은 차이점을 인식하고 통계를 활용해야 할 것이다.

그림 5-1 북한 농업 관련 기관별 통계 추세 비교

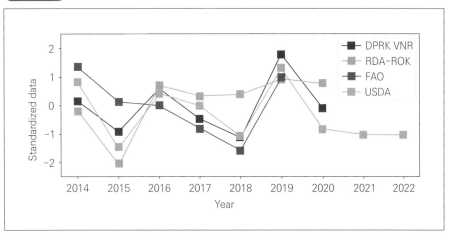

출처: 연구자 직접 작성

UN과 미국 농무성은 양질의 농업통계를 제공하는 기관이기에 신뢰도가 높지만 북한 통계의 경우 메타데이터를 제공하지 않고 있기 때문에 통계수치는 참고자료

로만 활용할 것을 권장한다. 과거 UN 산하의 여러 기구들이 북한을 방문하고 모니
터링하는 과정에서 다양한 자료들을 얻을 수 있었다. 하지만 코로나 팬데믹 상황에
서 이는 잠시 중단되었으며 아직 재개될 조짐을 보이지 않는다. 또한 World Bank
와 같은 일부 국제기구는 UN 측 자료를 부분적으로 가공하는 경우가 있기 때문에
중복해서 인용하는 경우가 없도록 주의가 필요하다. 국제기구의 통계수치에 대해
서 절대적인 확신을 가질 필요는 없으며 오히려 국내기관의 집계를 발전시키는 것
이 효율적이라 평가된다.

3. 메타데이터 검토 분석

표 5-1   농업생산성지수

개념	생산지수
생산주기	연간
출처	FAO
담당자	Salar Tayyib (salar.tayyib@fao.org 9월 29일 이메일 보냈으나 무응답)
조사방법	FAO estimate
유사통계표	농촌진흥청
논의사항	2014-2016의 평균지수를 100으로 삼고 각 년도의 생산성을 비교하고 있음.

표 5-2   농업생산성지표

개념	생산지수 (정보 및 단보 당 식량작물 생산량)
생산주기	연간
출처	농촌진흥청
담당자	안현주 (전화 063-238-1121, 2022년 11월 17일 기준)
조사방법	작황자료, 비료수급 현황, 위성사진 판독, 병충해 발생, 표본조사
유사통계표	UN FAO
논의사항	UN측 자료보다 수집방식에 대한 절차를 투명하게 제시하고 있음. FAO 자료와 농촌진흥청의 자료의 트렌드가 불일치하는 경우가 있음.

표 5-3	경지면적의 구성
개념	면적 (논, 밭의 면적)
생산주기	연간
출처	관계기관
담당자	N/A
조사방법	N/A
유사통계표	미국 농무성(USDA)
논의사항	2011년도부터 2019년 동안 논과 밭의 경작면적이 각각 571,000ha, 1,339,000ha로 모두 동일함. 어떠한 방식으로 조사하였는지에 대한 설명이 필요함. 미국 농무성 통계자료는 정확한 메타데이타를 공개하지는 않지만 매해 집계된 면적의 수치가 변화되고 있음.

표 5-4	경지면적 및 식량작물 재배면적
개념	면적 (식량작물)
생산주기	연간
출처	관계기관
담당자	N/A
조사방법	N/A
유사통계표	UN FAO, USDA
논의사항	2006년도부터 2019년 동안 논과 밭의 경작면적이 1,910,000ha로 모두 동일함. 어떠한 방식으로 조사하였는지에 대한 설명이 필요함. 북측 발표에 따르면 2012년도부터 개간사업을 통해 13,000ha의 농경지를 확보했다고 주장하였음.

표 5-5	시도별 벼 재배면적
개념	면적 (벼)
생산주기	연간
출처	농촌진흥청
담당자	박정옥 (042-481-3671, 11월 24일 담당자 출장 중이라 다른 직원들과 통화)
조사방법	표본설계를 통해 추출된 15,470개 표본조사구, 위성사진판독 (아리랑 2호, 3호, 3A호, Planet Scope)
논의사항	가장 완벽한 자료라고 할 수 있음. 다만 위성사진의 선명도와 픽셀을 제시할 필요가 있음. 38 North에서는 영상사진의 픽셀을 제공하고 있음.

표 5-6	식량작물 생산량
개념	생산량
생산주기	연간
출처	농촌진흥청
담당자	안현주 (전화 063-238-1121, 2022년 11월 17일 기준)
조사방법	작황자료, 비료수급 현황, 위성사진판독, 병충해 발생, 표본조사
유사통계표	UNFAO/ USDA
논의사항	노동력과 경제제도 변화에 대한 요인을 추가할 것을 제안. 또한 위성사진을 활용하여 수치를 보정한 방식에 대해서도 보다 명확한 지침이 필요함.

표 5-7	주요 식량작물 생산량
개념	생산량 (쌀, 옥수수)
생산주기	연간
출처	농촌진흥청
담당자	안현주 (전화 063-238-1121, 2022년 11월 17일 기준)
조사방법	작황자료, 비료수급 현황, 위성사진 판독, 병충해 발생, 표본조사
유사통계표	UNFAO/USDA
논의사항	USDA에서 서비스하고 있는 내용과 수치가 상당하게 차이가 나고 있음. 농촌진흥청 통계는 2012년-2020년 동안 평균 쌀 생산량을 2,132,000톤, 옥수수 생산량을 1,640,000톤으로 집계하였음. 미국 농무성(USDA)은 같은 기간 쌀 생산량을 1,611,000톤, 옥수수 생산량을 2,305,000톤으로 집계하였음. 또한 최근 미 농무성은 식량작물 가운데 옥수수, 콩 등을 제외한 쌀 생산량을 136만톤으로 집계하였음. 두 데이터는 모두 정곡을 기준으로 집계하고 있지만 상당한 차이를 보이고 있음.

표 5-8	기타 식량작물 생산량
개념	생산량 (맥류, 두루, 서류, 잡곡)
생산주기	연간
출처	농촌진흥청
담당자	안현주 (전화 063-238-1121, 2022년 11월 17일 기준)
조사방법	작황자료, 비료수급 현황, 위성사진 판독, 병충해 발생, 표본조사
유사통계표	UNFAO, USDA
논의사항	노동력과 경제정책 변화에 대한 요인이 추가할 것을 제안함.

표 5-9	가축사육 마릿수, 육류 생산량, 계란 및 우유 생산량, 소류 생산량, 과일류 생산량, 밤 생산량
개념	생산량
생산주기	연간
출처	FAO
담당자	Salar Tayyib (salar.tyyib@fao.org 9월 29일 이메일 보냈으나 무응답)
조사방법	Extended and FAO Commodity list (Internal FAO Classification System)
유사통계표	N/A
논의사항	FAO가 공식적으로 통계품질이 떨어지고 메타데이터에 대한 논의가 부재하다고 인정하고 있음. 일부 국가가 메타데이터를 제출하지만 FAO는 공개하지 않는 상황임. 그럼에도 불구하고 달리 대체할 수 있는 지표가 없기 때문에 유지가 불가피함.

표 5-10	원목 및 연료목 생산량
개념	생산량
생산주기	연간
출처	FAO
담당자	Ashley Steel (faostat@fao.org/ 10월 7일 무응답)
조사방법	FAO estimate/ Official Data
논의사항	FAO자료에는 원목은 roundwood가 아니라 industrial roundwood로 기록되어 있음. 원목과 연료목(wood fuel) 모두 침엽수(coniferous)와 비침엽수(non-coniferous)가 구분되어 있음. 하지만 통계청 자료에는 여기에 대한 구분이 없음. 이를 명확하게 제시할 필요가 있음.

표 5-11	누에고치 생산량
개념	생산량
생산주기	연간
출처	FAO
담당자	Salar Tayyib (salar.tyyib@fao.org 9월 29일 이메일 보냈으나 무응답)
조사방법	Imputated Value, Estimated Value
논의사항	4.9를 위시로 한 FAO 식량자료들과 동일한 문제를 지니고 있음.

표 5-12	섬유작물 생산량 누에고치 생산량
개념	생산량
생산주기	연간
출처	FAO
담당자	Salar Tayyib (salar.tyyib@fao.org 9월 29일 이메일 보냈으나 무응답)
조사방법	FAO estimate/ FAO databased on imputation methodology
유사통계표	N/A
논의사항	1971년도부터 1989년도까지 10000톤의 생산성으로 동일함. 또한 2009년도부터 2020년까지 2857톤으로 동일하게 측정되어 있음. 그럼에도 2000년대 들어 일정한 변화폭을 반영하고 있음.

표 5-13	수산물 생산량
개념	생산량 (일반해면어업, 천해양식어업, 원양어업, 내수면어업)
생산주기	연간
출처	관계기관
담당자	N/A
조사방법	N/A
유사통계표	UN
논의사항	관계기관의 자료들은 아무런 설명을 제공하고 있지 않고 있음. 특히 남한(일반해면어업, 천해양식어업, 원양어업, 내수면어업)의 어업생산량동향조사와 동일한 방식으로 집계되었는지 불분명함. 따라서 현재의 통계청 자료는 이에 혼선을 줄 수 있음. 다만 수산업과 관련해서는 다른 국제기관에서 별도의 통계치를 제공하고 있지 않고 있음.

표 5-14 산림면적 비중

개념	면적
생산주기	연간
출처	UN-MDGS
담당자	N/A
조사방법	N/A
유사통계표	N/A
논의사항	2010년 이후 집계되지 않고 있음. 집계방법에 대한 정보를 제공하고 있지 않으며 가이드라인 링크에 오류가 있음.

표 5-15 생선

개념	수확량 (수확금액 달러 환산)
생산주기	연간
출처	United Nations Statistics Division
담당자	N/A
조사방법	FAO 자료 활용
논의사항	1995년-2002년 사이의 데이터만 존재하고 있음.

표 5-16 기름

개념	생산량
생산주기	연간
출처	United Nations Statistics Division
담당자	N/A
조사방법	FAO 자료 활용
논의사항	1995년-2014년도만 집계되어 있음. 중지할 필요는 없으나 데이터의 갱신이 필요함.

표 5-17	밀가루
개념	생산량
생산주기	부정기
출처	United Nations Statistics Division
담당자	N/A
조사방법	FAO 자료 활용
논의사항	1995-1996 2년의 통계치만 존재함.

표 5-18	생사
개념	생산량
생산주기	연간
출처	United Nations Statistics Division
담당자	N/A
조사방법	FAO Imputation Methodology
논의사항	1995-2014 같은 자료의 아프카니스탄의 경우, UN측에서 확보한 자료를 가지고 별도의 계산과 보정을 실시 덴마크 역시 Danish Prodocom 자료를 기초로 UN이 보정하지만, 북한의 경우는 이러한 작업이 없음.

표 5-19	제재목
개념	생산량
생산주기	연간
출처	United Nations Statistics Division
담당자	N/A
조사방법	FAO Imputation Methodology, 하지만 캐나다와 같은 일부 선진국의 경우 official data를 활용하였음.
논의사항	제재목 생산량이 1961-2019 기간 동안 동일함. 정확한 통계수치라고 보기 어려움.

표 5-20	펄프목
개념	생산량
생산주기	연간
출처	United Nations Statistics Division
담당자	N/A
조사방법	FAO Imputation Methodology
논의사항	펄프류 생산량이 1980년도부터 2020년까지 43,000으로 동일함. 정확한 통계 수치라고 보기 어려움.

표 5-21	영양부족 인구비율
개념	인구비율
생산주기	연간
출처	UNSDGS
담당자	Carlo Cfiero(FAO), Dorian Kalamvrezos Navarro (FAO)
조사방법	각 년도 별로 추산방법이 상이함. 북한이 제출한 자료를 활용하는 경우도 있으며, 유니세프, 유엔인구기금의 자료를 토대로 집계하기도 함.
논의사항	조선중앙통계국(Central Bureau of Statistics) 자료를 기준으로 집계하고 있음. 정치적 영향을 받을 가능성이 있으나 현재 이를 대체할 만한 자료는 없기에 불가피하게 유지되어야 함.

표 5-22	5세 미만 발육 부진 아동 비율
개념	인구비율
생산주기	연간
출처	UNSDGS
담당자	Carlo Cfiero (FAO), Dorian Kalamvrezos Navarro (FAO)
조사방법	FAO, Statistics Division 자료활용
논의사항	조선중앙통계국(Central Bureau of Statistics) 자료를 기준으로 집계하고 있음. 정치적 영향을 받을 가능성이 있으나 현재 이를 대체할 만한 자료는 없기에 불가피하게 유지되어야 함.

표 5-23   5세 미만 저체중 아동 비율

개념	인구비율
생산주기	연간
출처	UNSDGS
담당자	Carlo Cfiero (FAO), Dorian Kalamvrezos Navarro (FAO)
조사방법	FAO, Statistics Dvision 자료활용
논의사항	조선중앙통계국(Central Bureau of Statistics) 자료를 기준으로 집계하고 있음. 정치적 영향을 받을 가능성이 있으나 현재 이를 대체할 만한 자료는 없기에 불가피하게 유지되어야 함.

표 5-24   수원국별 농업부문 총공적지원금

개념	지원금액
생산주기	연간
출처	UNSDGS
담당자	Yasmin Ahmad (OECD)
조사방법	OECD, CRS database
논의사항	UNSDGS에서 별도의 링크를 통해서 OECD 페이지로 들어가야 하며, 거기서 관련자료를 다시 찾아야 함. Development Food Aid라는 항목으로 2012년도부터 2020년도까지 지원액수가 나타나 있음. 또한 같은 자료의 다른 테이블에는 북한에 대한 humanitarian aid, technical aid 항목도 존재하기 있기에 이를 참고하는 것을 권장함.

표 5-25   도시, 농촌별 안전 관리 식수 이용 인구 비율(%)

개념	인구비율
생산주기	연간
출처	UNSDGS
담당자	Tom Slymaker(UNICEF), Rick Johnstonr (WHO)
조사방법	개별국가에서 식수(건강, 물, 환경)를 담당하는 부처가 부처가 WHO와 UNICEF에 보고한 토대로 집계함.
논의사항	이 데이터는 UNICEF에서 제공하고 있으며, UNSD에서 별도의 링크를 제공하고 있지 않음. 담당자가 직접 UNICEF를 통해서 접근해야 함. 접근성 개선이 요구됨.

표 5-26　도시, 농촌별 안전 관리 위생시설 이용 인구 비율(%)

개념	인구비율
생산주기	연간
출처	UNSDGS
담당자	Tom Slymaker(UNICEF), Rick Johnstonr (WHO)
조사방법	개별국가에서 식수(건강, 물, 환경)를 담당하는 부처가 WHO와 UNICEF에 보고한 토대로 집계함.
논의사항	유지 UNICEF 데이터는 최소한의 위생(at least basic sanitation service) 항목만 제공하고 있기에 통계표명을 수정해야 할 필요가 있음.

표 5-27　통합 수자원관리 이행 정도(%)

개념	지표 (목표실행정도)
생산주기	연간
출처	UNSDGS
담당자	Dancy Ghafari(UNEP), Ekaternia Poleshchuk(UNEP)
조사방법	개별국가에서 식수(건강, 물, 환경)를 담당하는 부처가 WHO와 UNICEF에 보고한 토대로 집계함.
논의사항	IWRM DATA PORTAL을 통해서 접근이 가능함. UNSD에서 여러 번 링크해야 하는 번거로움이 있음. 이 데이터 역시 북한 측의 자료를 기반으로 하고 있음. 또한 북한을 포함하여 3-4년 동안 한번 조사를 실시하고 발표함.

표 5-28　수혜국가별 물 및 위생분야 총 공적개발원조(ODA) 규모 (총 지급금, 2019년 기준, 단위:100만 달러)

개념	지원금액
생산주기	연간
출처	UNSDGS
담당자	Yasmin Ahmad (OECD)/Marina Takane(WHO)
조사방법	UNEP 자료 가공
논의사항	UN에서 본 자료를 공개하지 않고 있음. 원자료 6.a.1에는 Download Data Collection Calendar라는 항목이 존재하지 않음.

표 5-29	지역사회에서 수질 및 위생관리에 대한 정책이 수립되고 집행되는 지방행정 단위의 비율

개념	지표
생산주기	부정기
출처	UNSDGS
담당자	Marina Takane
조사방법	WHO 집계 자료 활용
논의사항	절대적인 수치가 아니라 1–6까지의 구간을 통해서 분류하였음. https://www.sdg6data.org/indicator/6.b.1 원자료를 활용한 통계치는 제공하고 있지 않음.

표 5-30	작물 수확면적

개념	면적
생산주기	연간
출처	FAO
담당자	Salar Tayyib (salar.tayyib@fao.org/ 9월 29일 무응답)
조사방법	FAO estimate/ FAO data based on imputation methodology
유사통계표	대한민국 관계기관
논의사항	통계추정 방법이 일정하지 않음. 같은 항목이라도 연도 별로 집계방식이 상이함. 만약 분석방법의 발전으로 집계방식이 바뀌었으면 그것이 유지되어야 하는데 오락가락하는 형태를 보이고 있음. 또한 어떠한 방식으로 비공식 데이터(unofficial data)를 확보하였는지 설명하고 있지 않음.

표 5-31 식량작물 생산량

개념	생산량
생산주기	연간
출처	FAO
담당자	Salar Tayyib (salar.tayyib@fao.org/ 9월 29일 무응답)
조사방법	official data, unofficial figure, FAO estimate, calculated data, FAO data based on imputation methodology
유사통계표	농촌진흥청
논의사항	통계추정 방법이 일정하지 않음. 같은 항목이라도 연도 별로 집계방식이 상이함. 만약 분석방법의 발전으로 집계방식이 바뀌었으면 그것이 유지되어야 하는데 오락가락하는 형태를 보이고 있음. 또한 어떠한 방식으로 비공식 데이터(unofficial data)를 확보하였는지 설명하고 있지 않음.

표 5-32 견과류 생산량

개념	생산량
생산주기	연간
출처	FAO
담당자	Salar Tayyib (salar.tayyib@fao.org/ 9월 29일 무응답)
조사방법	official data, unofficial figure, FAO estimate, calculated data, FAO data based on imputation methodology
논의사항	다른 국가에 비해 보다 적은 항목의 견과류가 측정되고 있음. 기타 견과류에 대한 집계는 이루어지고 있으나 호두의 경우 집계 자체가 이루어지지 않고 있음.

표 5-33 유료작물 생산량

개념	생산량
생산주기	연간
출처	FAO
담당자	Salar Tayyib (salar.tayyib@fao.org/ 9월 29일 무응답)
조사방법	FAO estimate/ FAO data based on imputation methodology
논의사항	유료작물이라는 항목 자체가 지나치게 많은 생산품목을 포함하고 있음. 이 가운데 정상적으로 집계된 항목과 비정상적으로 집계된 항목들이 혼재하여 있음.

표 5-34 기타작물 생산량

개념	생산량
생산주기	연간
출처	FAO
담당자	Salar Tayyib (salar.tayyib@fao.org/ 9월 29일 무응답)
조사방법	FAO estimate/ FAO data based on imputation methodology
유사통계표	농촌진흥청
논의사항	기타작물이라는 항목 자체가 지나치게 많은 생산품목을 포함하고 있음. 이 가운데 정상적으로 집계된 항목과 비정상적으로 집계된 항목들이 혼재하여 있음.

표 5-35 산림면적

개념	면적
생산주기	연간
출처	FAO
담당자	Francesco Nicola Tubiello (faostat@fao.org/ 10월부터 담당자 메일이 기관 이메일로 통합됨)
조사방법	FAO, Manual Estimation.
논의사항	UNFAO 측은 IPCC(Intergovernmental Panel on Climate Change, 기후변화에 관한 정부간 협의체)가 이 자료의 제작이 합리적으로 이루어졌다고 평가하였다고 주장하고 있음. 기본적으로 회원국의 보고를 중심으로 하되 추가적인 조사와 통계품질도 실시하고 있다고 함.

표 5-36 제재용재 및 제재목 생산량

개념	생산량
생산주기	연간
출처	FAO, Forestry Division
담당자	Ashley Steel (faostat@fao.org/ 10월 7일 무응답)
조사방법	Estimated Value
논의사항	1998년도부터 2020년도까지의 생산량이 모두 1,500,000으로 동일함.

표 5-37 목탄 생산량

개념	생산량
생산주기	연간
출처	FAO, Forestry Division
담당자	Ashley Steel (faostat@fao.org/ 10월 7일 무응답)
조사방법	FAO data based on imputation methodology
논의사항	같은 기관의 다른 자료에 비하여 결측치도 낮으며 동일한 수치가 반복되는 성향도 낮음.

표 5-38 펄프 및 종이 생산량

개념	생산량
생산주기	연간
출처	FAO, Forestry Division
담당자	Ashley Steel (faostat@fao.org/ 10월 7일 무응답)
조사방법	FAO data based on imputation methodology
논의사항	1980년도부터 2020년도 까지 생산량이 56000으로 동일함.

표 5-39 임산물 수출입

개념	생산량
생산주기	연간
출처	FAO, Forestry Division
담당자	Ashley Steel (faostat@fao.org/ 10월 7일 무응답)
조사방법	FAO data based on imputation methodology
논의사항	2018년–2020년 동안 임산물 수출 및 수입액이 모두 급감하였음. 1990년대 일부 통계수치는 최대 3년간 중복되기도 하지만 전반적으로 신뢰할 수 있음.

표 5-40 원목 수출량 및 수출액

개념	수출금액
생산주기	연간
출처	FAO, Forestry Division
담당자	Ashley Steel (faostat@fao.org/ 10월 7일 무응답)
조사방법	Estimated data using trading partners database, FAO data based on imputation methodology.
논의사항	데이터에 결측값이 많이 존재하며 추정방법이 일정하지 않음. 같은 데이터를 연도에 따라 네 가지의 다른 방법으로 집계함.

표 5-41 원목 수입량 및 수입액

개념	생산량
생산주기	연간
출처	FAO, Forestry Division
담당자	Ashley Steel (faostat@fao.org/ 10월 7일 무응답)
조사방법	FAO data based on imputation methodology
논의사항	데이터에 결측값이 많이 존재하며 추정방법이 일정하지 않음. 같은 데이터를 연도에 따라 네 가지의 다른 방법으로 집계함.

표 5-42 수산물 생산량

개념	생산량 (톤)
생산주기	연간
출처	FAO
담당자	Manuel Barange (Director, Yearbook 담당자라 주소 없음)
조사방법	FAO estimate
유사통계표	대한민국 관계기관
논의사항	2010-2019년까지 집계되어 있음. 이 자료는 yearbook 형태로 집계되어 있음. 북한 측 데이터는 FAO 추정치로 집계되었음.

표 5-43 수산물 수출입 현황

개념	수출, 수입금액 (1000달러)
생산주기	연간
출처	FAO
담당자	Manuel Barange (Director, Yearbook 담당자라 주소 없음)
조사방법	FAO estimate
논의사항	2016-2019년 동안 집계되어 있음. 수출, 수입량 역시 FAO가 개별적으로 추산하고 있음.

표 5-44 비료 사용량

개념	사용량
생산주기	부정기
출처	FAO/WFP
담당자	N/A
조사방법	purposed sampling, 조선중앙통계국자료, WFP와 FAO 직원들이 마련한 질문지를 가지고 북측이 직접적으로 조사를 하였다고 함.
논의사항	2018년 기준 5년 평균 사용량만 제시되어 있으며 연간 통계수치가 제공되지 않고 있음.

표 5-45 트랙터 수 및 운행률

개념	개체 수
생산주기	부정기
출처	FAO/WFP
담당자	N/A
조사방법	purposed sampling: 조선중앙통계국자료, WFP와 FAO 직원들이 마련한 질문지를 가지고 북측이 직접적으로 조사를 하였다고 함.
논의사항	트랙터 수와 운행률에 대한 내용은 비교적 정확해 보이나 2012년도와 2013년도에만 한정되어 작성되어 있음. 또한 이 자료는 FAO/WFP의 이름으로 출간되었으나 실제로는 북한 농업성의 통계 자료임.

표 5-46	농업면적
개념	면적
생산주기	연간
출처	FAO, Forestry Division
담당자	Francesco Nicola Tubiello
조사방법	FAO estimate, Manuel Estimation
유사통계표	대한민국 관계기관
논의사항	관개가능 토지(Land Area Equipped for irrigation)는 2019년도까지 집계만 되었을 뿐 그 수치는 20년 동안 아무런 변화가 없음.

표 5-47	농업의 산출 및 생산성
개념	생산성
생산주기	연간
출처	World Bank
담당자	N/A
조사방법	FAO자료 가공
논의사항	World Bank 자료가 아니라 FAO 자료이기 때문에 원자료 사용 필요.

표 5-48	산림면적
개념	면적
생산주기	연간
출처	World Bank
담당자	N/A
조사방법	FAO자료 가공
논의사항	토지의 면적과 관련된 다른 조사들과는 달리 적어도 산림부문은 연도별로 변화를 보여주고 있음. World Bank 자료가 아니라 FAO 자료이기 때문에 원자료 사용 필요.

표 5-49	국토면적
개념	면적 (내륙수역, 강, 호수를 포함)
생산주기	연간
출처	World Bank
담당자	N/A
조사방법	FAO자료 가공
논의사항	World Bank 자료가 아니라 FAO 자료이기 때문에 원자료 사용 필요.

표 5-50	토지면적
개념	면적 (내륙수역, 개별국가가 주장하는 대륙붕 및 배타적 경제수역 제외)
생산주기	연간
출처	World Bank
담당자	N/A
조사방법	FAO자료 가공
논의사항	World Bank 자료가 아니라 FAO 자료이기 때문에 원자료 사용 필요.

표 5-51	농업면적
개념	면적 (내륙수역, 개별국가가 주장하는 대륙붕 및 배타적 경제수역 제외)
생산주기	연간
출처	World Bank
담당자	N/A
조사방법	FAO자료 가공
논의사항	World Bank 자료가 아니라 FAO 자료이기 때문에 원자료 사용 필요.

표 5-52 농경지 100㎢당 농기계, 트랙터 수

개념	트랙터 수
생산주기	연간
출처	World Bank
담당자	N/A
조사방법	FAO자료 가공
논의사항	1984년 이후 집계되지 않아 사용할 수 없음. 이 분만 아니라 물이 공급되는 토지의 면적이 북한에서는 집계되지 않고 있음. World Bank 자료가 아니라 FAO 자료이기 때문에 원자료 사용 필요.

표 5-53 곡물생산면적

개념	면적
생산주기	연간
출처	World Bank
담당자	N/A
조사방법	FAO자료 가공
논의사항	World Bank 자료가 아니라 FAO 자료이기 때문에 원자료 사용 필요.

표 5-54 경작지 (총 토지면적 대비 비중)

개념	면적 (경작지 비율)
생산주기	연간
출처	World Bank
담당자	N/A
조사방법	FAO자료 가공
논의사항	World Bank 자료가 아니라 FAO 자료이기 때문에 원자료 사용 필요.

표 5-55	영구경작지 (전체면적 가운데 영구적으로 경작되는 토지의 비율)
개념	면적 (경작지 비율)
생산주기	연간
출처	World Bank
담당자	N/A
조사방법	FAO자료 가공
논의사항	경작지 면적의 변화가 크지 않다는 점을 감안하더라도, 2010-2018년 동안 변화가 없고 수치가 동일함. 1993년에서 2008년도까지의 수치도 1.66으로 동일함. 대한민국의 경우 경작지 면적의 변화가 반영되어 있음.

표 5-56	1인당 경작지 (전체면적 가운데 영구적으로 경작되는 토지의 비율)
개념	면적 (경작지 비율)
생산주기	연간
출처	World Bank
담당자	N/A
조사방법	FAO자료 가공
논의사항	1인당 0.1헥타르로 50년간 변화가 없는 것으로 집계됨. 상식과 배치됨.

표 5-57	농촌인구비율
개념	인구 (전체인구 가운데 농촌에 사는 인구비율)
생산주기	연간
출처	World Bank
담당자	N/A
조사방법	United Nations Population Division's World Urbanization Prospects를 World Bank 분석가가 보정하였음.
논의사항	매년 성실하게 집계되고 있음. 하지만 이 자료는 원래 유엔 측 자료이기 때문에 별도로 분리하는 것이 바람직함.

표 5-58	북한 인구 센서스 자료[11]
개념	조사
생산주기	부정기
출처	2008 Census of Population of DPR Korea
담당자	김창수 조선중앙통계국
조사방법	전수조사
유사통계표	N/A
논의사항	센서스 자료이기 때문에 가장 정확성이 높음. UNFPA가 기술, 자금을 지원하였으나 실질적인 통계의 주체는 북한 당국이기 때문에 실제 식량소비에 대한 사항은 기술되지 않았음. 설문조사에 사용한 질문지를 공개하고 있으나 경제활동에 관련한 기본적인 자료 및 식량섭취에 대한 논의가 부재함. 또한 2008년도에 작성된 데이터이기 때문에 현재는 그 의미가 떨어진다고 할 수 있음.

표 5-59	연도별 곡물생산량
개념	생산량
생산주기	연간 (2014-2020)
출처	VNR DPRK
담당자	N/A
조사방법	N/A
유사통계표	UN FAO
논의사항	북한이 2021년 UN측에 제출한 자료임. 대내에서는 발간하지 않고 유엔회원국으로서 자료를 제출함. 통계의 작성방식이나 출처에 대해서는 언급하지 않았기 때문에 공식적인 연구자료로 활용하는 것은 한계가 있음. 하지만 북한이 공식적으로 제출한 자료인 만큼 다른 자료와 같이 활용하여 전반적인 트렌드 확인은 가능함.

---

11 인구 센서스에서 농업과 관련된 항목은 다음과 같다. 〈도별, 도시/농촌별, 세대식구수별, 살림집형태별 세대수〉, 〈도별, 도시/농촌별, 살림집 원거/동거상태별 세대수〉, 〈도별, 도시/농촌별, 세대식구수별, 살림집평방수별 세대수〉, 〈도별, 도시/농촌별, 세대식구수별, 살림집방칸수별 세대수〉, 〈도별, 도시/농촌별, 음료수원천별 세대수〉, 〈도별, 도시/농촌별, 위생시설형태별 세대수〉, 〈도별, 도시/농촌별, 살림집형태별, 난방형태별 세대수〉, 〈도별, 도시/농촌별, 취사용연료형태별 세대수〉

4. 평가 및 제언

북한 농업 관련 통계를 발전시키기 위해서는 추가지표의 측정, 통계의 목표설정 그리고 종합적 판단을 위한 정부-전문가-민간 사이의 컨소시엄의 구축이 요구된다. 각각의 사안에 관해 살펴보도록 하겠다.

1) 농업생산성을 위한 추가지표의 측정

(1) 각 지역별 생산량 공개의 필요성

북한의 경우 전국적 시장이 형성되었다고는 하지만 여전히 지방 간의 물자이동이 자유롭지 않다. 따라서 이 자료를 활용하여 최소한 '도(道)'의 식량 생산량과 장마당에서의 식량 가격의 상관관계를 파악할 수 있을 것으로 기대한다. 현재 전국적으로 식량 생산량을 집계하고 있기 때문에 도, 군 단위의 생산량에 대한 자료가 자연스럽게 확보될 것으로 판단된다. 그리고 통계청이 발간하는 『북한의 주요통계지표』〈시도별 벼 재배면적〉의 경우 2019년도부터 이 항목에 대한 통계수치를 제공하고 있다. 필자의 조사에 따르면 북한 농업연구를 담당하고 있는 국내의 공공기관에서 이 수치를 공개할 것을 제안하여 결정된 사항이었다. 따라서 이 항목 역시 일반에게 공개가 어렵지 않게 이루어질 것이라고 기대한다.

(2) 관개면적

유엔통계국(United Nations Statistics Division)의 농업용수 공급(water use efficiency)에 대한 통계가 정확하다고 보기 어렵다. 또한 관개면적에 대한 정확한 통계가 제공되고 있지 않아 생산성의 변화를 파악하는데 한계가 있다. 2013년 이래 통계청은 원격탐사를 통해서 경지면적의 조사를 실시하고 있는데, 여기에 더하여 관개면적을 추가적으로 산출하는 작업이 필요하다. 물론 작황에 대한 수치는 현재의 방식으로도 산출이 가능하다. 하지만 추가적인 정보를 통해 북한 농업에 대한 이해를 증진시킬 수 있을 것이다. 가령 '특정 지역에 관개시설을 확충하는 까닭이 경제 지리적 이유인가, 정치적인 이유인가?'와 같은 사회과학적 연구가 가능할 것이다. 추가적으로 국제기구에서 제공하는 통계자료에서는 '텃밭'을 포함한 비공식적인 영역에서 생산되는 농업 생산물이 적절하게 반영되었는지 불분명하기에 이점을 보완해야 한다.

(3) 농업인구

현재 북한의 농업인구 규모에 대한 수치는 통계청에서 제공하고 있지 않다. 또한 이 사항은 통계청 자료의 '인구' 부분에도 누락되어 있다. 현재 FAO에서는 1990년도부터 북한의 도시와 농업인구에 대한 수치를 제공하고 있으며 2021년 현재 농촌인구는 969만 4천여 명으로 추산되고 있다. 그리고 이 지표는 현재 통일부 '대북지원정보시스템'에서 공개하고 있다. 북한의 농업인구는 농업 노동력 추산을 위한 기초적인 자료이기 때문에 이 수치에 대한 검증을 실시하고 활용 여부를 논의해야 한다.

(4) 국가수매량

농업 생산성의 사회적 효과를 측정하기 위해서는 전체 생산량 가운데 국가수매량에 대한 지표가 필요하다. 농산물이 많이 생산되더라도 국가가 시장가격보다 낮은 가격으로 강제 수매할 경우 노동 인센티브가 심각하게 저하될 수 있다. 반면 농업생산량이 높고 국가수매량이 적을 경우에는 농민이 생산물을 의도적으로 은폐하였고 이로 인해 국가와 사회의 갈등이 벌어지고 있다고 추론할 수도 있다. 이와 관련된 사항은 관계기관이 주로 담당해야 할 것이며 필요한 경우 제한적으로만 공개할 것을 권장한다.

(5) 보완사항 및 서비스 중단

향후 다양한 '농업투입 요소'를 고려하는 포괄하는 종합적 생산성 지표 제작이 필요하다. 특히 농약, 농기계, 관개시설, 비료(필요한 경우 현재 광공업 부문에 기재되어 있는 화학비료 생산능력 및 생산량은 농업 부문으로 이동할 것을 권장한다) 등과 같은 핵심적인 요소를 포괄해야 한다.

또한 국내외적으로 신뢰를 얻고 있는 기관이라 할지라도 통계 항목이 부적절하다고 간주될 경우 이 항목의 제공을 중단하는 것이 필요하다. 관계기관이 제공하고 있는 경지면적의 경우 2006년도부터 2019년도까지의 면적이 1,910,000ha로 동일하다. 같은 자료의 재배면적 역시 장기간 변동 없이 동일하다. 북한은 개간 사업을 통해 새롭게 농경지를 확보했다고 선전하는데 현 실태를 제대로 반영하지 않은 것처럼 보이는 자료의 경우에는 검토 후에 서비스 제공을 중단해야 한다.

2) 통계목표 설정

북한 통계자료의 제작과 공개의 목표를 보다 명확하게 설정하는 작업이 필요하다. 통계는 사회를 함축적으로 이해하기 위한 하나의 수단이지 그 자체가 목적이 아니다. 현재 북한 관련 통계의 품질은 국내 통계 혹은 해외 통계와 비교하여 현저하게 낮으며, 북한의 협조 없이 이를 단기간에 증진시키는 것은 사실상 어려워 보인다. 통계자료의 높지 않은 신뢰성을 고려한다면 현재의 사회과학(경제학과 친화적인)이 추구하는 설명력이 높은(parsimonious) '깨끗한 모델(clean model)'을 확립하기는 어렵다.[12] 물론 일반적인 양적연구 역시 역사적인 맥락을 완전히 무시하지는 않는다. 북한농업의 경우 탈북자와의 면담, 위성사진의 활용, 북한의 출판물에 대한 비판적인 검토를 통해서 통계자료의 한계점을 보완하는 작업을 실시해야 할 것이다.

3) 정부 부처-전문가-민간의 컨소시엄 구축

북한의 농업통계와 관련하여 현재 여러 개의 정부 부처와 전문가 사이의 컨소시엄을 출범시키는 것이 필요하다. 현재 농촌진흥청과 통계청이 소통을 하는 것으로 판단되지만 이를 보다 제도화할 필요가 있다. 현재 북한 농업 관련 통계치를 부분적으로나마 제공하고 있는 통계청, 통일부, 농촌진흥청뿐만 아니라 항공우주연구원, 농촌경제연구원, 농어촌공사, 국토교통부, 환경부, 국가정보원이 공통의 협업체계를 확립하는 것이 필요하다. 또한 최근 일부 민간 벤처 기업에서는 인공지능을 통해 위성정보를 분석하는 작업을 실시하고 있는데, 필요한 경우 민간의 참여를 고려할 수 있을 것이다. 이러한 협업을 통해서 국내의 기관이 UN, FAO, USDA 그리고 38 North 보다 양질의 통계를 제공할 수 있을 것이다.

---

12 Paul Hirsch, Stuart Michals and Ray Friedman, "Dirty hands versus clean models: Is sociology in danger of being seduced by economics?" *Theory and Society* (1987) Vol 16, pp.317-336.

광업 및 제조업

이가영(통일부)

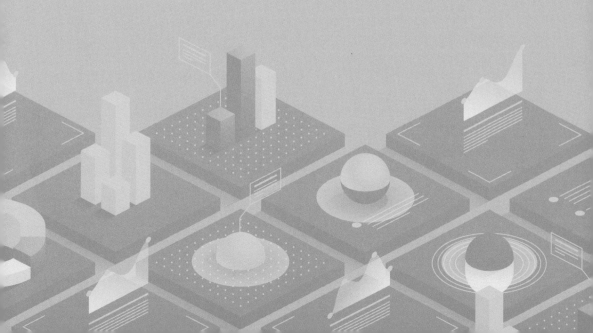

제6장

∶

광업 및 제조업

1. 북한의 광업 및 제조업 정책

　북한에서는 광업을 '공업생산의 첫 공정으로서 공업과 건설에서의 노동대상으로 쓰이는 여러 가지 금속 광물 및 비금속 광물 원료를 생산하는 중공업 부문'으로 정의하고 있다. 광업을 빨리 발전시켜 원료생산을 강화하는 것은 민족공업발전의 안정성과 자립성을 보장하는 중요 담보이며 가공공업의 다면적 발전을 위한 전제조건의 하나로, 광업의 발전은 외화 원천을 확대하여 공업화를 촉진하고 인민 경제를 전반적으로 빨리 발전시키는 데 크게 이바지한다고 강조한다. 석탄공업은 '인민경제발전에 필요한 연료와 공업원료를 얻기 위하여 땅속에서 석탄을 캐내는 중공업의 한 부문'으로 보고 있다. 석탄공업은 단기간에 현대적인 공업으로 발전하여 탐사, 채탄, 석탄 선별 공정간 균형을 통해 인민의 석탄 수요를 내수로 보장할 수 있게 되었다고 중시하고 있다.[1] 북한에서 광업은 보통 금속광업, 비금속광업 및 석탄공업을 말한다.

　북한 지역의 광물 매장량이 풍부하여 광업의 개발 여건이 양호하다고 볼 수 있다. 1차 에너지 공급구조에서 2018년 기준 석탄이 62%를 차지하고 있다. 북한은 광업을 국가경제발전과 경제적 자립의 중요한 원동력으로 보았기 때문에 광업에 강력한 지원을 했고 1980년대 중반까지 획기적인 증산을 하였다. '평남탄전'으로 일컬어지는 개천지구탄광연합기업소 자강도공급탄광은 1977년 사회주의애국탄증산투

1　과학백과사전출판사(1985), 『경제사전』 2권, p. 67.

쟁을 발기한 상징적인 의미가 있다. 북한의 주요 무연탄 탄전과 탄광은 다음과 같다.

표 6-1	북한의 주요 무연탄 탄전과 탄광	
탄전	소속	주요 탄광
평남북부탄전	개천지구탄광연합기업소	람전탄광, 봉천탄광, 조양탄광, 개천탄광, 원리탄광
	덕천지구탄광연합기업소	형봉탄광, 덕천탄광, 덕성탄광, 서창탄광, 월봉탄광
	순천지구탄광연합기업소	송남탄광, 방동탄광, 신창청년탄광, 2.8직동청년탄광
	북창지구탄광연합기업소	현동탄광, 장안탄광, 희안탄광, 남양탄광, 현동탄광
	구장지구탄광연합기업소	용문탄광, 용등탄광, 용천탄광, 태천탄광, 용운탄광
평남남부탄전	강서지구탄광연합기업소	강서탄광, 온천탄광, 대보탄광, 용정탄광
	강동지구탄광연합기업소	강동탄광, 덕산탄광, 회천탄광, 강동청년탄광, 흑령탄광
	평양시석탄공업관리국	삼신탄광, 사동탄광, 용성탄광, 령태탄광, 탑골탄광
고원탄전	강원지구탄광연합기업소	천내탄광, 문천탄광, 회양탄광, 창도탄광, 철원탄광
	함남지구탄광연합기업소	고원탄광, 수동탄광, 운곡탄광, 영흥탄광, 검덕탄광
강계·전천지구	전천지구탄광연합기업소	고암탄광, 용연탄광, 온정탄광, 전천탄광, 동신탄광
혜산지구	양강도종합탄광	부전탄광, 신흥탄광, 준동탄광

출처: 한국광물자원공사, 북한의 광물자원 개발현황, 2009

　　북한의 석탄산업은 내각의 석탄공업성에서 관리한다. 광업의 관리조직은 철강을 의미하는 흑색금속공업은 채취공업성에서 관리하고, 제철과 관련된 유색금속공업은 금속공업성에서 관리한다. 1990년대 전력 등 에너지 및 설비의 공급부족, 대규모 수해에 의한 탄광 피해 복구 지연, 식량난에 의한 노동력 공급 저하 등으로 생산량이 급격하게 감소했다. 2000년 이후 광업은 1990년대의 극심한 침체로부터 어느 정도 벗어나고 있다.

　　김정은은 2014년에 석탄, 전력생산에 전체 인민이 관심을 돌리고 힘을 집중해야 한다고 강조한다.[2] 또한 2015년 신년사에서 석탄과 전력생산을 증대시키고 전

2　노동신문, 2014년 10월 27일.

기를 절약하기 위해서 투쟁을 개진해야 한다고 강조하며 석탄을 증산하였고 중국에 대한 석탄 수출도 증가하여 외화벌이에 큰 비중을 차지했다. 2017년 8월 유엔 안보리 대북제재 결의 2371호로 인해 주요 광산물 수출이 금지되었고, 제재의 영향이 지속되는 중에 코로나-19로 인하여 국경이 봉쇄되면서 석탄 수출의 길이 막히게 되었다.

김정은은 2022년 12월의 조선노동당 제8기 6차 전원회의에서 '12개 중요고지'를 설정했다. 전반적인 경제발전과 인민생활에 직접적이고 관건적인 영향을 주는 부문으로 알곡, 전력, 석탄, 압연강재, 유색금속, 질소비료, 시멘트, 통나무, 천, 수산물, 살림집, 철도화물수송량의 12가지를 강조한 것이다. 이처럼 광업 및 제조업은 대북 제재와 국경봉쇄로 꽉 막힌 북한의 상황에서 내수 진작 및 향후 수출 재개에 대비하여 생산능력 확대에 집중하고 있는 주요 부문 중 하나이다.

2. 북한의 광업 및 제조업 통계

1) 광업 통계

현재 통계청이 제공하는 광업 관련 통계는 주요 광종 광산 수, 주요 광종 매장량, 석탄 생산량, 철광석 생산량이 있다. 주요 광종 광산 수는 석탄광과 일반광을 나누고 일반광을 다시 금속광과 비금속광으로 나누어 제공하며, 2012년부터 2022년까지 연 단위로 제공한다.

표 6-2   북한 주요 광종 광산 수

(단위: 개)

시점	총계	석탄광	일반광	금속광	비금속광
2012	696	240	456	234	222
2013	696	240	456	234	222
2014	696	240	456	234	222
2015	728	241	487	260	227
2016	728	241	487	260	227
2017	728	241	487	260	227
2018	728	241	487	260	227
2019	728	241	487	260	227
2020	710	241	469	242	227
2021	710	241	469	242	227
2022	703	241	462	235	227

　　남한의 경우 한국지질자원연구원에서 「광업·광산물 통계연보」를 통해 광산 수를 집계하는 데 비해, 북한 광산 수는 북한의 '한국광해광업공단' 자료이다. 2011년 추정치 자료를 2012~2014년에 사용, 2015년 추정치 자료를 2015~2019년 이용, 2020~2021년은 2021년 추정치 자료를 이용하며 위성영상 정보 모니터링 결과를 반영하였다. 2022년은 기존 문헌자료 및 위성영상정보 모니터링 결과를 반영하여 2022년에 추정한 자료이다.

　　주요 광종 매장량은 금속, 비금속, 석탄 항목을 제공하며, 2010년부터 2022년까지 연 단위로 제공하고 있다. 남북 모두 출처가 한국광해광업공단으로 기재되어 있으나 남한의 출처는 남한 내 업종별 협회인 것으로 판단된다. 남한의 광종 매장량 통계는 연도별 최신 자료가 업데이트되는데 비해, 북한은 2012년 추정치 자료를 계속 사용하고 있다. 아래 표에서도 나타나듯이 2010년부터 2022까지 금속, 비금속, 석탄의 통계가 전혀 변하지 않고 있음을 볼 수 있다. 이를 통해 북한 광종 매장량의 대략적인 양을 알 수는 있지만, 시계열적으로 변화를 나타내는 통계적 가치는 크지 않다고 판단한다.

표 6-3		북한 주요 광종 매장량										

광종별		2010	2011	2012	2013	2015	2017	2019	2020	2021	2022	2023
금속	금 (톤)	2,000	2,000	2,000	2,000	2,000	2,000	2,000	2,000	2,000	2,000	2,000
	은 (톤)	5,000	5,000	5,000	5,000	5,000	5,000	5,000	5,000	5,000	5,000	5,000
	동 (천톤)	2,900	2,900	2,900	2,900	2,900	2,900	2,900	2,900	2,900	2,900	2,900
	연 (천톤)	10,600	10,600	10,600	10,600	10,600	10,600	10,600	10,600	10,600	10,600	10,600
	아연 (천톤)	21,100	21,100	21,100	21,100	21,100	21,100	21,100	21,100	21,100	21,100	21,100
	철 (억톤)	50	50	50	50	50	50	50	50	50	50	50
	중석 (천톤)	246	246	246	246	246	246	246	246	246	246	246
	몰리브덴 (천톤)	54	54	54	54	54	54	54	54	54	54	54
	망간 (천톤)	300	300	300	300	300	300	300	300	300	300	300
	니켈 (천톤)	36	36	36	36	36	36	36	36	36	36	36
비금속	인상흑연 (천톤)	2,000	2,000	2,000	2,000	2,000	2,000	2,000	2,000	2,000	2,000	2,000
	석회석 (억톤)	1,000	1,000	1,000	1,000	1,000	1,000	1,000	1,000	1,000	1,000	1,000
	고령토 (천톤)	2,000	2,000	2,000	2,000	2,000	2,000	2,000	2,000	2,000	2,000	2,000
	활석 (천톤)	700	700	700	700	700	700	700	700	700	700	700
	형석 (천톤)	500	500	500	500	500	500	500	500	500	500	500
	중정석 (천톤)	2,100	2,100	2,100	2,100	2,100	2,100	2,100	2,100	2,100	2,100	2,100
	인회석 (억톤)	1.5	1.5	1.5	1.5	1.5	1.5	1.5	1.5	1.5	1.5	1.5
	마그네 사이트 (억톤)	60	60	60	60	60	60	60	60	60	60	60
석탄	무연탄 (억톤)	45	45	45	45	45	45	45	45	45	45	45
	갈탄 (억톤)	160	160	160	160	160	160	160	160	160	160	160

석탄 생산량은 1965년부터 연 단위로 북한과 남한의 수치를 모두 제공하고 있다. 남한의 석탄 생산량은 한국지질자원연구원이 출판하는 「광업·광산물 통계연보」에서 매년 제공하는 데 비해, 북한 통계는 관계기관의 추정치이다. 1965년부터 2021년까지의 자료가 있으나 공란이 더 많은 것을 확인할 수 있다. 1965년부터 5년에 한 번씩 제공하다 1980년 이후로는 매년 제공하고 있다. 또한, 2015년까지 석탄 전체 생산량을 제공하다 2016년부터는 무연탄과 유연탄을 구분하여 제공한다. 부족한 통계자료이지만 보다 많은 정보를 제공하기 위해 다변화하고 있다. 최근의 생산량 역시 매번 똑같은 수치가 아니라 차이가 나타나고 있어 시계열적인 변화를 확인할 수 있다.

표 6-4 북한 석탄 생산량

(단위: 천 톤)

시점	석탄	무연탄	유연탄
1965	17,860	–	–
1966	–	–	–
1967	–	–	–
1968	–	–	–
1969	–	–	–
1970	13,240	–	–
1971	–	–	–
1972	–	–	–
1973	–	–	–
1974	–	–	–
1975	20,850	–	–
1976	–	–	–
1977	–	–	–
1978	–	–	–
1979	–	–	–
1980	30,270	–	–
1985	37,500	–	–
1990	33,150	–	–

시점	석탄	무연탄	유연탄
1991	31,100	–	–
1992	29,200	–	–
1993	27,100	–	–
1994	25,400	–	–
1995	23,700	–	–
1996	21,000	–	–
1997	20,600	–	–
1998	18,600	–	–
1999	21,200	–	–
2000	22,500	–	–
2001	23,100	–	–
2002	21,900	–	–
2003	22,300	–	–
2004	22,800	–	–
2005	24,060	–	–
2006	24,680	–	–
2007	24,100	–	–
2008	25,060	–	–
2009	25,500	–	–
2010	25,000	–	–
2011	25,500	–	–
2012	25,800	–	–
2013	26,600	–	–
2014	27,090	–	–
2015	27,490	–	–
2016	31,060	21,740	9,320
2017	21,660	15,160	6,500
2018	18,080	12,660	5,420
2019	20,210	14,150	6,060
2020	19,000	13,300	5,700
2021	15,600	10,920	4,680
2022	16,300	11,410	4,890

철광석 생산량은 통계청에서 1965년부터 연 단위로 북한과 남한의 수치를 모두 제공하고 있다. 남한 통계는 한국지질자원연구원이 출판하는 「광업 · 광산물 통계연보」를 활용하고 있으며, 북한 통계는 관계기관의 추정치이다. 1986년에서 1989년까지의 자료는 제공되고 있지 않으며, 1985년 이전 생산량은 생산능력을 기준으로 하고 있다.

표 6-5 철광석 생산량

(단위: 천 톤)

시점	북한	남한
1965	5,800	735
1970	5,200	571
1975	7,500	644
1980	8,300	619
1985	9,800	668
1986	–	582
1987	–	470
1988	–	390
1989	–	344
1990	8,430	298
1991	8,168	222
1992	5,746	222
1993	4,763	219
1994	4,586	191
1995	4,221	184
1996	3,440	221
1997	2,910	296
1998	2,890	238
1999	3,786	188
2000	3,793	163
2001	4,208	23
2002	4,078	157

시점	북한	남한
2003	4,433	174
2004	4,579	226
2005	4,913	213
2006	5,041	227
2007	5,130	291
2008	5,316	366
2009	4,955	455
2010	5,093	513
2011	5,232	542
2012	5,190	593
2013	5,486	663
2014	5,471	693
2015	4,906	445
2016	5,249	445
2017	5,741	311
2018	3,280	383
2019	2,829	342
2020	2,584	575
2021	2,652	539
2022	2,595	434

2. 제조업 통계

　　북한 제조업과 관련한 통계는 통계청이 제공하는 조강 생산량, 철강공업 생산
능력, 비철금속 생산량, 북한의 직물 생산량, 화학섬유 생산능력 및 생산량, 화학비
료 생산능력 및 생산량, 판유리 생산능력, 시멘트 생산량, 자동차 생산량이 있다.

　　조강 생산량은 남한은 1985년, 북한은 1990년부터 연 단위로 제공된다. 남한
통계는 한국철강협회가 출판하는 「철강통계연보」를 활용하며, 북한 통계는 관계기
관의 추정치로 매년 다른 수치로 업데이트되고 있다.

표 6-6 　조강 생산량

(단위: 천 톤)

시점	북한	남한
1985	–	13,539
1986	–	14,555
1987	–	16,782
1988	–	19,118
1989	–	21,873
1990	3,387	23,125
1991	3,179	26,001
1992	1,799	28,055
1993	1,866	33,026
1994	1,734	33,745
1995	1,539	36,772
1996	1,212	38,903
1997	1,020	42,554
1998	948	39,896
1999	1,243	41,042
2000	1,086	43,107
2001	1,062	43,852
2002	1,038	45,390
2003	1,093	46,310
2004	1,085	47,521
2005	1,186	47,820
2006	1,199	48,455
2007	1,248	51,517
2008	1,299	53,625
2009	1,274	48,572
2010	1,299	58,914
2011	1,244	68,519
2012	1,241	69,073
2013	1,229	66,061
2014	1,239	71,543
2015	1,095	69,670

시점	북한	남한
2016	1,220	68,576
2017	1,091	71,030
2018	810	72,464
2019	680	71,412
2020	707	67,079
2021	598	70,418
2022	284	65,846

철강공업 생산능력은 제선, 제강, 압연강재로 구분하고 있다. 1960년 최초 통계치가 있지만 20년 동안 통계수치는 비어 있다. 1980년부터 1990년까지는 5년 단위로 제공하고 있고, 1990년부터 연 단위로 제공하고 있다. 남한의 철강공업 생산능력 통계는 한국철강협회가 출판하는 「철강통계연보」를 통해 1980년부터 집계하고 있는데 비해, 북한 통계는 관계기관의 추정치를 활용한다. 제선의 경우 1990년부터 1998년 수치가 동일하고 2000~2004년, 2011~2015년의 숫자가 동일하다. 제강은 1990년부터 2003년, 2005년부터 2015년이 동일하여 10년 이상의 통계치가 동일하게 업데이트되지 않고 있는 것을 볼 수 있다. 압연강재는 1990년부터 2015년, 2016년부터 2021년의 수치가 동일하게 나타난다.

표 6-7   북한 철강공업 생산능력

(단위: 천 톤)

시점	제선	제강	압연강재
1960	930	701	960
1980	3,687	4,049	2,797
1985	5,326	4,271	3,497
1990	5,413	6,001	4,037
1991	5,413	6,001	4,037
1992	5,413	6,001	4,037
1993	5,413	6,001	4,037
1994	5,413	6,001	4,037
1995	5,413	6,001	4,037

시점	제선	제강	압연강재
1996	5,413	6,001	4,037
1997	5,413	6,001	4,037
1998	5,413	6,001	4,037
1999	5,621	6,001	4,037
2000	5,567	6,001	4,037
2001	5,567	6,001	4,037
2002	5,567	6,001	4,037
2003	5,567	6,001	4,037
2004	5,567	6,096	4,037
2005	5,507	6,596	4,037
2006	5,387	6,596	4,037
2007	5,027	6,596	4,037
2008	4,829	6,596	4,037
2009	4,829	6,596	4,037
2010	4,440	6,596	4,037
2011	4,029	6,596	4,037
2012	4,029	6,596	4,037
2013	4,029	6,596	4,037
2014	4,029	6,596	4,037
2015	4,029	6,596	4,037
2016	4,145	6,590	4,007
2017	4,145	6,590	4,007
2018	3,204	5,791	4,007
2019	3,198	5,791	4,007
2020	3,146	5,791	4,007
2021	3,094	5,250	4,007
2022	3,040	5,250	4,007

비철금속 생산량은 연, 아연으로 구분한다. 1965년부터 1990년까지는 5년 단위로 제공하며, 1990년 이후로는 연 단위로 제공하고 있다. 남한 통계는 한국비철금속협회 웹사이트의 '통계정보〉비철통계' 자료에서 확인할 수 있으며, 북한의 비철금속 생산량 통계는 관계기관의 추정치이다. 연의 경우 1990년부터 2004년, 2005

년부터 2020년의 수치가 동일하다. 15년여 간의 수치가 동일한 것을 볼 수 있다. 아연의 경우에도 마찬가지로 1990년에서 1999년, 2000년에서 2004년, 2005년에서 2020년까지의 통계치가 동일하게 나타난다.

표 6-8 비철금속 생산량

(단위: 천 톤)

시점	북한		남한	
	연	아연	연	아연
1965	20	70	9	14
1970	36	90	32	48
1975	36	138	24	92
1980	38	155	16	76
1985	48	265	27	115
1990	88	295	75	256
1991	88	295	60	232
1992	88	295	90	259
1993	88	295	133	249
1994	88	295	132	287
1995	88	295	175	285
1996	88	295	141	270
1997	88	295	178	345
1998	88	295	191	389
1999	88	295	190	426
2000	88	240	219	475
2001	88	240	211	503
2002	88	240	243	608
2003	88	240	219	652
2004	88	240	225	656
2005	93	305	245	646
2006	93	305	241	660
2007	93	305	255	683
2008	93	305	271	737
2009	93	305	327	751

시점	북한		남한	
	연	아연	연	아연
2010	93	305	321	750
2011	93	305	422	828
2012	93	305	460	877
2013	93	305	473	886
2014	93	305	639	901
2015	93	305	641	935
2016	93	305	831	1,014
2017	93	305	800	970
2018	93	305	800	989
2019	93	305	803	986
2020	93	305	775	987
2021	93	305	805	949
2022	98	395	760 [p)]	965 [p)]

북한의 직물 생산량은 1990년부터 연 단위로 제공하고 있다. 출처는 관계기관의 추정치로 2015년은 누락되었으나 매년 다른 수치로 업데이트되고 있다.

표 6-9 북한 직물 생산량

(단위: 천 만㎡)

시점	북한(천 만㎡)
1990	66.0
1991	69.3
1992	56.1
1993	62.7
1994	62.7
1995	59.4
1996	49.5
1997	39.6
1998	36.3
1999	33.0

시점	북한(천 만㎡)
2000	35.6
2001	33.3
2002	32.3
2003	32.7
2004	31.0
2005	33.0
2006	34.3
2007	41.3
2008	41.3
2009	40.3
2010	40.6
2011	34.3
2012	34.7
2013	35.0
2014	35.6
2015	...
2016	32.7
2017	32.0
2018	28.4
2019	27.7
2020	27.6
2021	28.1
2022	28.7

　　화학섬유 생산능력 및 생산량은 통계청이 1985년부터 연 단위로 제공하고 있다. 남한 통계는 한국화학섬유협회의 「화섬편람」을 활용하고 있고, 북한 통계는 관계기관의 추정치이다. 북한의 화학섬유 생산능력은 1990년에서 2020년까지 무려 32년간 동일한 수치를 보이고 있어 시계열적인 변화를 찾아보기 힘들다. 북한의 화학섬유 생산량은 2015년에서 2021년까지 동일한 수치를 보이고 있다. 1990년 생산량 5만 톤에서 2021년 2.3만 톤으로 사회주의 경제체제 하에서 절반 이하로 감소하였다.

표 6-10 화학섬유 생산능력 및 생산량

(단위: 천 톤)

시점	북한		남한	
	생산능력	생산량	생산능력	생산량
1985	121	–	809	831
1990	177	50	1,317	1,293
1991	177	54	1,430	1,382
1992	177	42	1,531	1,472
1993	177	53	1,732	1,596
1994	177	58	1,843	1,687
1995	177	56	2,015	1,863
1996	177	56	2,440	2,030
1997	177	37	2,616	2,406
1998	177	35	2,815	2,437
1999	177	27	2,989	2,585
2000	177	29	2,989	2,646
2001	177	27	2,895	2,344
2002	177	26	2,809	2,302
2003	177	26	2,629	2,241
2004	177	25	2,319	1,978
2005	177	28	2,025	1,655
2006	177	29	2,019	1,457
2007	177	29	1,763	1,441
2008	177	30	1,693	1,330
2009	177	30	1,669	1,346
2010	177	30	1,682	1,463
2011	177	25	1,722	1,475
2012	177	25	1,745	1,472
2013	177	25	1,729	1,458
2014	177	25	1,782	1,367
2015	177	23	1,770	1,384
2016	177	23	1,852	1,417
2017	177	23	1,805	1,424
2018	177	23	1,806	1,416
2019	177	23	1,656	1,224
2020	177	23	1,646	1,051
2021	177	23	1,557	1,269
2022	177	23	1,378	1,050

화학비료 생산능력의 경우, 남한 통계는 한국비료협회의 「비료연감」을 활용하며 북한 통계는 관계기관의 추정치이다. 최초로 1965년에 통계치가 존재한다. 생산능력의 경우, 남한은 1965년부터 매년 제공한 데 비해 북한은 1965년부터 5년 단위, 2년에서 3년 단위로 제공하다가 1990년부터 연 단위로 매년 제공하고 있다. 매년 통계치를 제공하고는 있으나 1990~1999년, 2006~2010년, 2011~2014년, 2015~2020년의 수치가 동일하게 나와 5년에서 10년까지 업데이트하지 않고 이전 수치를 그대로 사용해 온 것을 볼 수 있다. 화학비료 생산량은 남북한 모두 1990년부터 연 단위로 통계치를 제공하고 있다.

표 6-11 화학비료 생산능력 및 생산량

(단위: 천 톤)

시점	북한		남한	
	생산능력	생산량	생산능력	생산량
1965	713	–	170	–
1967	–	–	1,132	–
1968	–	–	1,216	–
1969	–	–	1,329	–
1970	1,500	–	1,329	590
1973	–	–	1,568	–
1974	–	–	1,905	–
1975	2,550	–	1,780	2,075
1976	–	–	2,099	–
1979	–	–	3,249	–
1980	3,110	–	3,341	2,854
1982	–	–	3,421	–
1985	2,612	–	3,276	3,000
1988	–	–	3,848	–
1990	2,612	889	3,902	3,838
1991	2,612	804	3,952	3,648
1992	2,612	775	4,302	4,000
1993	2,612	901	4,302	4,113
1994	2,612	738	4,688	4,328
1995	2,612	676	4,688	4,301
1996	2,612	536	4,688	4,294

시점	북한		남한	
	생산능력	생산량	생산능력	생산량
1997	2,612	431	4,688	3,983
1998	2,612	392	4,688	3,554
1999	2,612	572	4,588	3,691
2000	2,352	539	4,588	3,730
2001	2,352	546	4,588	3,500
2002	2,352	503	4,512	3,301
2003	2,372	416	4,722	3,314
2004	2,372	434	4,722	3,614
2005	2,372	450	5,034	3,950
2006	1,949	454	5,124	3,183
2007	1,949	454	5,124	3,432
2008	1,949	479	4,249	3,188
2009	1,949	466	4,249	2,558
2010	1,949	459	4,299	2,815
2011	2,249	471	4,299	2,738
2012	2,249	476	4,299	2,577
2013	2,249	485	4,144	2,577
2014	2,249	501	-	2,320
2015	1,907	528	-	1,982
2016	1,907	604	-	2,065
2017	1,907	573	-	2,349
2018	1,907	605	-	2,332
2019	1,907	612	-	2,311
2020	1,907	670	-	2,142
2021	1,850	612	-	2,287
2022	1,850	659	-	2,039

　　판유리 생산능력은 북한 자료를 1990년부터 연 단위로 제공하고 있고 출처는 관계기관의 추정치이다. 1990~1999년, 2000~2004년, 2005~2006년, 2007~2021년의 수치가 동일하다. 1990년대에 연 2,500만㎡의 판유리를 생산하다가 2000년대에 생산량이 절반 수준으로 줄어들었고, 2004년에서 2005년에 두 배 이상 생산능력이 늘어났다.

표 6-12 북한 판유리 생산능력

(단위: 만㎡)

시점	북한
1990	2,500
1991	2,500
1992	2,500
1993	2,500
1994	2,500
1995	2,500
1996	2,500
1997	2,500
1998	2,500
1999	2,500
2000	1,300
2001	1,300
2002	1,300
2003	1,300
2004	1,300
2005	2,923
2006	2,923
2007	2,777
2008	2,777
2009	2,777
2010	2,777
2011	2,777
2012	2,777
2013	2,777
2014	2,777
2015	2,777
2016	2,777
2017	2,777
2018	2,777
2019	2,777
2020	2,777
2021	2,777
2022	2,777

시멘트 생산량은 통계청에서 남한과 북한의 자료를 1990년부터 연 단위로 제공하고 있다. 남한 통계는 한국시멘트협회의 「한국의 시멘트산업 통계」를 활용하고 있다. 북한 통계는 관계기관의 추정치로 매년 다른 수치로 업데이트되고 있어 다른 제조업 분야에 비해 비교적 정교하게 통계가 집계되고 있다.

표 6-13   시멘트 생산량

(단위: 천 톤)

시점	북한	남한
1990	6,130	33,575
1991	5,169	38,335
1992	4,747	42,650
1993	3,980	46,894
1994	4,330	51,635
1995	4,220	55,130
1996	3,790	57,260
1997	3,340	59,796
1998	3,150	46,091
1999	4,100	48,157
2000	4,600	51,255
2001	5,160	52,046
2002	5,320	55,514
2003	5,543	59,194
2004	5,632	54,330
2005	5,930	47,197
2006	6,155	49,199
2007	6,129	52,182
2008	6,415	51,653
2009	6,126	50,126
2010	6,279	47,420
2011	6,452	48,249
2012	6,446	46,862
2013	6,600	47,291
2014	6,675	47,048
2015	6,697	52,044

시점	북한	남한
2016	7,077	56,507
2017	6,837	57,400
2018	5,832	52,093
2019	5,604	50,635
2020	5,690	47,518
2021	5,960	50,450
2022	6,551	51,062

  자동차 생산량은 남한과 북한의 자료를 1965년부터 연 단위로 제공하고 있다. 남한 통계는 한국자동차 산업협회 웹사이트〉통계센터〉한국의 자동차산업 자료를 활용하고 있으며 북한 통계는 관계기관의 추정치로 매년 다른 수치로 업데이트되고 있다.

표 6-14   자동차 생산량

(단위: 천 대)

시점	북한	남한
1965	4.4	0.1
1970	9.0	28.8
1975	10.0	37.2
1980	15.0	123.1
1985	18.5	378.1
1990	13.0	1,321.6
1991	12.0	1,497.8
1992	10.0	1,729.7
1993	10.0	2,050.2
1994	9.0	2,311.7
1995	8.7	2,526.4
1996	8.5	2,812.7
1997	6.4	2,818.3
1998	6.4	1,954.5
1999	7.3	2,843.1

시점	북한	남한
2000	6.6	3,115.0
2001	5.7	2,946.3
2002	4.8	3,147.6
2003	4.8	3,177.9
2004	4.5	3,469.5
2005	4.5	3,699.4
2006	4.5	3,840.1
2007	4.6	4,086.3
2008	4.7	3,826.7
2009	4.4	3,512.9
2010	4.4	4,271.7
2011	4.0	4,657.1
2012	4.0	4,561.8
2013	4.0	4,521.4
2014	4.0	4,524.9
2015	3.5	4,556.0
2016	3.8	4,228.5
2017	3.4	4,114.9
2018	2.6	4,028.7
2019	2.4	3,950.6
2020	2.5	3,506.8
2021	2.3	3,462.5
2022	2.3	3,757.0

3. 메타데이터 검토 분석

　　남북한 광업 및 제조업 관련 통계를 비교해 보면, 출처에 있어서 남한의 경우 각 분야의 협회 및 통계집계 기관이 일의 자리까지 비교적 정확한 통계를 제공하고 있으나, 북한 통계는 자료 출처가 매우 제한적이다. 주요 광종 광산 수와 주요 광종 매장량은 북한의 한국광해광업공단 자료이나 같은 수치를 매년 반복하거나 몇 년에 한번 업데이트 되고 있다. 이외 북한 통계는 출처가 대부분 국가정보원과 같은 관계기관으로, 인공위성 자료 등 북한의 산업 활동 관련 다양한 정보를 활용 가능한 관계기관이 추정하는 결과에 의존하고 있다.

연간 수치가 남한의 경우 비교적 매년 업데이트 되는 데 비해, 북한 자료는 누락된 연도가 존재하거나 동일한 추정치가 계속해서 반복되고 있다. 주요 광종 매장량의 경우 2010년 자료를 최근까지 모든 연도에 반복하고 있으며 한 번도 바뀌지 않았다. 예를 들어 북한 비철금속 생산량의 경우 1990년부터 2004년까지 15년의 수치가 동일하고, 2005년부터 2020년까지 16년의 수치가 동일하게 나타나고 있다.

남한과 북한의 데이터를 함께 제공하는 것은 비교가 가능해야 의미가 있으나, 분류 기준이 달라 대략적인 비교만 가능할 뿐 정밀한 비교 및 연구의 한계가 존재한다. 직물 생산량과 판유리 생산능력의 경우 통계청에서는 북한의 통계만 제공하고 있다. 석탄 생산량의 경우 북한은 무연탄, 유연탄, 갈탄을 포함하는 데 비해 남한은 무연탄을 포함한다. 석탄 생산량 통계 중 유연탄의 경우에도 북한은 갈탄을 포함하는 등 정밀한 분류 기준이 서로 다르다. 비철금속 생산량은 북한은 생산능력을 기준으로 하고 남한은 판매 기준으로 집계하고 있다. 화학비료 생산능력의 경우 북한은 질소 46%와 인 20% 함량 기준이며, 남한은 조립 및 배합시설의 용량을 포함하고 있다.

북한 광업 및 제조업 통계의 경우 일정 시점을 기준으로 통계의 변화 양상을 보이는 특징이 있다. 석탄 생산량, 철광석 생산량, 자동차 생산량의 경우 북한의 1985년 이전 생산량은 생산능력을 기준으로 하고 그 이후는 생산량을 집계하고 있다. 북한의 화학비료 생산능력은 1985년 이후 질소 46%, 인 20% 함량 기준으로 재평가하고 있다. 또한 주요 광종 광산 수에서 2021년 추정치 자료는 위성영상정보 모니터링 결과를 반영하고 있고, 2022년 자료는 여기서 더 나아가 기존 문헌자료 및 위성영상정보 모니터링 결과를 반영하고 있다.

북한이 공식적으로 발표한 통계는 북한이 UN에 제출한 자발적 국별 검토(VNR)에 포함된 산업 관련 통계이다. 북한의 VNR보고서 제4장 제9절에는 목표 9라고 하여 '주체사상과 과학 기반 국가 경제 수립 및 인프라 현대화'항목이 있다. 광업 및 제조업 부문에서는 목표 9 항목에 2015년부터 2019년까지의 'GDP대비 제조업 부가가치 비율'과 '1인당 GDP 대비 제조업 부가가치' 그래프가 수록되어 있다. 또한 전체 고용에서 제조업 고용이 차지하는 비율은 2015년에 26.1%, 2018년에 28%로 발표했다. 이 항목은 국내에서 시계열적으로 집계하고 있는 통계수치와는 달라 절대적인 비교가 어렵다. 또한 북한에서 어떤 방식으로 수치를 생성하였는지 신뢰성의 정도를 파악할 수 없기 때문에, 이 수치를 절대적으로 신뢰하기보다는 참고하는 용도로 활용 가능하다.

4. 평가 및 제언

북한 광업 및 제조업 통계는 절대적 수치보다는 추세 파악에 적절하다. 북한 통계는 자료 출처가 매우 제한적이나, 장기적으로 일관된 출처의 데이터를 축적하며 북한 공식 발표 통계와 비교 검증을 실시하고 있다. 현재 통계청의 광업 및 제조업 관련 연 단위 통계자료는 북한의 한국광해광업공단에서 생산한 통계 또는 위성자료, 설비, 언론보도 등 다양한 정보를 바탕으로 국가정보원에서 간접 추정한 결과를 사용하고 있다. 현재 북한이 공식적인 통계를 발표하지 않고 직접 현지조사가 불가능한 상황에서 신뢰할 만한 다른 대안이 존재하지 않는 상황이다. 따라서 대안이 존재하지 않는 한 일관된 출처의 자료로 장기적인 시계열 데이터를 축적하며, VNR과 같이 국제사회에 발표하는 북한의 공식자료를 활용하여 유사 항목을 비교 검증해야 할 것이다. 현재 해외 데이터나 VNR 통계 등 신뢰도가 더 높은 대체할 만한 통계가 존재하지 않는 상황에서, 현재 데이터를 이용하며 지속적인 검증 및 주석 등을 통한 자세하고 정확한 해설이 필요하다고 판단된다.

통계청 통계자료에서 매년 반영되는 정보를 갱신하기 어려워 같은 수치를 여러 해 반복하거나 비어있는 연도가 다수 존재하고 있다. 이에 대해 통계를 이용하는 독자들에게 명확한 설명이 제공되지 않아, 주석정보를 통해서 자세하게 설명하고 보완할 필요성이 있다고 판단된다. 누락된 연도의 경우 북한이 제공하지 않아서 공란으로 둘 것이 아니라 보완하는 방안을 마련해 추정치를 발표하는 것도 대안이 될 수 있다. 주요 광종 매장량의 경우 2010년 자료를 최근 통계자료까지 모든 연도에 반복하고 있으나, 매장량의 특성상 한 해가 지난다고 급격한 변화가 생기는 것이 아니므로 큰 문제점은 아니라고 판단한다. 비철금속 생산량의 경우 1990년부터 2004

년까지 15년의 수치가 동일, 2005년부터 2020년까지 16년의 수치가 동일하나 주석정보에 동일한 수치에 대한 설명은 누락되어 있어, 별도의 자료가 아닌 주석정보에서 의문점을 해소할 수 있도록 상세한 정보를 기재한다면 통계 이용자의 입장에서 북한 통계를 보는 데 도움이 될 것이다.

남한과 북한의 통계 분류 기준이 다르므로 통계 사용자는 세밀한 비교보다는 거시적인 추세 및 양상을 파악한다면 사용자 적합성을 제고할 수 있을 것이다.

북한 광업 및 제조업 통계를 집계하기 어려운 상황이지만, 지속적이고 정기적인 품질관리를 통한 검증 및 신뢰성을 제고할 필요가 있다. 관계기관의 자료라고만 기재되어 있어 사용자의 입장에서 어떤 기관인지조차 베일에 가려진 상황으로, 국가정보원의 출처를 상세히 기재할 수는 없지만 대략의 자료수집 경로를 설명하여 이용자 편의 증대하는 것도 하나의 방안이 될 수 있다. 북한의 공식적인 통계자료 발표 시 비슷한 항목을 지속적으로 검증하고, 공식 통계자료가 아니라도 언론에 공개하는 수치 정보를 통하여 역으로 통계치를 추정하는 다양한 방식을 모색할 필요성이 대두된다.

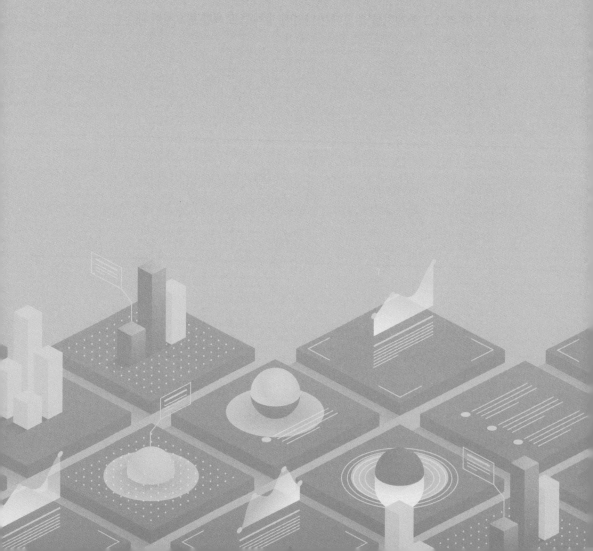

제7장

국민계정

김수정(산업연구원 산업통상연구본부 부연구위원)

국민계정

1. 북한 국민계정 통계의 특징

전 세계적으로 북한 경제와 산업의 수준을 평가하고 이를 통계자료로 제공하는 국가는 한국이 사실상 유일하다. 한국은행은 북한의 국민계정 지표를 추정하고 이를 한국은행과 통계청 홈페이지를 통해 공개하고 있다.[1] 한국 정부가 북한의 국민계정 지표를 추정하고 발표하는 것은 남북 경제의 통합과 한반도의 통일이라는 비전을 실현하기 위한 목적에서 이루어지는 남북한 경제의 비교 분석과 평가, 북한 경제에 대한 이해를 위한 작업의 일환이다. 물론, UN 통계국(UN Statistics Division)도 북한 국민계정 통계를 제공하고 있지만 한국은행의 국민계정 자료를 활용 또는 고려하여 북한의 국민계정 지표를 추정하고 있는 것으로 추정된다. 일부 자료 및 특정 기간의 통계가 한국은행의 수치와 동일하거나 유사하다는 것이 그 근거이다. 이러한 점을 고려하면 전 세계적으로 북한의 국민계정 경제성장률을 추정한 자료는 사실상 한국은행의 추정치가 유일하다고 볼 수 있는 것이다.

한국은행이 추정하여 발표하는 국민계정 통계는 국내외 많은 연구자, 정부 및 연구기관에서의 연구와 분석에 사용되고 있는데, 이는 한국은행이 추정하는 북한의 국민계정 지표가 현재까지는 공개된 데이터 가운데 가장 객관적이고 장기간에 걸친 시계열적인 추정치이기 때문일 것이다.

---

[1]   통계청 북한통계포털(https://kosis.kr/bukhan/index/index.do),
       한국은행 경제통계시스템(https://ecos.bok.or.kr).

그러나 한국은행이 추정하는 북한 국민계정 자료가 북한의 경제 상황을 그대로 반영하고 있는 정확한 지표라는 것은 아니다. 북한에서 국민계정 통계 산출에 필요한 자료를 공개·제공하는 것도 아니며 한국 통계 담당자들이 북한에 가서 직접 자료를 수집하는 것도 아니기 때문에 한국은행의 추정치는 추정치일 뿐이다. 국가정보원은 한국은행 국민소득총괄팀에 북한 국민계정 추정에 필요한 자료를 제공하고 한국은행은 한국의 국민계정 산출 방법과 같은 절차와 방식으로 북한의 국민계정 통계를 산출한다. 뒤에서 자세히 다루겠지만 국민계정 산출에는 가격정보[2]가 필수적이나 북한의 가격체계를 정확히 파악할 수 없기 때문에 한국의 가격체계가 반영된다. 따라서 북한의 국민계정 산출에 한국의 가격체계를 적용하고, 국가정보원에 의해 수집·포착된 기업별, 산업별, 지역별 정황 정보를 이용하여 분석하는 과정에서 북한의 실제 현실과의 괴리가 발생할 수밖에 없는 것이다. 물론 얼마만큼의 괴리가 발생하였는지에 대해서도 평가할 방법은 없다.

한국은행이 추정하고 통계청에서 제공하고 있는 북한 국민계정 통계는 여러 유용성에도 불구하고 일부 한계 및 개선되어야 할 부분이 있다. 북한 경제의 상황을 평가하고 산업별 동향 정보를 파악하는 방법을 고도화하여 현실과 통계 수치간의 간극을 좁혀야 한다. 예를 들어 자료 수집과 분석 기능의 발전 등이 이루어져야 한다. 본고는 이러한 관점을 가지고 통계청에서 제공하는 북한 국민계정 통계의 특징을 설명하고 앞으로의 개선 방향에 대하여 몇 가지의 제안을 하고자 한다.

2. 통계청이 제공하는 북한 국민계정 통계자료 설명

1) 제공 항목과 정의

본 절에서는 통계청 북한통계포털[3]에서 제공하고 있는 북한의 국민계정에 관한 한국은행 추정치에 대하여 제공 항목과 추정 방식 등을 설명하고자 한다.[4] 한국

---

2 물가정보
3 통계청 북한통계포털(https://kosis.kr/bukhan/index/index.do).
4 한국은행 추정치는 주제별 통계에, UN의 추정치는 국제기구별 통계 수록되어 있다.

은행이 산출하여 제공하는 북한의 국민계정 지표는 〈표 7-1〉과 같이 총 7개 항목이다. 이는 경제성장률, 산업별 성장률, 경제활동별 명목(nominal) 및 실질(real) 국내총생산(Gross Domestic Product, GDP), 산업구조, 1인당 및 국민총소득(Gross National Income, GNI)이며, 1990년 자료부터 공개하고 있다.

표 7-1	통계청 북한통계포털이 제공하고 있는 북한의 국민계정 지표		
통계명	단위	비고	자료연도
경제성장률	%	실질 국내총생산(GDP)의 증가율	'90~'21
산업별 성장률	%	산업별 실질 GDP의 증가율	
경제활동별 실질 국내총생산	십억 원	산업별 실질 GDP	
경제활동별 명목 국내총생산	십억 원	산업별 명목 GDP	
산업구조	%	국내 명목 GDP 대비 산업별 비중	
국민총소득	십억 원	국민총소득(GNI)	
1인당 국민총소득	만 원	국민총소득/인구	

자료: 저자 작성
주: 국내총생산, 국민총소득은 한국 화폐 기준임.

각 항목의 정의는 다음과 같다. 경제성장률(economic growth rate)은 실질 국내총생산(Gross Domestic Product, GDP)의 증가율로 정의되며, 산업별 성장률은 산업별 실질 국내총생산의 증가율, 산업구조는 국내 명목 국내총생산 대비 산업별 국내총생산의 비중이다. 성장률은 연도별 가격 변화를 통제하고 생산규모의 변화를 나타내는 지표이기 때문에 명목자료의 증가율이 아닌 실질자료의 증가율로 측정하는 것이다.

국민계정에서 사실상 가장 중요한 역할을 하는 자료는 명목 국내총생산이다. 명목 국내총생산이 추정되어야 실질 국내총생산 지표를 만들 수 있고, 이를 가지고 경제성장률을 만들 수 있기 때문이다. 명목 국내총생산은 그 해에 생산해 낸 생산물의 가치를 말하는데 한국은행은 국가정보원으로부터 제공받은 자료를 가지고 경제활동별 명목 국내총생산 지표를 만든다.[5] 경제활동별 명목 국내총생산 지표를 경제활동별 GDP 디플레이터 정보를 이용하여 실질화하면 경제활동별 실질 국내총생산을 만들 수 있다.[6] 이렇게 만들어진 경제활동별 실질 국내총생산 값을 합산한 경제 전체의 실질 국내총생산의 연도별 증가율을 계산한 것이 바로 경제성장률이다.

경제활동별 국내총생산은 산업별 국내총생산 정보를 제공하는데, 한국의 표준산업분류체계에 의하여 한국과 동일한 구조로 북한의 산업을 분류하여 산업별 통계 추정치를 제시하고 있다. 아주 세부적인 산업분류별 자료는 제공하지 않으며 농림어업, 광공업(광업, 제조업), 광업, 제조업(경공업, 중화학공업), 전기·가스·수도업, 건설업, 서비스업(정부, 기타)에 대해서만 국내총생산, 성장률, 산업구조 정보를 제공하고 있다. 마지막으로 국민총소득(Gross National Income, GNI)은 정의상 북한 주민이 벌어들인 총소득이며 명목 지표이다. 이를 북한의 총인구로 나누면 1인당 국민총소득이다.[7]

통계청 북한통계포털에서는 국제기구의 북한 국민계정 통계로 UN 통계국의 지표 총 11개 항목을 제공하고 있다. 이는 국내총생산(GDP), GDP 디플레이터, GDP 연간 성장률, 국내총생산에 대한 지출(명목 및 실질), 지출항목별 GDP 연간 성장률 및 구성비, 경제활동별 국내총부가가치(명목, 실질), 경제활동별 국내총부가가치 연간 성장률 및 구성비, 국민총소득(GNI), 환율이다.

---

5 여기에서 말하는 '경제활동'은 광업, 제조업과 같은 산업을 지칭한다. 따라서 경제활동별 국내총생산은 산업별 국내총생산에 대한 지표이다.
6 명목 자료의 실질화시 북한의 가격이 아닌 한국의 가격을 적용한다. 이에 대해서는 뒤에서 자세히 다룬다.
7 북한 국민소득 추정관련 자세한 내용은 김병연(2008), "북한의 국민소득: 추정치와 평가", 「수은북한경제」에 소개되어 있으므로 관심있는 독자는 이 자료를 참고하기 바란다.

표 7-2	통계청 북한통계포털이 제공하고 있는 국제기구(UN)의 국민계정 지표		
통계명		단위	자료연도
국내총생산(GDP): 명목, 실질, 1인당 GDP		미 달러	'70~'20
GDP 디플레이터		–	
GDP 연간 성장률		%	'71~'20
국내총생산에 대한 지출(명목)		북한 원, 미 달러	'70~'20
국내총생산에 대한 지출(실질, 2015년 기준)		북한 원, 미 달러	
지출항목별 GDP 연간 성장률 및 구성비		%	
경제활동별 국내총부가가치(명목)		북한 원, 미 달러	
경제활동별 국내총부가가치(실질, 2015년 기준)		북한 원, 미 달러	
경제활동별 국내총부가가치 연간 성장률 및 구성비		%	
국민총소득(GNI): GNI 및 1인당 GNI		북한 원, 미 달러	
환율		원/달러	

자료: 저자 작성

    UN 외에도 여러 국제기구와 기관에서 북한의 국민소득을 추정하고 있지만, 최근까지의 연속된 시계열 자료를 제공하는 것은 UN 자료가 유일하다. 북한의 국민소득은 CIA Factbook, 펜실베니아 대학의 Penn World Data(PWT), IMF, UNDP, 국제백신기구 등에서 북한 국민계정 관련 자료를 제공하지만 UN 자료 외에는 북한 경제 분석에 사용하기 적절하지 않다. CIA Factbook은 방법론에 대한 설명이 부족하고 신뢰성이 낮으며, PWT 자료는 시계열은 갖추고 있지만 CIA Factbook 데이터에 기반하여 작성한 것이다. 그 외 기구의 자료는 연속된 시계열을 갖추지 못하였거나 제공되는 기간이 짧아 분석에 사용하기 어렵다. 그러나 UN 통계국의 국민계정 통계는 비교적 장기간(1970년~2020년)의 통계이며 산업별 GDP, GDP 디플레이터, 환율 등 국민계정 관련 세부 지표들을 함께 제공하고 있어 통계자료로의 효용성이 있다.[8]

---

8   IMF(제공기간: 1992년~1996년), UNDP(1992년~1996년), 국제백신기구(1992년~1996년, 1998

UN 통계국[9]의 북한 국민계정 자료가 갖는 몇 가지의 특징을 더 설명해 보고자 한다. 첫째, 북한의 국정환율(official exchange rate)을 이용하여 국민소득을 추정하고 있어 경제 실상과는 동떨어져 있다는 평가를 받고 있다. UN은 북한 원화로 표시된 명목 GDP와 실질 GDP와 함께, 북한의 국정환율을 적용하여 계산한 미국 달러화 GDP 수치도 제공하고 있다.

둘째, 경제성장률은 한국은행의 추정치와 정확히 일치한다. 경제성장률은 실질 GDP의 전년대비 증가율로 1990년부터 현재까지 전 기간에 걸쳐서 UN의 경제성장률과 한국은행 추정 경제성장률이 동일한데 이는 UN이 한국은행의 자료를 그대로 인용하기 때문일 것이다.[10]

셋째, 일부 연도의 명목 GDP는 북한 당국의 발표치와 일치한다.[11] 예를 들어, 2000년의 UN 통계국 추정 북한 명목 GDP는 약 106억 8백만 달러였는데, 이는 북한 당국이 발표하여 UN에 제출한 공식 GDP 수치와 정확히 일치한다. 물론 북한당국의 공식통계와 모든 기간의 통계가 일치하는 것은 아니다. UN 통계국은 북한의 GDP 추정시 당국이 UN에 제출한 공식통계에 근거하지만, 환율, 인구 등 기초변수를 고려하여 수정 발표하고 있다.

한국은행 추정 국민계정 자료와 UN 자료의 차이점은 통계제공 항목에 있다. 한국은행은 경제성장률, 산업별 성장률, 경제활동별 명목 및 실질 국내총생산, 산업구조, 국민총소득 및 1인당 국민총소득과 같이 총 7개 항목을 제시하는데, UN은 총 11개 항목을 제공한다. UN은 한국은행과 달리 GDP 디플레이터 및 환율 정보를 제공하고 생산측면에서 산업별 GDP만이 아니라 지출 측면의 국내총생산 자료[12]를 제공하고 있어 국민계정 세부지표의 항목수가 많다.[13]

년, 2000년, 2004년).

9   UN Statistics Division(UNSD), https://data.un.org/en/iso/kp.html (검색일: 2022.11.25.)

10 이석 외(2021), 『북한통계 입수 및 서비스 개선 방안』, p.60.

11 이석(2014), 『북한의 사회경제통계 분석과 재구축』, p.49.

12 국내총생산=국내 최종소비지출+수출-수입

13 한국은 한국 원화 기준으로 자료를 제공하고 있어 환율 자료 제공이 필요하지 않다. 한국은행이 추정하는 실질 GDP는 북한의 생산량(추정)에 한국의 가격체계를 적용한 것인데 여기에 사용된 GDP 디플레이터는 북한의 가격 수준을 반영하는 것이 아니라 한국의 가격수준을 반영하는 것이므로 북한 국민계정에서 제공할 필요가 없다.

표 7-3	UN이 제공하는 북한의 국민계정 지표			
UN의 북한 국민계정 (통계청 포털에 수록)	단위	자료 연도	통계청 포털 수록여부
국내총생산(GDP): 명목, 실질, 1인당 GDP	미 달러	'70~'20	O
GDP 디플레이터	–		X
GDP 연간 성장률	%	'71~'20	O
국내총생산에 대한 지출(명목)	북한 원, 미 달러		O
국내총생산에 대한 지출 (실질, 2015년 기준)	북한 원, 미 달러		O
지출항목별 GDP 연간 성장률 및 구성비	%		X
경제활동별 국내총부가가치(명목)	북한 원, 미 달러	'70~'20	X
경제활동별 국내총부가가치(실질, 2015년 기준)	북한 원, 미 달러		O
경제활동별 국내총부가가치 연간 성장률 및 구성비	%		O
국민총소득(GNI)	북한 원, 미 달러		O
환율	원/달러		X

자료: 저자 작성

2) 국민소득 추정 방식

한국은행이 추정하여 발표하는 북한 국민계정 자료의 특징과 산출 방식을 설명하고자 한다. 한국은행은 국가정보원으로부터 제공받은 기초자료를 이용하여 국민계정 지표값을 추정하며 이후 전문가 검증과정을 거쳐 최종 확정된 자료를 매년 6~7월 중에 『북한 경제성장률 추정 결과』를 통해 발표하며, 통계자료는 이후에 통계청 북한통계포털에 수록된다.

한국은행의 추정작업을 위한 기초자료를 국가정보원이 제공하기 때문에 국민계정 추계에서 국가정보원의 역할이 중요하다. 국가정보원은 북한의 경제활동에 관한 기초자료를 수집·분석하고 있다. 위성·전자장비 등을 이용하여 북한의 기업별, 지역별 산업 동향을 확인하고, 북한당국의 발표자료, 대외교역 통계 등 각종 자료를 수집하며,[14] 그 외 다양한 수단과 경로를 활용하여 북한의 내부 동향을 파악·정리·분석하여 한국은행에 제공하는 것으로 알려진다.

『북한 경제성장률 추정 결과』를 보면 북한의 국민계정을 추계할 때 UN의 국민계정체계(System of National Accounts, SNA) 방법론을 적용한다고 되어 있다. SNA 체계는 한국만이 아니라 대부분의 UN 회원국들이 적용하고 있다. 한국은 1958년부터 UN이 권고하는 SNA에 따라 국민총생산을 추계해 왔다. 그런데 이 방법론은 관련 분야의 전문가가 아닐 경우 이해하기 어렵지만 북한 국민계정 통계가 갖는 특징을 파악하는데 중요하기 때문에 SNA 방법론을 주요 특징 위주로 쉽게 풀어서 설명하며 이것이 북한에 어떻게 적용되었는지를 설명하고자 한다.[15]

첫째, SNA 방법론은 국민소득통계, 자금순환표, 국제수지표, 산업연관표, 국민대차대조표를 서로 연계하여 국민계정 통계를 편제하도록 권고한다. 1968년에 UN은 국민경제의 종합적이고 체계적인 파악을 위해 기존의 5대 국민경제통계를 유기적으로 연결시킨 새로운 「국민계정체계(SNA)」를 발표하였고, 이에 한국은행도 이 방식에 따라 5대 국민경제통계가 서로 연결된 국민계정 통계를 발표하고 있다. 한국은행(2020)은 이와 관련하여 다음과 같이 설명한다. "국민계정은 국민경제 전체 재화와 서비스의 거래, 자금의 흐름을 국민소득통계를 중심으로 산업연관표, 자금순환표, 국제수지표, 국민대차대조표 등 5대 국민경제통계를 체계적으로 연결하여 일정한 계정형식에 따라 기록한 것이다."[16]

5대 국민경제통계는 작성기준과 체계가 서로 차이가 있는 채로 발전해왔지만 국민경제통계가 상호 연결됨에 따라 국민계정은 경제활동 전체에 대한 종합적 재무제표로 자리잡게 되었다. 그러나 북한의 국민계정 추정에 필요한 기초적인 양적 자료들이 갖추어져 있지 않기 때문에 한국과 같이 5대 국민경제통계표를 만들고 이를 연계하는 작업은 불가능하다. 따라서 북한의 국민계정은 국민소득 통계표만을 추정하며 세부적으로는 국민총소득(GNI)과 산업별로 생산측면에서의 국내총생산(GDP)을 추정하고 있다.

---

14 이석 외(2021), 『북한통계 입수 및 서비스 개선 방안』, p.47.
15 추가 설명은 한국은행(2021), "국민계정 통계정보 보고서"를 참고하기 바란다.
16 한국은행(2020), 「우리나라의 국민계정체계」, p.3.

그림 7-1   국민계정과 5대 국민경제통계의 관계

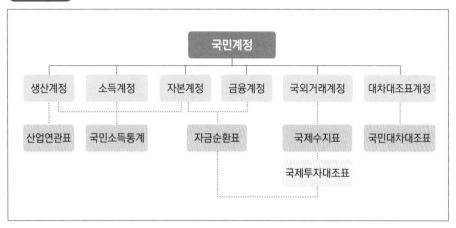

자료: 한국은행(2020), 「우리나라의 국민계정체계」, p.4의 〈그림 I-1-1〉

    둘째, SNA 방법론은 명목자료를 실질화할 때 고정가중법이 아닌 연쇄가중법을 적용하는 것을 권고한다. 명목 GDP를 실질 GDP로 전환하는 방법으로는 고정가중법과 연쇄가중법이 있는데 SNA는 연쇄가중법을 사용하도록 하고 있다. 두 방법은 모두 연도별 가격 변화를 통제하고 해당연도의 생산량 수준의 변화를 다른 연도와 비교평가하기 위한 방법론이라는 점은 같다. 차이는 가격정보를 적용하는 방식에 있는데, 고정가중법은 해당연도의 가격을 적용하지 않고 기준연도의 가격을 적용하며, 연쇄가중법은 조금 더 복잡한 방식이지만 직전연도의 가격정보를 활용하는 방법을 사용한다. 다시 말하면, 고정가중법은 당해연도의 실질 GDP를 계산할 때 생산량은 당해연도의 값을 적용하지만 가격은 기준연도의 값을 적용하여 산출한다.

    예를 들어, 2015년이 기준연도이면, 2015년, 2016년, 2017년의 실질 GDP 추정시 당해연도의 생산량과 2015년의 가격정보가 결합되어 실질 GDP 값이 산출되는 것이며, 2015~2017년 모두 동일한 가격정보가 반영되었기 때문에 2015년에 비해 2016년, 2017년의 생산수준 변화가 어떠한 지와 같은 생산수준에 대한 비교가 가능해진다. 그러나 고정가중법은 빠르게 변화하는 시장과 산업의 현실을 적절히 반영하지 못하는 한계가 있다. 즉, 기준년의 가중치를 비교년에 계속 유지하는 구조이기 때문에 최근의 산업구조 변화, 생산기술의 변화, 상품의 등장과 퇴장 등 상품체계의 변화를 반영하지 못하는 것이다. 따라서 UN은 연쇄가중법 사용을 권고하였다. 연쇄가중법은 매년 실질화에 사용하는 가중치가 변화하는 것인데, 직전 년도의 가격을 사용하여 물량증가율을 구하고 이를 누적하여 실질 GDP를 추계하는 방법이다.[17]

북한 국민계정을 추정할 때도 연쇄가중법을 사용하여 명목자료를 실질화하고 있다. 그러나 여기에는 반드시 알아야 할 점이 있다. 실질 자료 산출에 필요한 가격 지표를 북한의 가격이 아닌 한국의 가격을 적용한다는 것이다. 명목 국내총생산을 실질화할 때 북한의 가격체계가 아닌 한국의 가격과 부가가치율을 적용하여 산출 하는데, 이는 북한의 가격에 관한 기초자료, 즉 국정 원가 및 가격 등 현장에서 사용 되는 각종 자료의 입수가 곤란한 것에 기인한다. 따라서 실질자료로 전환할 때 한국 가격을 적용하는 것은 불가피한 방식이지만, 이로 인해 실질 국내총생산이 한국 가격에 영향을 받게 되는 문제가 발생한다. 그러나 실질 국내총생산의 목적은 가격 요인을 제거하고 순수하게 생산량에 관한 정보만을 가지고 연도별 비교·평가하는 데 있기 때문에 한국 가격을 적용하는 것으로 연도별 생산수준 변화를 잘못 파악하 게 되는 위험성은 낮은 편이다. 연도별 생산수준 평가에서 중요한 것은 한국가격, 북한가격 중에서 무엇을 적용하였는지 보다는 평가에 사용된 기초자료의 적절성과 분석의 정확성에 있다.

큰 문제는 아니지만 또 한 가지 문제를 지적할 수 있다. 산업별 실질 GDP와 명 목 GDP의 증가 방향이 다르게 나타날 수 있다는 것이다. 예를 들어, 특정 연도에 북 한의 경제 상황이 좋지 않아서 경제성장률이 마이너스를 기록하였고 대부분의 산업 에서 생산활동이 위축되었지만 A라는 산업에서만 생산활동이 비교적 활발하여 실 제 산업생산량이 전년 대비 증가하였다고 하자. 그리고 그 해에 GDP 산출시 반영 되는 한국의 물가수준이 크게 상승하였다고 하자. 이 경우 A산업의 해당 연도의 명 목 GDP가 증가하여 북한의 전체 명목 GDP에서 차지하는 비중이 높아진다. 따라 서 산업구조에서도 해당연도의 A산업의 비중은 높아진다. 그런데, 해당연도의 물가 수준이 이전 연도에 비해 크게 높아졌다면, A산업의 실질 GDP는 이전 연도의 실질 GDP에 비해 감소한 것으로 나올 수 있다. 실질 GDP는 기준 연도의 가격으로 각 연도의 생산량을 평가하는 것이기 때문에 해당 연도의 물가상승분이 반영되지 않기

---

17 자세한 내용은 한국은행(2021), "국민계정 통계정보 보고서"를 참고하기 바란다.

때문이다. 따라서 실질 GDP 값은 전년 대비 낮은 값을 갖게 되며, 실질 GDP의 증가율로 산출되는 A산업의 성장률이 마이너스 값을 갖게 된다. 즉, 그 해에 A산업의 생산활동은 다른 산업에 비해 잘 가동되어 명목 GDP가 증가하고 산업 비중이 상승하였지만 산업의 성장률은 감소하는 다소 어색한 상황이 만들어 진다. 통계산출 배경에 대해 익숙하지 않은 일반 국민들의 입장에서는 혼란스러울 수밖에 없을 것이다. 만약, 북한의 가격을 적용하여 명목 GDP와 실질 GDP를 산출하였다면 이러한 같은 상황이 발생하였을 때 북한의 가격 변화에서 이유를 찾게 된다면 문제가 없겠지만 한국의 가격 변화로 인해 북한의 명목 GDP와 실질 GDP간의 다소 이상한 움직임이 발생한다는 것은 분명 어색한 상황이다.

셋째, SNA 방법론은 국민총소득(GNI) 지표를 도입하도록 하였다. 한국은행은 1999년부터 국민계정 추계 시 GNI 지표를 도입하였으며 북한의 국민계정 추정 시에도 GNI를 제시하고 있다. 물론, 명목 및 실질 국내총생산 지표를 총 인구수로 나누어 1인당 GDP 지표를 만들 수 있지만 한국은행이 추정하여 발표한 GDP는 생산 측면의 국민소득과 지출 측면의 국민소득, 분배 측면의 국민소득이 서로 일치하는 삼면등가의 원칙이 적용된 것이 아니라 생산 측면에서만 산출한 것이다. 따라서 생산 측면에서 수집된 국내총생산 정보를 총 인구수로 나눈 것으로서 국민소득을 나타내는 지표로 사용하는 것은 적절하지 않으며, 국민소득은 GNI 정보를 활용하는 것이 적절하다.

이상의 논의를 간략히 요약하면, 북한 국민계정 산출을 위한 기초자료의 부족으로 국민소득에 대해서만 자료를 추정할 뿐이며 북한의 가격정보를 사용할 수 없는 상황에서 한국의 가격정보를 사용하여 북한의 실질 GDP를 추정하였고, 1인당 소득 수준은 국민총소득(GNI) 지표로 제공한다는 특징이 있다. 따라서 북한 국민계정 추계 시 SNA 방법론을 적용하였지만 완전한 적용은 아니며 북한의 산업별 국내총생산과 국민총소득 추정시 사용 가능한 데이터 범위 내에서 절차적으로, 구조적으로는 한국의 국민계정 산출 방법론과 동일하게 북한의 국민계정을 추정한다는 것으로 이해하면 될 것이다.

3. 북한의 VNR 국민계정 통계

북한은 2021년 7월 UN 고위급정치포럼(High-level Political Forum, HLPF)에 '자발적 국별 검토보고서(Voluntary National Review, VNR)'를 제출하였는데 여기에는 북한이 추산한 GDP 수치가 포함되어 있다. 그러나 주요 지표에 대해 2019년 및 비교연도의 값만이 제시되었고 연도별 비교가 가능한 시계열 데이터는 수록되지 않았다.

VNR에 담긴 국민계정 지표의 내용을 설명하면 다음과 같다. GDP 및 산업구조에 대한 VNR에 수록된 그래프는 〈그림 7-2〉, 〈그림 7-3〉을 참고하면 이해가 용이할 것이다. 북한의 중앙통계국이 작성한 2015년과 2019년의 국내총생산(GDP), 2015년부터 2019년까지의 연평균 GDP 성장률[18]에는 연평균 1인당 GDP 성장률, 금속, 석탄, 전기, 광업, 기계, 건축 자재 생산, 화학 및 경공업 등 경제기반 산업이 국내총생산에서 차지하는 비율이 제시되어 있다. 이 수치를 한국은행 추정치와 비교하면 다음과 같다.

첫째, 국내총생산(GDP)은 한국은행 추정치와 북한 VNR 수록 통계치의 차이가 크다. 북한은 2019년 국내총생산(GDP)이 335억 400만 달러로 2015년의 1.2배 규모라고 밝혔으나, 한국 통계청의 자료에 의하면 명목 GDP는 1.03배 규모에 불과하며 2019년의 실질 GDP는 2015년에 비해 감소하였다.

둘째, 연평균 GDP 및 1인당 GDP 성장률도 남북한 추정치 차이가 크다. 한국은행은 GDP가 아닌 GNI로 국민소득 추정치를 제공하고 있고 북한은 GDP 값을 제공한다는 차이가 있지만, 이러한 차이의 결과로 보기에는 차이가 크다. 한국은행의 추정에 의하면 북한의 연평균 증가율은 마이너스 성장률을 보여야 하고 1인당 국민소득도 감소 추세를 보여야 한다. 그러나 VNR의 수치는 2015년부터 2019년까지의 연평균 GDP 성장률은 5.1%, 1인당 GDP 성장률은 4.6%로 모두 플러스 값을 나타내었다.

셋째, 산업 비중에서도 남북한 추정치 간 차이가 크다. 수치상으로는 차이가 큰 편이다. 북한은 경제기반 산업[19]이 국내총생산의 38.6% 차지한다고 하였으나, 한

---

[18] CAGR(Compond Annual Growth Rate)은 연평균 증가율 또는 연평균 복합 성장률로 부름. 2015년부터 2019년까지의 CAGR은 2015년부터 2019년까지 매년 몇 퍼센트씩 성장해야 2019년의 GDP에 도달하는지를 의미함.

[19] 금속, 석탄, 전기, 광업, 기계, 건축 자재 생산, 화학 및 경공업

국은행 추정치에서는 44.7%로 비중이 크다. 그러나 산업 비중 산출에 포함된 '산업의 구성'이 알려지지 않았기 때문에 남북한간 수치의 차이는 산업분류 구성상의 차이일 가능성도 있다.

　북한이 어떤 방식으로 자료를 수집하고 정리하며, 어떤 방법론에 의해서 GDP를 산출하였는지에 대해서 확인되지 않았고, 정치적 목적과 의도가 개입되었을 가능성도 배제할 수 없기 때문에 VNR에 담긴 국민계정 지표를 그대로 받아들이기는 곤란하다. 그러나, 북한이 자체적으로 추산하여 공식적으로 발표한 데이터라는 점에서는 의미가 있으며, 다른 자료, 예를 들어 한국은행 추정치, 질적 방법론에 의한 연구기관 및 연구자들의 평가 자료 등과의 비교, 보완, 결합 등을 통해 북한 경제와 산업의 현실을 더 잘 이해하기 위한 도구로 사용하는 것이 적절하다.

표 7-4　　북한 추산(VNR) 국민계정 지표와 한국 통계청 국민계정 지표의 비교

	북한(출처: VNR)	한국 통계청(한국은행 추정치)
통계 작성·발표 기관	중앙통계국	한국은행, 통계청
국내총생산 (GDP)	2015년: 274억 1,200만$ 2019년: 335억 400만$ (2015년의 1.2배)	– 명목 GDP 기준 • 2015년: 34조 1천억원 • 2019년: 35조 3천억원 (2015년의 1.03배) – 실질 GDP 기준 • 2015년: 34조 1천억원 • 2019년: 32조 9천억원 (2015년 대비 감소)
연평균(CAGR) GDP 성장률	5.1% (2015년~2019년)	– 연도별 실질 GDP의 성장률: • 2016년(3.9%), 2017년(–3.5%) • 2018년(–4.1%), 2019년(0.4%)
연평균(CAGR) 1인당 GDP 성장률	4.6% (2015년~2019년)	– 1인당 GNI • 2015년(139.3만원), 2016년(146.1만원) • 2017년(146.4만원), 2018년(142.8만원) • 2019년(140.8만원)
산업이 국내총생산에서 차지하는 비중	38.6% (금속, 석탄, 전기, 광업, 기계, 건축 자재 생산, 화학 및 경공업)	44.7% (광업, 제조업, 전기·가스·수도업, 건설업)

자료: 저자 작성

그림 7-2 북한의 VNR 보고서에서 제시한 1인당 실질 GDP의 연도별 추이

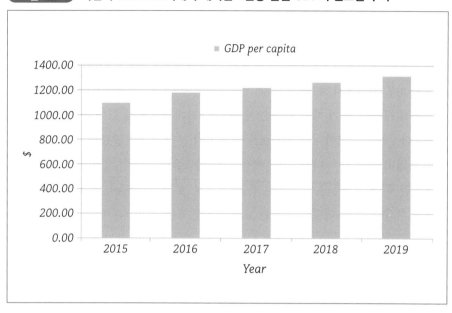

자료: 북한(2021), VNR 보고서의 Figure 6.

그림 7-3 북한의 VNR 보고서에서 제시한 제조업의 부가가치

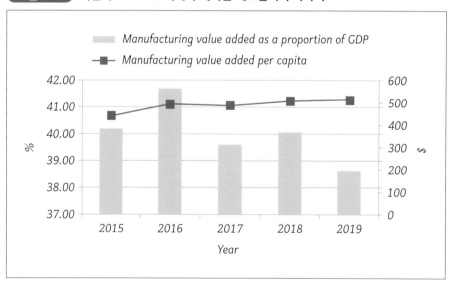

자료: 북한(2021), VNR 보고서의 Figure 7.

4. 평가 및 제언

　남북 관계가 경색된 상황이 장기화되고 있지만 북한 경제, 산업의 실태를 파악하기 위한 정부 및 연구자들의 연구는 멈추지 않고 있으며 오히려 발전하고 있다. 한국은행의 통계는 국내외적으로 가장 공신력있는 통계자료로 활용되고 있는데 자료수집에 대한 큰 제약이 해소되지 않았기 때문에 북한 경제의 실상이 그대로 수치에 반영되었다고 보기는 어렵지만 전 세계적으로 사실상의 유일한 국민계정 추정기관으로서의 가치와 역할, 중요성은 상당하다. 그러나 북한 외부에서 북한의 경제활동을 평가하는 것이기 때문에 측정 방법은 계속 발전해야 하고, 수집된 자료의 분석과 해석의 합리성, 정확성이 높아져야 한다. 이러한 측면에서 북한 국민계정 통계는 보다 개선되어야 한다.

　북한이라는 특수한 지역에 관한 자료조사와 분석이라는 점에서 한국은행의 북한 국민계정 추정 방식과 과정은 간략히만 소개될 뿐이며 자세히 알려지지 않고 있다. 특히, 그 해의 국민계정 세부 항목들의 수치 산출에 영향을 준 산업별 평가 근거들도 발표되지 않고 있다. 국민계정 산출에 활용되는 모든 측정 자료나 방법론을 공개하는 것에는 어려움이 있을 수 밖에 없지만 해당 연도 지표 산출에 관한 평가 근거를 간략하게나마 발표할 것을 제안한다.

　또한, 자료 생산자와 자료 이용자간 양방향의 소통을 통해 이용자의 편익을 높일 뿐만 아니라 소통 과정의 피드백을 통해 자료 생산자의 자료 생산능력 향상도 높여야 한다. 따라서, 『북한 경제성장률 추정 결과』 발표 후에 북한 국민계정 지표 추정 및 전년도 북한 경제, 산업 평가에 관한 공개 합동세미나 개최를 제안한다.

　또한, 최근 북한 경제분야 연구 동향을 보면 연구주제가 다양해지고 있으며 연구기법도 진화하고 있는 것을 알 수 있다. 여러 국책 연구기관과 대학 등에서 인공위성으로 측정한 자료, 즉 야간 조도 데이터, 주간 지면 온도, 대기 중 환경오염물질 측정 자료, 고해상도 사진자료 등을 이용한 경제ㆍ산업 평가가 이루어지고 있다. 산업연구원은 북한 공식매체의 보도자료를 활용한 북한 기업, 산업별 동향과 보도빈도 분석자료를 〈북한 산업ㆍ기업DB〉에 수록하였고, 산업 생산과 설비투자 활동에 특화한 분석자료를 매년 제시하고 있다.[20] 그 외에도 북한의 대외교역과 산업 생산을 연계하는 분석, 북한의 물가와 환율 변화 동향자료 수집 및 분석 등 북한 경제 연구분야에서 축적되고 있는 역량을 통해 북한 국민계정 통계 개선에 기여할 수 있는 채널이 만들어 지기를 희망한다. 물론 이러한 기능과 절차는 현재도 존재하지만 개방성을 더욱 확대하자는 것이 핵심이다.

글을 마치며 국민계정 자료를 이용하는 이용자들에게 국민계정 자료 이용 시의 유의점을 밝히고자 한다. 이 내용은 한국은행이나 통계청의 북한 국민계정에 관한 각종 발표자료와 많은 연구자들의 보고서, 논문 등에서 언급되는 것이다.

첫째, 북한의 지표를 다른 국가의 지표와 직접 비교하는 것은 적절치 않으며 북한의 GDP와 소득통계는 국제비교를 위한 목적보다는 남북한의 경제 규모 및 발전 정도를 비교하는 목적으로 활용하는 것이 바람직하다. 통계청이 발표하는 북한의 국민계정 지표는 북한의 국내총생산 추정에 북한의 가격이 아닌 한국의 가격지표가 반영되었기 때문에 한국 입장에서 북한의 경제력을 평가할 수는 있지만 그 외 목적의 사용은 적절하지 않다는 것이다. 북한의 지표를 다른 국가의 지표와 비교하기 위해서는 북한의 GDP 산출 시 북한의 가격, 구매력 등의 지표가 정확히 반영되어 북한의 지표가 북한의 현실에 대한 설명력을 가져야 한다.

둘째, 한국 원화로 추정된 북한경제 수치를 한국의 대미환율을 적용하여 미 달러화로 전환하는 것이 적절하지 않다.[21] 한국은행 추정치에 미 달러 환율을 적용하면 북한의 경제규모인 국내총생산과 국민총소득이 북한경제의 상황과 관련없는 한국 원화의 대미 달러 환율에 영향을 받게 되기 때문이다.

셋째, 정밀한 분석 방법론의 적용에도 불구하고 자료 접근에 대한 본질적 문제가 해결되지 않았다는 점에서 한국은행의 추정치가 북한의 현실을 그대로 반영하고 있다고 볼 수는 없다. 즉, 북한으로부터 제공받은 자료도 아니며 한국은행의 조사인력이 직접 북한에서 수집한 자료도 아니며 북한 국민계정 추정을 위해 다양한 방법과 경로에 의해 수집한 정보에 기반하는 추정이라는 해소하기 어려운 문제가 있다.

넷째, 북한의 국내총생산 추정치는 생산측면에서 작성된 것으로 생산측면에서

---

20 http://nkindustry.kiet.re.kr/
21 이석 외(2021), 『북한통계 입수 및 서비스 개선 방안』, p.61.

추정된 국내총생산이 북한 주민들의 산업 부문별 최종 소비규모(지출규모)와 같다고 보기는 어렵다는 것이다. 소비 측면에 측정한 국내총생산은 UN 통계국이 추정하여 발표하고 있지만 아직 한국은행에서는 이를 제공하고 있지 않다.

　마지막으로, 북한의 사회주의 국가로서의 특성이 추정치에 정확하게 반영되지 않은 것에서 추정치의 과소평가·과대평가 가능성이 모두 존재한다. 사회주의 국가 특유의 교육, 보건복지, 공공배급제도(public distribution system) 등이 추정치에 정확하게 반영되지 않았기 때문이다. 최대한 사회주의 계획경제의 독특한 특성을 반영해야 하는 현실적인 과제가 존재한다.

제8장

교통물류

이덕행(통일연구원 초청 연구위원)

제8장

：

교통물류

1. 개요

교통물류 분야는 국가의 경제·사회 발전에 매우 중요하다. 하지만 사회주의적 통제체제를 기본으로 하는 북한은 사람과 물자의 이동이 상대적으로 적고, 교통물류 분야의 발전이 상당히 더딘 편이다. 교통물류 분야의 통계는 국방·안보와 밀접한 관련을 갖는 영역이기 때문에 북한이 공개에 매우 소극적이다. 이러한 태도는 북한이 1988년 발간한 『조선지리전서』 표지에 "절대비밀"이라고 명기한 것에서 볼 수 있다. 북한은 개별 운송 수단 보유 대수(철도차량, 차량, 선박, 항공기)에 대해서는 과거에도 공개한 바 없다. 북한은 과거 사회주의 국가들처럼 통계자료 공개에 소극적이다. 특히, 북한이 1970년대 초·중반부터 경제사회 제반 지표가 남한과 비교해 뒤떨어지기 시작한 점도 영향을 주었을 것이다.

북한은 1950년대와 1960년대 초반까지 『조선중앙연감』이나 『노동신문』 등을 통해 교통물류 분야의 통계자료를 공개하였으나, 1960년대 중반 이후부터는 분야별 구체적인 통계수치 제공을 중단하고, 해당 분야에서 전년과 비교해 어느 정도 성과를 보였는지를 설명하였다. 또한 모든 분야의 성과가 매년 전부 제시되는 것도 아니어서 발표된 자료를 추적하여 일관성 있는 통계를 만들기도 어렵다.

1988년 교육도서출판사에서 발간한 『조선지리전서(운수지리)』는 1982년 또는 1983년도를 기준으로 철도, 도로, 수상 운수에 관한 교통물류 분야 통계를 공개하였다. 그러나 그 이후 구체적인 통계 숫자나 근거를 공개한 적이 없다. 북한이 가입한 국제기구인 UNCTAD, UNESCAP, UNDP, OSJD, IATA, ICAO 등에 관련 통계를 일부 제공하고 있으나, 자료 제공 목적과 제공 주기, 제공 통계에 대한 기준 등이 불명확하여 자료의 신뢰성은 낮은 편이다. 현재 사용 중인 통계자료 대부분은 국내 관계기관이 북한의 발표 및 국제기구 제공 자료 등을 종합하여 추정한 것이다. 국제 기구, 해외 기관, 국내 관계기관 등이 추정한 관련 통계는 각각 기준이 달라 한계성이 있다는 점도 충분히 고려되어야 한다.

이 밖에 관심을 가져야 할 부분은 북한에서 사적 영역의 확대이다. 북한에서 교통은 주로 국가에서 공급하는 공적 영역이나, 최근 당국의 묵인 아래 불법 또는 우회 형태의 사적 교통 활동이 확대되고 있다. 종합시장이나 각종 사적 경제활동의 성장 등 북한사회의 변화와 함께 계속 확대되는 분야인 만큼 주목할 필요가 있다. 통계청은 국내 유관 부처의 협조를 거쳐 받은 통계를 'KOSIS 국가통계포털'을 통하여 발표하고 있다. 통계청에서 제공하는 교통물류 분야 통계는 철도 부문 5개(철도 총연장, 전철 총연장, 지하철 총연장, 전철화율, 철도차량 보유 대수), 도로 부문 3개(도로 총연장, 고속도로 길이, 자동차 등록 현황), 항공 부문 1개(항공기 보유 대수), 해운 부문 2개(항만 하역 능력, 선박 보유 톤수) 항목 등이다.

2. 분야별 설명

1) 북한의 철도

(1) 철도의 위상

철도는 북한에서 화물과 여객 수송에 가장 중심이 되는 교통수단이다. 철도는 장거리 대량화물 수송 및 연계 교통수단 역할을 전담하며, 도로는 지역 내 단거리 수송을 맡고 있다. 수송 분담률은 철도가 전체의 80% 이상을 차지하고 있으며, 도로와 해운의 부담률은 매우 낮다.[1] 북한 내각 중에 규모가 큰 중앙부처인 철도성이 철도건설과 운영을 담당하고 있다. 또한 북한은 철도를 전력, 석탄, 금속공업과 더불어 경제건설의 4대 선행부문으로 설정하고 타 분야에 비해 우선적으로 투자해 왔다.

---

[1] 철도의 수송 분담율이 86% 정도이며, 도로는 12%, 해운 수송은 2% 수준이다. 통일부, 『북한정보포털』, "북한개황"(https://nkinfo.unikorea.go.kr).

북한은 해방 직후 49개 노선 총 3,817km에 달하는 철도망을 일제로부터 인수하여 '주철종도(主鐵從道)'형의 교통체계를 마련하였다. 철도를 중시하는 소련과 중국 등 사회주의권의 영향을 많이 받아 총연장은 남한보다도 길다. 관리 상태도 도로보다는 상대적으로 양호한 편이다. 그러나 철도 선로의 98%가 단선으로 운영되며, 70% 이상이 일제 강점기에 건설되어 개보수 부진에 따른 시설 노후화가 심하다. 또 하나의 특징은 지선이 매우 많다는 점이다. 간선 철도로부터 최대 3지선 철도까지 운행된다. 지선끼리는 인접했지만 연결되는 곳이 거의 없으며, 따라서 노선 대부분은 북한의 주요 지점에서 방사상 형태로 뻗어있다. 북한에 고속철도는 아직 없다. 북한 김여정 부부장 등이 2018년 평창 동계올림픽 참가 시 서울-강릉 간 고속철도를 탑승하고 나서 많은 관심을 보였다고 알려졌다.

(2) 철도망 구성

북한의 철도망은 크게 서해안축, 동해안축, 내륙축, 동서횡단축으로 나누어 볼수 있다. 서해안축으로는 평부선, 평의선이 대표적인 노선이다. 동해안축의 기본간선은 평라선이다. 내륙축은 압록강, 두만강 지역, 북부 내륙지역을 연결하는 철도노선으로 만포선, 백두산청년선, 백무선 등이 대표적이다. 동서횡단축으로는 혜산만포청년선, 청년이천선이 있다.[2]

북한의 철도는 13개의 간선과 100여 개의 지선으로 구성되어 있다. 1984년 기준으로 평의선(평양-신의주청년), 평남선(평양-온천), 평부선(평양-개성), 황해청년선(사리원청년-해주청년), 청년이천선(평산-세포청년), 평덕선(대동강-구장청년), 만포선(순천-만포청년), 평라선(간리-라진), 함북선(청암-라진), 백두산청년선(길주청년-혜산청년), 강원선(고원-평강)의 11개 본선이 편제되었다. 이어 1987년 옛 운봉선이 혜산만포청년선(혜산청년-만포청년)으로 연장 개통되면서 본선에 편입되었다. 1996년에는 안변-금강산청년 간 철도가 복원되어 금강산청년선이 개통되면서 총 13개 본선이 확충되었다.[3]

---

2   안병민, "북한교통 인프라 현황 및 통일에 대비한 향후 대응 방향", 『대한토목학회지』, 2012.3, pp. 13-14.

3   『나무위키』(www.namu.wiki, 2023.6.10. 검색).

북한은 압록강과 두만강을 경계로 중국, 러시아와 국제철도를 운영하고 있다. 현재 중국과는 신의주-단동, 만포-집안, 남양-도문 3곳이 연결되어 있으며, 러시아와는 두만강-하산 1곳이 연결되어 있다.

그림 8-1 평양역 전경

출처: NEWSIS 2018. 4. 5.

(3) 철도 총연장

북한이 발간한 『조선지리전서(운수지리)』에 따르면 철도 총연장(철도운영거리)는 1983년 기준 4,886km에 달하며, 이 중 표준궤 철도는 4,256km, 협궤는 630km이다. 아울러 『조선지리전서』는 "총 철도 길이 가운데서 철다리가 108.7km로서 그의 비중은 2.3%이고 차굴은 180km로서 그의 비중이 3.8%이다. 철도 운영선에는 106.1km의 복선이 있는데 넓은 철길 길이의 2.4%에 해당한다. 철도 운영 본선 외에 400개 역에서 분기된 1,543km의 전용선이 있으며 약 1,300개 공장, 기업소의 물동을 나르고 있다"라고 설명하였다.

미국의 싱크탱크 CSIS가 운영하는 인터넷사이트 "Beyond Parallel"은 북한 철도의 약 87%가 대부분 국가가 채택하는 1,435mm의 표준궤를 사용 중이라고 설명하고 있다(Beyond Parallel, "Making solid Track: North Korea's Railway Connections with China and Russia" 2019.1.7.). 표준궤간은 우리나라뿐만 아니라 북한, 중국, 일

본, 미국, 유럽 등 전 세계 80% 이상의 국가에서 사용하고 있다.[4]

국제철도협력기구(OSJD) 통계(Main indices of railways of the OSJD member countries)에 따르면, 북한 철도 총연장은 2011년부터 2020년까지 4,400km로 동일하다. 미국 CIA 인터넷사이트의 "The World Factbook"은 2014년 기준 표준궤 열차는 7,435km(이 중 전철은 5,400km)이며, 이 밖에 협궤열차도 있다고 설명하고 있다. 국내 관계기관이 각종 자료(북한 발간자료, 발표, 영상자료 등)를 종합하여 추산한 북한 철도 총연장은 2011년 5,298km, 2021년 5,311km이다. 지난 10년 동안 거의 변화가 없다.[5]

발표하는 국내외 기관마다 철도 총연장 길이가 다른 것은 기준의 차이(표준궤 열차 외에 협궤열차를 포함하는지, 간선 외에 지선을 포함하는지 등) 때문인 것으로 보인다. 아울러 철도연장이 '철도 키로'(철도차량이 운행할 수 있도록 설비된 본선의 총 거리)인지, '궤도연장'(부설된 궤도의 실측한 길이의 합계. 즉 모든 궤도를 1본으로 연결한 길이)인지, 아니면 '영업 키로'(운수 영업을 표시한 구간거리로서 수송량과 운임계산의 기초)를 의미하는 것인지 등에도 기인한다. 북한은 철도 총연장을 운영 거리(영업 키로) 기준으로 발표하였다.

---

4   열차 궤간은 폭에 따라 크게 3가지로 나뉜다. 궤간의 폭이 1,435mm이면 '표준궤간', 1,435mm보다 폭이 넓으면 '광궤간', 1,435mm보다 폭이 좁으면 '협궤간'이다. 궤간의 사전적 정의는 '선로에서 양 레일 간의 거리로 레일 두부 상면으로부터 아래쪽 14mm 점에서 상대편 레일 두부의 동일점까지의 내측 최단 거리'이다. 광궤구간은 표준궤간보다 폭이 넓은 궤간으로 궤간의 폭이 1,435mm 이상이다. 현재 러시아, 인도, 몽골, 스페인, 포르투갈 등에서 사용되고 있는데 구소련 국가에서도 많이 적용했다. 광궤구간은 궤간이 폭이 넓으므로 수송력과 수송효율이 높고, 표준궤간보다 고속 운행이 쉽다. 상대적으로 운행 안전성이 높다는 장점도 있다. 그러나 궤간의 폭이 넓어서, 건설비가 증가하고 표준궤간보다 선형 확보가 어렵다는 단점이 있다.
협궤구간은 표준궤간보다 폭이 좁은 궤간으로 궤간의 폭이 1,435mm 이하이다. 현재 일본국철, 인도네시아, 호주, 뉴질랜드, 태국, 남아프리카 등에서 사용되고 있다. 우리나라에도 과거에 협궤구간을 사용한 철도가 존재하였다. 수인선과 수려선이 대표적인데, 궤간의 폭이 762mm였다. 수인선은 수원과 인천을 이어주는 노선으로 협궤열차가 1995년까지 운영됐다. 『철도경제신문』(https://www.redaily.co.kr)
5   2021년을 기준으로 북한 철도는 한국의 철도 총연장보다 1.3배 더 많은 궤간을 보유하고 있다. 그러나 북한 철도의 98%가 단선으로, 복선을 포함할 경우 한국의 궤도 총 연장은 9,874km로 북한의 1.86배에 이른다.

(4) 전철 총연장 및 전철화율

『조선지리전서』에 따르면 1984년 표준궤 철도(4,256km)의 전기철도길이는 총 2,872.5km로서, 철도 전기화 비중은 67.1%이다. 또한 1984년 전기기관차에 의한 견인 비중은 87.9%이며, 1982년 기준으로 전기기관차 비중이 45%(증기기관차 45%, 내연기관차 10%)이다. 전철화되지 않은 철도는 내연이나 증기기관차를 사용하는데, 전력공급이 원활하지 않은 탄광, 기타 특별한 지역에서 운행되는 열차로 알려져 있다. 북한 관련 인터넷신문인 『DAILY NK』는 북한이 발행한 '철도안내도'(발간 연도 미상)에 따르면 대부분 철도 노선의 전철화가 진행돼 있다고 다음과 같이 보도하였다.[6]

"전기화가 완료된 주요 노선은 북한 철도의 중심축인 평의선(평양-신의주), 평라선(평양-라진), 강원선(함경남도 고원-강원도 평강), 해주청년선, 함북선, 강계선, 평북선, 평덕선 등 26개 노선으로 되어 있다. 내연기관이나 증기기관으로 운행하는 노선은 서해갑문선, 안주탄광선, 청년팔원선 등으로 지역적으로 15개 노선이다."

국내 관계기관이 추산한 북한의 전철 총연장은 2021년 기준 4,293km, 전철화율은 81.2%이다. 한국의 전철화 비율 78.1%에 비해 높다. 북한이 철도 신설이나 복선화보다 전철화에 주력한 것은 북한의 에너지 공급 구조와 지형적 특성에 기인한다. 전기기관차의 마력이 디젤기관차보다 커 열차편당 수송 능력이 2배 이상 증가하고, 경사가 심한 북한의 산악지형에 적합하기 때문이다. 또한 수력발전 등으로 전력을 자급할 수 있는 전기기관차를 통해 동력의 자급화를 도모하자는 의도도 있었다. 그러나 1990년대 이후 만성적인 전력난으로 인해 북한 철도의 높은 전철화율은 역설적으로 철도의 정상적인 운행에 심각한 차질을 초래하고 있는 실정이다.

『조선지리전서』에 따르면 1980년 기준 지역별 철도 총연장은 다음 표와 같다.

6　『DAILY NK』, 2019.1.16.

표 8-1	지역별 철도 총연장 (1980년 기준)

단위: km, %

구분	전체	평양시	평안남도 및 남포시	평안북도	황해남도	황해북도
길이	4,761.7	195	672	637.7	341.8	245
비중	100	4.1	14.1	13.4	7.2	5.1
구분	개성시	강원도	자강도	함경남도	함경북도	량강도
길이	21	242.3	315	795.9	972	324
비중	0.5	5.1	6.6	16.7	20.4	6.8

그림 8-2	북한철도안내도

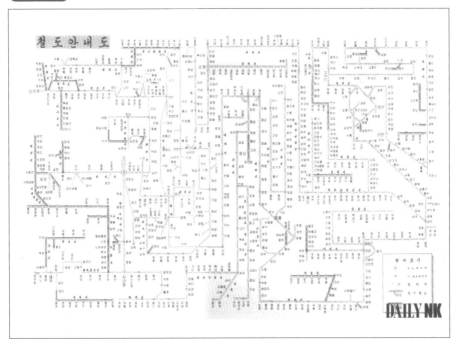

출처: DAILY NK 2019년 입수, 발간 연도는 미상

2) 북한의 지하철

현재 북한의 수도인 평양에서만 지하철이 운영되고 있다. 평양 지하철은 1968년 착공하여, 1973년 9월 6일 처음 개통되었는데, 운영노선은 2개 노선(천리마선, 혁신선), 17개역, 총 34km에 달한다.[7] 평양의 남과 북을 연결하는 천리마선은 1973년 개통 당시 봉화역에서 붉은별역까지 6개 역을 운행하다가, 1987년 영광역과 부흥역까지 연장되었는데, 운행거리는 14km이다. 동과 서를 연결하는 혁신선은 1975년 10월 혁신역에서 락원역까지 4개 역에 운행되다가, 1978년 9월에는 광복역까지 4개 역이 연장되어 총연장은 20km이다. 두 열차가 환승하는 역은 천리마선의 전우역과 혁신선의 전승역 1곳 뿐이다.[8] 천리마선 연장 공사(봉화-영광-부흥)가 1987년 9월 종료된 이후 새로 건설된 지하철은 없다. 북한은 혁신선 광복역에서 시작하여 만경대지역을 통과한 뒤 천리마선 부흥역으로 연결되는 지하철 노선 확장을 2000년 10월까지 완료한다는 계획을 가지고 있었으나 실제 공사가 이루어지지는 못한 것으로 알려졌다.[9]

> **그림 8-3** 평양 지하철 '종합안내판'

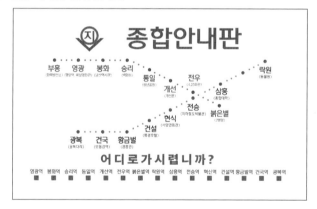

출처: KDB 산업은행, 『북한의 산업 2020』, p. 168.

---

7   혁신선 광명역은 김일성과 김정일의 시신이 안치된 '금수산 태양궁전'과 연결되어 있어 운행이 중지되어, 평양 지하철은 현재 16개 역만 운행하고 있다. KDB 산업은행, 『북한의 산업 2020』, pp. 165-166.

8   평양 지하철 천리마선(8개역): 붉은별-전우-개선-통일-승리-봉화-영광-부흥.
    평양 지하철 혁신선(9개역): 락원-광명-삼흥-전승-혁신-건설-황금벌-건국-광복.

9   통일부, 『북한정보포털』, "북한개황"(https://nkinfo.unikorea.go.kr).

평양의 지하철은 지하 150~200m 깊이에 건설되었는데, 전시에 주민소개 및 대피를 위한 방공호로서의 목적과 폭격 등에 영향을 받지 않는 안전한 수송로 확보를 위한 것으로 알려져 있다. 지하철 내부의 통로나 승강장은 고가의 대리석 및 대형벽화 등으로 치장되어 있어 지하철역을 북한 주민 사상 교양 및 외국인에 대한 체제선전 참관코스로 이용하고 있다.

평양 지하철은 통상 객차 4량을 연결하여 5시 30분부터 22시 30분까지 운행하며 출·퇴근시에는 2분 간격, 평시에는 5분에서 7분 간격으로 운행하도록 되어 있다. 그러나 전력사정 등으로 출퇴근 시간을 제외하고는 배차 간격이 불규칙하다고 알려져 있다. 2010년대에 들어 지하철에 교통카드 방식의 IC 카드 인식 개찰기가 도입되었다. 매표소에 카드와 돈을 내면 역무원이 충전해 주는 방식이다. 외국 관광객 및 교통카드 미소지자는 종이 승차권을 구입하여 사용한다.[10]

그림 8-4 지하철 부흥역을 이용하는 평양 시민들

출처: AP/뉴시스, 2019.9.11.

---

10 KDB 산업은행, 『북한의 산업 2020』, p. 167.

3) 철도차량 보유 대수

북한은 철도차량 총 보유 대수 통계를 공개한 적이 없다. 『조선지리전서』는 철도차량(기관차, 객차, 화차) 보유 수의 성장(%)을 기준연도인 1960년와 비교하여 설명하였다. 『조선지리전서』는 1960년에 비하여 1982년에는 기관차수는 1.7배, 화차수는 2.1배, 객차수는 1.8배로 각각 늘어났으며 기관차에서 전기기관차의 비중은 5%로부터 45%로 9배나 늘어났다고 밝혔다. 국내 관계기관이 추산한 2021년 기준 북한의 기관차는 1,109대, 객차는 1,851대, 화차는 22,648대이다. 철도 차량 보유대수는 2000년대 중반 이후 계속 감소하는 추세에 있다. 기관차와 객차 숫자는 2007년(기관차 1,224, 객차 2,227) 이후 줄어들고 있으며, 화차도 2013년 24,896대에서 계속 감소하고 있다. 이는 북한의 전반적인 경제사정뿐만 아니라 교통운수 분야에서 철도가 차지하고 있는 위상의 변화를 반영한 것으로도 해석할 수 있다.

4) 북한의 도로

(1) 도로의 위상 및 간선 도로망

북한에서 도로는 철도교통을 보조하는 수단으로서의 역할을 하고 있다. 도로는 철도역과 주변지역을 연결하는 기능을 담당하며, 주로 150~200km 내 단거리 운송을 위주로 한다. 도로는 지역 간 교통수단이라기보다는 지역 내 연결 수단으로 건설, 운영되어 왔다. 그러나 최근 비공식적인 민간부문 활동이 활성화됨에 따라 그 위상에도 변화가 있을 것으로 보인다.

간선도로망은 평양을 중심으로 서해안에 집중되어 있는데, 대부분 동서 해안을 따라 철도와 병행하여 건설되었다. 주요 도로망은 국도 1호선과 연계되는 서해안축(해주-평원, 개성-신의주), 국도 7호선과 연계되는 동해축(고성-선봉), 국도 3호선과 연계되는 북부내륙축(평강-후창, 신북청-해산, 평강-초산), 동서연결축(평양-원산, 장산곶-덕원), 동서국경축(신의주-온성)의 5개 축으로 구성되어 있다[11]

질적인 면에서 볼 때 고속도로를 제외한 도로포장률은 10% 미만이며 간선도

---

11 안병민, "북한교통 인프라 현황 및 통일에 대비한 향후 대응 방향", 『대한토목학회지』, 2012.3, pp. 13-14.

로 대부분이 왕복 2차선 이하이다. 또한 노면의 균열이 심하며 평탄성이 낮아 평균 주행속도가 50km/h 이하로 제한적이고, 도로안전시설 설치도 부족하다고 알려져 있다.

(2) 도로 총연장

『조선지리전서』에 따르면 1982년 현재 고속도로와 1~6급에 이르는 도로의 총길이는 60,537.6km(도시 도로 제외)에 달한다. 도시 도로의 연장 길이는 3,087km로서 국토관리부문 도로와 합친 총연장 길이는 63,624.6km이다. 북한은 1964년 김일성 교시와 이를 구체화한 북한 '도로법'에서 도로를 고속도로와 1~6급 도로 등 총 7등급으로 구분하고 있다. 국내 관계기관에서 추계한 2021년 기준 북한 도로 총연장은 26,203km. 이는 '리와 리', '마을과 마을'을 연결하는 5급과 6급 도로를 제외한 통계인 것으로 보인다.

철도 부문에서 거의 변화가 없는 것과 달리, 도로 총연장은 소폭이나마 증가하고 있으나 큰 의미가 있는 수준은 아니다. 국내 관계기관이 파악한 바에 따르면 도로 총연장은 2011년 26,110km에서 지난 10년 동안 약 93km 증가하였다.

『조선지리전서』에 따르면 1982년 기준 북한의 도로 등급 및 대상 도로는 다음 표와 같다.

표 8-2 **북한의 도로 등급 및 대상 도로 (1982년 기준)**

등급별	노선 수(개)	길이(km)	비고
전국계		60,537	
고속도로	2	232.9	
1급 도로	10	2,289.7	평양과 도 연결
2급 도로	29	4,299.6	도와 도 연결
3급 도로	145	5,939.3	도와 군, 군과 군 연결
4급 도로	638	8,334.2	군과 리 연결
5급 도로		7,697.4	리와 리 사이
6급 도로		31,744.5	마을과 마을, 포전 도로

(3) 고속도로

『조선지리전서』가 발표한 1982년 기준 북한의 고속도로는 2개 노선 총 232.9km 이다. 이 중 평양-원산 고속도로는 188.9km, 평양-남포 고속도로는 44km이다. 고속도로는 당시 북한 전체 도로의 0.4%를 차지한다. 북한의 동과 서를 연결하는 평양-원산 고속도로는 평양시(36km), 황해북도(98km), 강원도(54.9km)를 관통하고 있다. 1973년 5월부터 현지답사와 측량을 시작하여, 1973년 7월에 착공하고 1978년 개통하였다. 『조선지리전서』는 고속도로 구간에는 80여 개의 다리와 20여 개의 굴이 있으며, 평양-원산 사이를 약 2시간이면 달릴 수 있다고 설명하였다. 평양-남포 고속도로는 수도 평양과 항구도시 남포를 연결하는 고속도로로서 평양시(8km)와 남포시(36km)를 통과하고 있다. 1981년 건설이 완료되었다.

국내 관계기관에 따르면 2021년 현재 북한의 고속도로는 총 6개 노선 658km에 달한다.[12] 6개 노선은 평양-개성(164km), 평양-남포(41km), 평양-향산(122km), 평양-원산(196km), 평양-강동(34km), 원산-금강산(101km) 등이다.[13]

| 표 8-3 | 북한의 고속도로 (2021년 기준) |

단위: km

구간	연장(km)	포장형태	차선	개통시기
평양-개성	164	아스팔트	4	1992년
평양-남포	41	아스팔트	12	2000년
평양-향산	122	아스팔트	4	1995년
평양-원산	196	콘크리트	2~4	1978년
평양-강동	34	아스팔트	4	1989년
원산-금강산	101	콘크리트	4	1989년
합계	658			

---

12 북한의 고속도로 658km는 남한의 고속도로 4,866km의 13.5% 수준이다.

13 통일부, 『북한정보포털』, "북한개황"(https://nkinfo.unikorea.go.kr).

(4) 도로관리

김일성은 1964년 2월 10일 내무성 및 도시경영성일군협의회에 참석하여 일반 도로를 1~6등급으로 나누고 책임 한계를 구분하도록 지시하였다.[14] 북한은 평양-원산 고속도로를 건설하면서 도로를 총 7등급으로 나누어 관리하고 있다. 이 중 고속도로와 3급까지 도로는 중앙정부에서, 4급 도로는 도에서, 5급 도로는 군에서, 6급 도로는 리에서 관리하도록 규정하였다. 중앙정부에서 지원하는 일반 1~3급 도로는 남한의 국도 및 국가지원 지방도에 해당한다고 볼 수 있으며, 북한 기간망으로서의 의의가 있다. 북한은 도로와 자동차 운송 관리 등을 위해 『도로법』, 『도시경영법』, 『자동차운수법』을 제정, 공포하는 한편, 관련 규정도 제정하여 시행하고 있다.

5) 자동차 등록 대수

북한이 자동차 등록 대수에 관해 공식적으로 발표한 통계는 없다. 『조선지리전서』는 화물자동차 보유 현황을 도별 비율로 공개한 바 있다. 1981년 기준 평양이 17.9%로 가장 높고, 평안남도가 14.6%, 함경남도 10.5%, 함경북도 10.0%, 평안북도 9.4%로 나타난다. 인구 밀집 지역인 평양, 수도권 지역인 평안남도, 중화학공업단지와 지하자원 생산거점 소재지인 함경남도, 함경북도, 중국과의 무역거점인 평안북도 순으로 화물차량 보유가 많은 것으로 보인다. 국내 관계기관이 추산한 2021년 기준 북한의 자동차 등록 대수는 25만 3천 대 정도이다.

---

14 『김일성저작집』 18권, pp. 178-179.

그림 8-5 북한이 발간한 도로리정도

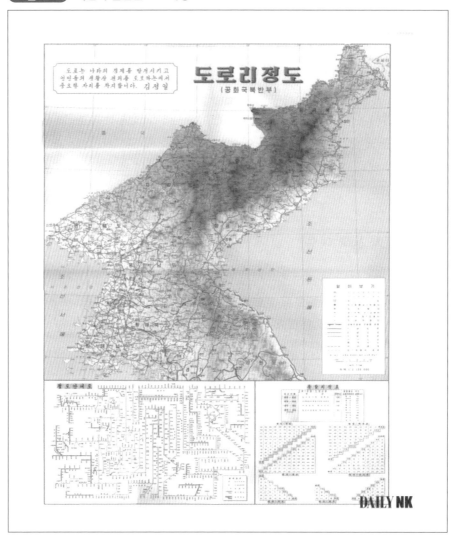

6) 북한의 항공교통

북한은 1946년 '북조선항공건설위원회'를 설치하고 1949년 '민간항공주식회사'를 설립하였다. 민간항공주식회사는 교통성 산하 항공관리국으로 개편되었다가 1960년 북한 공군 소속의 '조선민용항공총국'(조선민항)으로 독립하였다. 항공사명은 1992년 '조선민항'에서 '고려항공'으로 바뀌었다. '민간용 항공법' 제정에 따라 2002년 고려항공이 '조선민용항공총국'에서 독립하였다. 조선민용항공총국은 조선인민군 항공 및 반항공사령부 219부대의 대외명칭으로 알려져 있으며, 항공운수와 공항에 관한 제반 사항을 총괄하는 기관이다.[15]

국제선은 중국의 베이징, 선양, 러시아의 블라디보스토크에 취항하고 있다. 2016년 이전에는, 외교관과 노동자 운송 등을 위해 방콕·싱가포르·쿠알라룸푸르·쿠웨이트 시티(이슬라마바드 경유) 노선이 있었으나, 대북제재로 인해 해당 노선들이 모두 단항되고 중국, 러시아 정도로 노선이 좁혀졌다. 코로나-19 영향으로 국제선 운항도 중지되었으나, 최근 평양-북경 간 국제선 운항이 재개되었다. 국내선은 1954년 5월 평양-함흥-청진 간 운항을 개시했는데, 현재 국내선 정기노선은 없고 필요에 따라 부정기적으로 운영되는 것으로 알려졌다.

북한에는 국제비행장 2개, 민군 겸용비행장 3개, 기타 군용비행장 51개 등 총 56개의 공항이 있는 것으로 추정된다. 국제공항으로는 순안비행장이 있으며 국내선 운항을 위해 순안·원산·선덕·청진·혜산·삼지연·순천·과일 등에 민수용 항공터미널이 설치되어 있다.[16] 이 중 보잉 B737-500 항공기의 이륙이 가능한 1,615m 이상의 포장 활주로를 보유한 공항은 25곳이다. 비행장의 지역별 분포를 살펴보면 평양 4, 남포 2, 함북 4, 함남 5, 평북 8, 평남 5, 황북 7, 황남 7, 강원 9, 자강 1, 량강 4개 등이다. 남북 접경지역인 황해북도, 황해남도, 강원도 등 3개 도에 전체의 41%에 달하는 23개 공항이 있다.

북한 유일의 국영 항공사인 고려항공(Air Koryo)은 국제항공운송협회(IATA)에 가입하고 있는데, IATA code는 JS이다. 북한의 민간 항공기 보유 대수에 관한 공식 발표 통계는 없다. 국내 관계기관이 파악한 북한의 민간 항공기 보유 대수는 총 24대이다. 일본의 Fly Team(https://flyteam.jp/airline/air-koryo/aircrafts) 사이트는 북한 고려항공의 기체 번호에 기초하여 현재 운용 중인 항공기는 17대, 퇴역(보관) 항공기는 8대로 분석하고 있다. 북한에 대한 서방의 제재 등으로 북한에서 운용되는

---

15 한국교통연구원, 『남북한간 정기 항공운송 개시를 위한 기초연구』(2006), p.25.
16 『다음백과』(2023.6.10. 검색)

항공기는 옛 소련 시대의 기종들이다.[17]

7) 북한의 해운교통

(1) 해운교통 현황과 정책

북한은 약 3,000km에 달하는 해안선을 보유하고 있으나, 동해와 서해가 분리되어 지역 해운 운송 발전에 어려움을 가지고 있다. 북한의 대외교역이 점차 축소되고, 최근에는 코로나-19에 따른 국경봉쇄의 영향 등에 따라 해운이 교통 운수에서 차지하는 비중은 더욱 줄어든 것으로 보인다.[18] 해양산업과 인프라도 매우 낙후된 것으로 보인다. 국제해사기구(IMO)에 등록된 북한 선박의 평균 건조일은 1970년 10월로 선박의 선령이 50년을 넘은 것을 확인할 수 있다.[19]

북한은 2021년 개최된 제8차 당대회(2021.1.5~1.12)에서 밝힌 국가경제발전 5개년(2021~2025) 계획에서 육해운부문의 활성화를 내세우며 동해에 있는 원산항을 세계적인 항구로 만들겠다고 밝힌 바 있다. 한편, 김정은은 2022년 9월 8일 최고인민회의 제14기 제7차 회의 시정연설에서 동서를 잇는 대운하 건설 구상을 내놓으며 반드시 성공시키겠다는 입장을 밝혔다.[20]

---

17 현재 운용 중인 항공기
     AN 24 3대(기체번호 P-532, 533, 537)
     TU-154/155 2대(기체번호 P-552, 561)
     IL-62 4대(기체번호 P-618, 881, 882, 885)
     TU-204 2대(기체번호 P-632, 633)
     AN-148 2대(기체번호 P-671, 672)
     TU-134 1대(기체번호 P-814)
     IL18 1대(기체번호 P-835)
     IL76 2대(기체번호 P-912, 914)

18 1990년 기준 한국 해운수송은 30%에 달하는 반면, 북한의 해운수송은 3%에 불과하여 육상의 철도·도로 대비 거리, 빈도, 물량, 비중 등이 제한적이다. 윤인주·진희권, "북한 해양통계의 특징과 시사점" 2021.12, 『북한통계포털』(http://kosis.kr)

19 채수란, "북한 교통·물류 통계 현황과 개선 방안 토론문" 『고려대학교 통일융합연구원 제4차 심포지엄』(2023.6.16).

20 『로동신문』, 2022.9.8.

"나라의 동·서해를 연결하는 대운하 건설을 비롯한 전망적인 경제 사업들에 대한 과학적인 타산과 정확한 추진 계획을 세우며 일단 시작한 다음에는 국가적인 힘을 넣어 반드시 성공을 안아 와야 합니다."

(2) 북한의 주요 무역항

『조선지리전서』에 따르면 북한의 8대 주요 무역항의 하역 능력(Cargo Handling Capacity at Ports)은 1981년 기준 약 2,288만 톤에 달한다. 항구 별로는 남포항 600만 톤, 흥남항 248만 톤, 청진항 460만 톤, 송림항 125만 톤, 해주항 160만 톤, 원산항 60만 톤, 선봉항 450만 톤, 라진항 185만 톤이다. 『조선지리전서』에 따르면 1984년을 기준으로 주요 무역항 별 대외무역 화물 취급량, 무역항 별 화물 취급량에서 수출, 수입의 비중은 다음 표와 같다.

표 8-4 　무역항별 대외무역화물 취급량 비중 (1984년 기준)

항구명	남포항	흥남항	청진항	해주항	송림항	원산항	라진항	선봉항
비중(%)	28.9	11.5	24.2	9.8	2.9	2.8	9.8	10.6

표 8-5 　무역항별 화물 취급량에서 수출 대 수입의 비중 (1984년 기준)

항구명	남포항	흥남항	청진항	해주항	송림항	원산항	라진항	선봉항
수출	85.0	65.8	85.3	96.4	42.9	77.8	59.9	0
수입	15.0	34.2	14.7	3.6	57.1	22.2	40.1	100.0

국내 전문가 및 연구기관이 조사한 2019년 기준 북한의 주요 무역항 현황은 다음 표와 같다.

표 8-6 **주요 무역항 현황 (2019년 기준)** [21]

구분	항구명	하역능력(만톤)	접안능력(만톤)	최대수심(m)	부두연장(m)	주요화물	대외항로	무역비중(%)
동해	나진	700	2.0	15	4,000	석탄, 비료, 원목	속초, 부산	9.3
	선봉	200	25.0	12	1,253	원유, 석유화학제품		10.6
	청진	동항 87	2.0	12	3,000	곡물 등	블라디보스톡	24.2
		서항 1,069	2.0			석탄, 철강		
	흥남	260	1.5	12	2,100	시멘트, 선철, 철강		11.5
	원산	170	1.0	10	3,166	시멘트, 무연탄, 수산물	블라디보스톡, 시모노세키	2.8
서해	남포	1,351	5.0	8~13	4,000	석탄, 시멘트	상해, 동남아, 중동, 유럽	28.9
	송관		1.0					
	대흥		수천톤					
	해주	240	0.7	10	1,348	시멘트, 기타광석		9.8
	송림	160	2.0	10	900	철광석, 석탄		2.9
전체		4,237			19,767			100

　　국내 관계기관에서 추산한 2021년 기준 하역 능력은 4,361.1만 톤이다. 북한의 항만 하역 능력은 2014년 큰 폭으로 증가하였는데, 이는 나진항 등의 시설 현대화에 따른 것으로 분석된다.

21　KDB 산업은행, 『북한의 산업 2020』, pp. 212~213.

(3) 선박 보유 톤수

유엔무역개발회의(UNCTAD)가 제공하는 통계에 따르면 북한의 국적선 보유량은 2021년 기준 1097천 DWT로, 이는 전년도에 비해 약 3.6% 증가한 것이다. 국내 관계기관이 추산한 2021년 기준 북한의 선박 보유 톤수는 99만 G/T이다. 국내 관계기관은 총톤수(G/T: Gross Tonnage), UNCTAD는 재화중량톤수(DWT: dead weight tonnage)를 각각 사용하였다. 선박의 적재능력을 기준으로 보면 2021년 기준 일반화물선이 68.5%, 벌크선이 17%, 유조선 7.6%, 기타 4.3%, 컨테이너 2.7% 등의 순이며 이는 2005년에 비교하여 일반화물선의 비중이 줄고 유조선의 비중은 늘어난 상태이다.[22]

표 8-7	국내 · 외 기관별 북한의 교통물류 통계 종합			
	북한	국제기구	미국	국내 관계기관
철도 총연장	조선지리전서 1983년 4,886km (영업선 기준)	OSJD 2011년이래 4,400km	CIA 2014년 7,435km	2011년 5,298km, 2021년 5,311km
전철 총연장 (전철화율)	2,872km (67.1%)		5,400km	2021년 4,293km (80.8%)
지하철 총연장	34km			
철도차량 보유 대수				2021년 기관차(1,109), 객차(1,851), 화차(22,648)
도로 총연장	1-6급 도로: 1982년 60,537.6 km 도시도로 3.087km 고속도로: 1982년 2개 노선 232.9km			도로: 2021년 26,203km 고속도로: 2021년 6개 노선 658km
자동차 등록, 항공기 보유				자동차: 2021년 253천대 항공기: 2021년 24대
항만 하역 능력	조선지리전서 1981년 2,288만 톤			2021년 4,361.1만 톤
선박 보유 톤수		UNCTAD 2021년 1097천DWT		2021년 99만 G/T

22   윤인주 · 진희권, "북한 해양통계의 특징과 시사점", 2021.12, 『북한통계포털』(http://kosis.kr).

표 8-8 교통물류 남북한 비교

	남한	북한
철도 총연장	2011년 3,559km 2021년 4,129km	2011년 5,298km 2021년 5,311km
전철 총연장, 전철화율	2021년 3,273.7km	2021년 4,293km
	78.1%	80.8%
지하철 총연장	737.8km	34km
철도차량 보유 대수	2021년 기관차 3,088 객차 680 화차 9,813	2021년 기관차 1,109 객차 1,851 화차 22,648
도로 총연장, 고속도로	2021년 113,405km	2021년 26,203km
	2021년 4,866km	2021년 658km
자동차 등록, 항공기 보유	2021년 24,911.1천대	2021년 253천대
	2021년 724대	2021년 24대
항만 하역 능력	2021년 1,296,818천톤	2021년 43,611천톤
선박 보유 톤수	2021년 5,630만 G/T	2021년 99만 G/T

3. 메타데이터 검토 분석

1) 북한 기원 통계

(1) 조선지리전서(운수지리)

북한 교육도서출판사에서 1988년 발간한 『조선지리전서(운수지리)』에서는 해방 이후 1980년대 초까지 철도운수(84년까지), 자동차 운수(82년까지), 해상 운수(84년까지) 등 교통 통계를 공개하였다. 『조선지리전서(운수지리)』는 발간 당시 책 표지 전면 상단에 "절대비밀"이라고 표시하여 통계자료에 대한 북한의 태도를 보여주고 있다. 『조선지리 전서(운수지리)』 이후 외부에 공개된 교통 통계는 거의 없기 때문에 (외부에서는) 북한 매체를 통해 추가자료를 입수하면 『조선지리전서(운수지리)』 통계자료를 수정하는 방법으로 통계자료를 갱신해 왔다.

(2) 국토관리학(대학용)

고등교육도서출판사에서 2007년 개정 발간한 이 책에는 토지관리, 산림관리, 도로관리, 연안·령해관리 등 교통물류 분야 이해에 도움이 될 만한 내용이 포함되어 있다.

(3) 조선중앙연감

매년 발간되는 『조선중앙연감』에는 주요 분야의 기초 통계자료가 공표되었으나, 세부적인 내용은 생략되어 있었다. 또한, 매년 공개하는 자료의 범위가 조금씩 달라 통계를 추적하여 전체를 파악하기가 곤란하였다. 1960년대 초반부터 전년 대비 성과(%)를 제공하는 방식으로 연감 기술방식이 바뀌었다. 현재는 해당 분야에 대한 사업 방향 및 성과를 구체적 숫자 없이 정성적인 방식으로 기술하여 통계적으로 의미 있는 자료를 전혀 찾아볼 수 없다.

(4) 광명백과사전 17(화학공업, 경공업, 건설, 운수, 체신)

백과사전출판사에서 2006년부터 발간하는 『광명백과사전 17』은 해당 분야에 대한 교시와 정치적 성과 위주로 집필되어 구체적인 통계를 확인할 수는 없다.

(5) 도로리정도

교육도서출판사에서 발간한 지도로 북한 전역의 철도 노선과 세부 역명, 고속도로 노선도 등을 개괄적으로 볼 수 있다.

2) 국제기구 및 다른 기관 제공 통계

(1) OSJD report

국제철도협력기구(OSJD)는 1956년 소련·중국·카자흐스탄·북한 등 유럽과 아시아의 과거 사회주의 국가를 중심으로 구성된 '철도의 국제적 운행'을 위한 국제기구로 한국도 2018년 가입하였다. 매년 『Report on OSJD activities』를 발간하여 철도운송과 관련된 각종 통계(철도·전철 길이, 철도 수송객, 화물 운송량 등)를 제공하고 있다. 과거 러시아·중국어 등으로만 발행되었으나, 최근 영문판도 발간하고 있다. 북한의 경우 제공 자료가 업데이트되지 않아, 2011년 이후 통계의 변동이 없다.

(2) UNCTAD STAT 'Country profiles'

유엔무역개발회의(UNCTAD)는 매년 국가별로 인구, 국토면적, GDP, GDP 성장률, 상품 교역, 운송 서비스 교역 규모 등 일반적 경제 통계(general profile)를 간략하게 제공하고 있다. 해운 관련 주요 통계(maritime profile)로서 해안 면적, 조선, 선박 보유량(숫자, 톤수), 해상운임, (외국선박의) 항구 방문 횟수 등에 관한 개괄적 통계도 포함되어 있다. 아울러, 경제지표별로 해당 연도 세계 경제에서 차지하는 비중도 숫자와 도표로 간략히 설명하고 있다.

(3) UNCTAD 『Review of Maritime Transport』

유엔무역개발회의는 매년 『Review of Maritime Transport』를 발간하여 세계 해운 동향을 발표하고 관련 통계 및 분석 자료 제공한다.

(4) 기타 기관

CIA 'The World Factbook', World Bank, Janes World Railways, IATA, Fly Team(https://flyteam.jp/airline/air-koryo/aircrafts)

4. 평가 및 제언

1) 평가

북한은 1980년대 초반을 기준으로 통계를 공개한 이래 현재까지 육상, 해상, 항공 관련 통계를 거의 공개하지 않았다. 국내 관계기관은 추적해 온 각종 자료를 바탕으로, 북한이 간간이 국제기구(OSJD, UNCTAD 등)에 제공하는 자료 등을 활용하여 현황을 파악하여 왔다. 북한의 경제난 등으로 국토·교통 분야 인프라는 상대적으로 변화가 적고, 위성 등 영상 장비 활용 등을 통해 양적 측면에서 실상의 변화를 파악하는 데 큰 어려움은 없어 보인다.

하지만, 현재 가능한 통계만으로 북한의 현실을 파악하는 데 어려운 측면이 많다. 첫째, 현재 통계자료는 질적 측면에 대한 설명 없이 양적 측면에서만 설명하고 있어 현실의 정확한 파악이 곤란하다. 예를 들어 철도의 경우 외관상 총 길이는 측정 가능하지만, 질적 수준에서 어느 정도 수송 능력을 갖고 있는지 파악하기는 어렵기 때문이다. 둘째, 북한 교통물류 인프라의 심각한 노후화에 대한 객관적 해석의 어려움이다. 북한의 교통인프라는 일제강점기에 건설된 경우가 많고, 또한 최근에 건설된 인프라도 적정한 유지보수가 되지 않아 제 기능을 발휘하지 못하고 있다. 셋째, 실질적인 교통물류 인프라의 운영실태를 알기 위해서는 운송실적에 대한 통계가 있어야 하는데 이러한 통계수치는 확보하기가 어렵다.[23] 아울러, 북한에서 개인의 사적 경제활동 증가와 '시장화'에 따라 이를 뒷받침하기 위한 교통 운수 분야의 활동도 당국의 묵인 아래 다양한 형태로 증가한 것으로 보인다. 이러한 상황이 지속되면 북한의 현실과 국내에서 파악하고 있는 통계지표 간에 상당한 괴리가 발생할 우려가 있다.

2) 제언

통계자료를 통해 북한의 현실을 파악할 수 있도록 통계자료를 현행화하려는 노력이 우선적으로 필요하다. 이를 위해서는 북한 발표 및 발간 자료, 인공위성 영상, 북한 방문 인사의 기록 등 민간 자료, 국제기구 제공 자료 등 다양한 통계자료를 지속해서 수집·분석하여 통계에 반영하여야 한다.

아울러, 양적인 측면뿐만 아니라 국토·교통부문의 유지·관리·운영 실태 등 질적 측면에서 현황을 이해하기 위한 노력이 병행되어야 한다. 현재 있는 통계자료의 다양한 설명을 통해서 질적인 측면에 대한 이해도를 높일 수도 있다.[24] 또한, 북

---

23 서종원, "북한 교통물류 인프라 통계의 이해와 한계" (2016.9), 『북한통계포털』(http://kosis.kr).
24 북한의 철도 총연장은 한국보다 1.3배 더 많은 궤간을 보유하고 있지만 98%가 단선이어서, 복선을 포함할 경우 한국의 궤도 총연장이 북한의 1.8배에 달한다.

한에서 민간 영역의 확대에 따라 민간이 활용하는 비공식적 교통수단 통계 등을 파악하고 반영하기 위한 노력도 계속되어야 한다. 마지막으로, 통계를 생산하는 기관마다 기준의 차이가 있어 정확한 현황 파악이 어려운 측면도 있다. 기준 명확화와 일관성 유지가 필요하다.

남북 간 교류 · 교역

정유석(통일연구원 통일정책연구실 부연구위원)

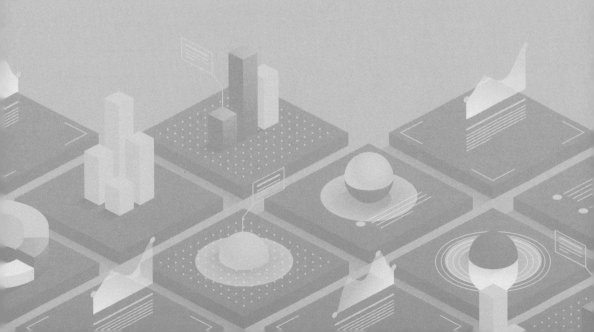

제9장
:
남북 간 교류·교역

1. 개요

1) 남북교류의 특징과 통계적 어려움

남북 간 교류는 왕래·접촉·교역·협력사업 및 통신 역무(役務) 제공 등 우리나라와 북한 간의 상호 협력을 목적으로 하는 모든 행위를 포함한다. 이는 1990년 8월 「남북교류협력에 관한 법률」과 시행령이 제정·공표되면서 본격화되었다. 법률 제정 이전에는 「남북교류협력에 관한 기본지침」에 의해 이루어지던 남북 간의 교류 및 교역 전반을 체계적으로 규율할 수 있게 되었다.

1988년 '민족자존과 평화변영을 위한 특별선언(7·7선언)'이 발표되면서 남북 간에 발생이 예상되는 사안에 대한 구체적인 규정의 필요성이 제기되었다. 이듬해인 1989년 2월, 정부 발의안으로 「남북교류협력에 관한 특별법안」을 국회에 제출했으며, 1년여의 시간 동안 여야의 합의를 거쳐 절충안인 「남북교류협력에 관한 법률안」이 국회의 문턱을 넘게 되었다. 정부는 이를 공포했고, 시행령과 시행규칙을 신속하게 마련하였으며, 재정을 뒷받침하는 「남북협력기금법」까지 제정하게 되었다. 이러한 법률들의 제정을 통해 남북 사이의 인적·물적 교류에 합법성을 부여하고 관련 절차와 필요한 사항을 규정하였다는 점에서 큰 의의가 있다.[1] 또한 남북의 교류협력 활성화 시 무분별한 북한과의 접촉으로 인한 혼란을 막을 수 있는 최소한의 안정장치를 마련하였다고 하겠다.

---

1   권은민(2022), 『남북교류협력에 관한 법률의 해석기준 연구』, 한국법제연구원, p. 23.

표 9-1	남북 교류 · 교역 주요 연혁

날짜	내용
88.07.07	「민족자존과 통일번영을 위한 특별선언」 발표
88.11.14	최초 반입승인(대우, 도자기 519점)
90.08.01	「남북교류협력에 관한 법률」 및 「남북협력기금법」 제정
90.09.25	「남북한교역대상물품및반출반입승인절차에관한고시」 제정
92.10.05	최초 협력사업자 승인(대우)
94.06.20	「남북한수송장비운행승인신청에관한고시」 제정
94.11.08	남북경협 활성화 조치(제1차) 발표
95.05.17	최초의 협력 · 사업 승인(대우)
98.04.30	남북경협 활성화 조치(제2차) 발표
00.09.01	제2차 장관급회담
01.12.31	「남북한간선박운행승인기준에관한고시」 제정
02.09.18	경의선 · 동해선 철도 · 도로 연결 착공식 개최
03.08.28	제3차 남북경제협력추진위원회
04.03.05	제8차 남북경제협력추진위원회
04.10.31	경의선 · 동해선 도로공사 완료(12.01 개통)
05.06.13	「남북한간 수송장비 운행승인신청 및 승인기준에관한고시」 제정
05.08.01	「남북해운합의서」 및 「남북해운합의서의 이행과 준수를 위한 부속합의서」 발효
05.08.11	남북 해사당국간 유선통신망 연결
05.08.18	제1차 남북농업협력위원회
06.06.06	제12차 남북경제협력추진위원회
06.10.09	북한, 제1차 핵실험(10.14 UN 안보리 결의 1718호 채택)
07.05.17	남북 열차 시험운행(12.11 화물열차 개통)
08.12.01	북한, 남북육로통행 제한 등 '12.01 조치' 실시('09.08.20 해제)
09.05.25	북한, 제2차 핵실험(06.13 UN 안보리 결의 1874호 채택)
09.10.14	임진강 수해방지 남북 실무회담 – 방류 사전통지 등 합의
10.05.24	천안함 피격사건 관련 '05.24 조치' 발표
13.11.28	나진-하산 물류협력사업 추진관련
15.08.05	경원선 남측구간 철도 복원 기공식
16.01.06	북한, 제4차 핵실험(03.02 UN안보리결의 2270호 채택)
16.02.10	개성공단 전면 중단
16.09.09	북한, 제5차 핵실험(11.30 UN안보리결의 2321호 채택)
17.07.28	북한, 장거리미사일 발사(08.06 UN 안보리결의 2371호 채택)
18.04.27	「판문점 선언」에서 남북철도 · 도로연결 및 현대화 합의
18.08~12	경의선 및 동해선 철도도로 현지 공동조사 및 착공식 개최(12.26)
19.02.25	철도 · 도로 협력 관련 자료 교환(개성 남북공동연락사무소)
20.04.27	동해북부선(강릉~제진) 남북교류협력사업 인정 및 추진 기념식 개최
22.01.05	동해북부선(강릉~제진) 철도 착공식 개최

자료: 필자작성

하지만 법률이 제정되고 실제로 남북 교류와 교역이 활성화되면서 법에서 규정하는 범위와 의미에 대한 해석의 차이로 인하여 수많은 시행착오가 반복되고 있다. 남북한 민간의 활동 중 어떠한 활동을 이 법의 테두리에 넣을지부터 방북이나 물자 반출·입 승인의 다소 추상적인 판단기준과 그에 따른 정부의 폭넓은 재량권행사에 대한 논란이 있다. 남북관계가 심화·발전하고 교류협력의 양상이 그 폭과 깊이를 더해가는 현실 속에서 규제 중심의 법체계가 적절한지에 대한 문제제기가 계속될 전망이다. 이러한 논쟁은 남북 간의 교류 및 교역의 통계를 수집하는 것과도 깊은 관련이 있다.

정부가 발표하는 동 부분의 통계가 법률에서 지정하고 있는 북한과의 왕래·접촉·교역·협력사업에 해당하는지 판단이 모호하여, 남북 간 비법적 행위가 공식 통계에 포함될 가능성이 존재하기 때문이다. 또한 남북의 교류와 교역에 관한 통계는 남북한을 특수관계에 기초한 내부거래로 취급하고 있는 것에 대한 보편성과 보정이 필요하다고 하겠다.

2) 통계의 종류와 제공기관

통일부 남북회담본부 회담통계 자료는 현재까지 공개된 모든 남북 간의 회담·대화의 접촉에 관한 통계를 정확하고 자세하게 제공하고 있다. 통일부 남북회담본부는 남북회담 및 접촉에 관한 사무를 관장하며, 남북회담에 관한 협상대책의 수립, 남북회담의 운영, 남북한 간의 회담 및 접촉지원, 남북회담에 관한 정보의 수집, 분석 및 처리, 남북회담에 관한 홍보 등의 업무를 수행하고 있다.

남북회담본부에서는 회담별 전체자료, 회담사진, 대표단 명단, 연도별 회담현황 등의 자료를 공개하고 있다. 또한 남북합의서, 공동보도문, 남북합의서 해설자료 중 공개가 가능한 자료를 원문으로 제공하고 있다. 남북대화와 회담에 관한 통계 수치를 별도 확인할 수 있으며, 회담문서도 공개가 가능한 범위에서 정보의 접근이 가능하다. 남북 간의 모든 공개 회담 및 대화 접촉 사안에 대하여 통일부가 별도의 조직을 운영하여 자세한 정보를 제공하고 있으며 1971년 이후 현재까지 모든 통계를 수록하고 있다.

이외에도 통일부는 남북교류협력시스템을 운용하는데, 주요 제공 정보는 ①북한 주민 접촉 ②북한 및 남한 방문 ③남북 협력사업 ④물품 반출입 ⑤수송 장비 운행

⑥출입통행에 관한 절차와 현황 등을 제공하고 있다. 남북교역 통계는 연도별·월별 기간 기준으로 반출입 금액 및 증가율을 제공한다. 거래유형별 통계는 기간 및 거래유형 기준으로 반출입 금액 및 증가율을 분석하였고, 거래유형은 기간 및 품목 기준으로 반출입 금액 및 증가율을 제공하고 있다. 또한 연도별로 남북 교류협력 동향과 남북교역통계 총계를 제공한다. 통일부에서 운영하는 남북교류협력시스템은 최근 리뉴얼하면서 그간 개념과 범위에 혼동이 있었던 '북한 주민과의 접촉', '방북'에 대한 명확한 해설과 이에 관한 절차와 방법은 물론이고 관련한 모든 상세한 통계를 제공하고 있다.

남북 간 교역에 관한 대부분의 통계는 통일부의 남북교류협력시스템에서 제공하고 있다. 1989년부터 통계가 누적되어 있으나, 2016년 2월 개성공단이 폐쇄된 이후에는 사실상 상업적 교역이 중단되어 비상업적인 통계만을 연도·월별, 거래유형별, 품목별로 구분하여 공개 중이다.

그림 9-1 남북교류협력 시스템

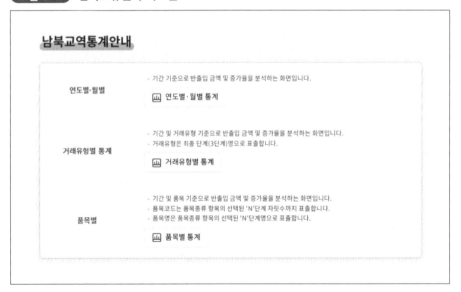

자료: 남북교류협력시스템(https://www.tongtong.go.kr/)

표 9-2 　남북 교역 교류 관련 통계 담당과 공표 주기

번호	통계명	실/국/과명	공표 주기	결과공표시기 (예정월)	비고
1	남북인적·물적 왕래	교류협력실 교류지원과	년	1월	
2	남북교류협력	교류협력실 교류지원과	년	1월	
3	개성공단사업	남북협력지구발전기획단 기획총괄과	년		2005~2015년 통계 자료
4-1	인도협력: 남북이산가족 교류 현황	인도협력국 이산가족과	월	매월 첫주	
4-2	인도협력: 인도적 대북 지원 현황	인도협력국 인도협력 기획과	년	2월	
5	남북회담	남북회담본부 회담1과	년	1월	
6	북한이탈주민정책	인도협력국 정착지원과	분기	1월, 4월, 7월, 10월	

자료: 통일부 주요사업 통계

또한 통계청에서도 북한통계포털을 별도로 운영하고 있다. 영토 및 인구, 보건, 교육, 국민계정, 대외무역 등 총 14개의 주제별 자료를 제공한다. 남북한 교류와 남북한 교역 역시 해당 통계에 대한 자료 열람이 가능하다.

먼저 남북한 교류 부문의 통계는 남북회담, 방북·출경, 이산가족, 북한이탈주민, 남북협력기금 등 총 16개 항목이 제공된다. 남북한 교류에 관한 사안이 통일부의 사전 신고 혹은 허가 사항으로 자료의 신빙성이 높으며 이를 통일부의 전담 부서에서 세분화하여 체계적으로 관리하고 있다. 남북회담과 관련하여 부문별 회담 성사건과 남북합의서 등 문서를 남북회담본부 회담통계에서 관련 통계를 제공한다. 방북·출경은 남북 간 사전 허가 중 인적·물적 교류와 교통수단을 이용한 방북 및 관광객 인원수에 관한 통계가 있다. 이산가족 교류현황은 국가통계포털(KOSIS) 중 '남북이산가족교류현황'에서 공식적인 통계가 제공되고 있다. 북한이탈주민의 입국은 국내에 입국한 북한 출신 인원 중에서 제3국을 경유한 입국을 포함하며, 탈북이 아닌 국내에 입국한 시점을 기준으로 하는 통계이다. 남북협력기금의 조성 및 집행과 관련한 통계는 통일부에서 최종적으로 관리하며 위탁기관인 한국수출입은행에

서 집계하여 제공한다.

　다음으로 남북 교역은 남북 사이에 발생한 인적·물적 교역과 개성공단사업 시현황에 관한 통계로 △남북교역(반입출통관, 교역액 전반) △개성공단(사업현황, 인적방문 전반) 등의 총 11개 항목으로 구성되어 있다. 남북교역은 남북 간 성사된 교역 전반에 관한 통계와 유형별 교역액, 위탁 가공 형태의 교역 현황, 반입출 통관 현황, 가장 비중이 높은 농림수산물의 교역 현황에 관한 통계가 있다. 개성공단 사업에 관한 통계는 1989년부터 2015년까지 사업의 현황, 입주기업 수, 근로자 현황, 개성공단 방문 현황 등이 제공된다.

　이 밖에 남북협력기금 수탁기관인 한국수출입은행은 남북협력기금에 관한 별도의 홈페이지를 운영중이며 관련 통계 정보를 상세하게 제공하고 있다. 주요 제공 정보는 기금소개, 설립목적과 배경, 연혁과 조직, 운용체계, 주요사업 등이다. 또한 연도별 자료 검색, 남북협력기금계획과 현황, 기금규모, 재무정보, 법령정보, 지원 사업지원사업에 관한 상세한 정보를 제공한다.

그림 9-2 통계청 북한통계포털

자료: 통계청 북한통계포털(https://kosis.kr/bukhan)

또한 교역 및 경협대출, 반출반입자금대출, 경제협력사업자금대출, 대출이자율, 대출절차, 교역 및 경협보험, 개성공업지구 교역보험, 보험계약지급절차 등을 비롯하여 이에 관한 통계를 정확하게 제공하고 절차 등 실무에 관한 정보도 함께 안내하고 있다. 한국수출입은행의 남북협력기금 통계는 북한·동북아연구센터에서 발간하는 계간지 「수은북한경제」의 부록에서 분기별로도 제공되며 기재부와 통일부의 교차 검증을 거쳐 매우 정확한 통계 수치가 제공된다.

2. 부문별 세부 통계

1) 남북한 교류

남북한 교류에서 제공하는 모든 통계 항목은 사전 신고 혹은 허가 사항으로 통일부의 전담 부서에서 일괄적으로 관리하고 있다. 남북한 교류와 관련된 통계는 총 16개의 항목으로 나누어 제공되고 있으며 이를 크게 ①남북회담 ②방북·출경(인적, 물적, 차량, 선박, 항공, 관광객) ③이산가족 ④북한이탈주민 입국 ⑤기금 조성·집행의 5개의 부문으로 구분하여 살펴보고자 한다.

(1) 남북회담

남북회담과 관련하여 정치·군사·경제·인도·사회문화의 부문별 회담 성사건과 남북합의서 체결건수를 남북회담본부 회담통계(https://dialogue.unikorea.go.kr)에서 별도로 관리하여 통계 정보를 제공한다. 또한 정기적으로 공개된 남북회담 내용과 합의서가 담긴 『남북대화』를 발행하여 통계 수치 외에도 자세한 내용도 공개하고 있다.

| 표 9-3 | 연도별 · 분야별 회담 개최 횟수 |

구분	정치	군사	경제	인도	사회문화	총계
1971	0	0	0	18	0	18
1972	4	0	0	32	0	36
1973	7	0	0	4	0	11
1974	6	0	0	12	0	18
1975	2	0	0	8	0	10
1976	0	0	0	6	0	6
1977	0	0	0	5	0	5
1979	3	0	0	0	4	7
1980	10	0	0	0	0	10
1984	0	0	1	2	3	6
1985	2	0	4	6	1	13
1986	0	0	0	0	2	2
1987	0	0	0	0	1	1
1988	8	0	0	0	0	8
1989	7	0	0	8	9	24
1990	15	0	0	2	7	24
1991	12	0	0	0	7	19
1992	80	0	0	8	0	88
1993	4	0	0	0	0	4
1994	10	0	0	0	0	10
1995	0	0	0	3	0	3
1997	0	0	0	4	0	4
1998	2	0	0	1	0	3
1999	5	0	0	0	0	5
2000	18	4	3	2	0	27
2001	2	2	3	1	0	8
2002	4	9	14	3	2	32
2003	5	6	17	7	1	36
2004	2	5	13	2	1	23
2005	10	3	11	4	6	34
2006	5	4	8	3	3	23
2007	13	11	22	3	6	55
2008	0	2	3	0	1	6
2009	0	0	4	2	0	6
2010	0	1	3	4	0	8
2011	0	1	0	0	0	1
2013	1	0	22	1	0	24
2014	2	1	3	1	1	8
2015	3	0	1	1	0	5
2018	19	4	4	2	7	36
총계	261	53	136	155	62	667

자료: 남북회담본부 회담통계(https://dialogue.unikorea.go.kr)

그림 9-3 남북회담본부 제공자료

자료: 남북회담본부 회담통계(https://dialogue.unikorea.go.kr)

통계청의 북한통계포털에서는 1971년 이후 남북 간 성사된 회담의 개최 일자와 내용에 관한 정보를 제공하고 있으며 통계청 국제협력담당관실이 주무 부서이다. 남북회담은 세부항목으로 정치, 군사, 경제, 인도, 사회문화 등으로 구분되어 있다. 정치 부문은 장차관급 회담 등, 군사 부분은 장성급·군사실무회담 등, 경제 부분은 경제협력추진위 등, 인도·사회 부문은 적십자·체육 회담 등이 주요 내용이다. 또한 남북합의서, 공동보도문 등을 구분하고 있으며 주요 합의서의 해설자료를 더해 사용자들의 이해를 돕고 있다. 남북 대화의 특성상 비공개로 진행되었던 남북 특사도 통계에 포함되어 있으며, 시기별·분야별 회담의 추이도 알 수 있다. 객관적 자료에 근거한 국가의 공식 통계로 그 신뢰도가 매우 높으며 통일부의 담당 조직인 남북회담본부에서 전담하여 관리하고 있어 체계적인 통계가 제공되고 있다.

(2) 방북 및 출경

남북 간 사전 허가를 통해 교류되었던 인적·물적 교류와 차량·선박·항공을 이용한 방북, 관광객 인원수에 관한 통계 역시 통일부의 허가 사안으로 통계의 오류가 나타날 가능성이 매우 적다. 통일부는 기존의 남북교류협력시스템을 전면 개편하여 원스톱으로 북한주민의 접촉과 북한 방문, 물품과 장비의 반출입에 대한 허가와 승인에 관한 시스템을 정비하여 전산화하였다. 따라서 방북과 출경에 관한 통계는 통일부의 승인과 사후 신고 사항을 집계하여 통계를 제공하고 있다.

그림 9-4 통일부 남북교류협력시스템

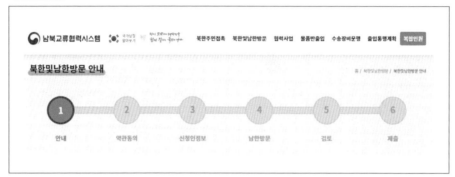

자료: 남북교류협력시스템(https://www.tongtong.go.kr)

접촉의 개념은 남북 주민이 서로 정보나 메시지를 보내고 받는 과정을 말하며, 이때 의사 교환의 방법, 수단, 장소 등을 불문하고 남북한 주민 상호 간에 어떤 형태로든 특정 내용의 의사가 교환되었다면 접촉으로 간주하여 통계에 포함한다. 북한 주민을 직접 대면하여 의사를 교환하는 것은 물론, 중개인(제3자)을 통하거나 전화, 우편, FAX, e-mail 등의 통신수단을 이용한 의사교환도 통계에 공식적으로 집계된다. 자료의 주된 출처는 통일부 남북인적왕래현황, 교류협력실 교류지원과 통일부 자료 중 공문과 제출 문서 등에 근거한다. 다만 금강산으로 방북하였던 인원은 제외되었다. 관광객 현황은 별도의 통계로 관리되는데, 금강산, 개성, 평양 등 관광 방문지 별로 구분하여 1998년 이후 연간 인원의 통계를 제공한다.

다음으로 분야별 북한 방문자 수는 2009년부터 자료가 집계되어 있다. 주요 내용은 경제, 개성공단, 교역, 경협, 관광사업, 교통통신, 사회문화, 교육학술, 문화예술(신청, 승인, 불허, 철회) 등으로 구분하여 수치가 제공되고 있다. 방문 건수와 인원의 구분, 신청과 승인 및 불허 등의 정확한 통계를 확인할 수 있다.

또한 남북 간 왕래의 이동 수단에 따른 통계도 제공된다. 가장 많은 이동 수단은 차량으로 육로 출경에 포함되어 있다. 이 부분은 차량과 철도를 이용한 수치의 구분이 필요하다. 경의선 육로와 동해선 육로만 구분되어 있어 구체적인 교통수단을 구분하는 것이 더욱 유용할 것이라고 판단된다. 동 부문의 통계도 철저히 사전 허가 사안이라 대부분의 수치가 정확하나, 지적한 바와 같이 철도를 이용한 입출경 통계 별도 마련이 필요하다. 또한 2007년 12월부터 2008년 11월까지 문산-봉동 간 화물열차 운행(2008년 12월 1일 운행 중단)과 2007년 5월 17일 4차례 시험운행 횟수 등을 세부적인 사실 확인을 거쳐 통계에 포함하여야 한다.

차량, 선박, 항공기를 이용한 남북 왕래현황은 별도로 확인이 가능하다. 차량은 경의선·동해선 CIQ를 통과한 남북의 왕래 인원을 집계하였고, 주요 출처는 통일부 주요사업통계, 통일부 통일백서, 교류협력실 교류지원과 자료에 근거한다. 선박을 통한 왕래는 선박의 운항 횟수와 물동량을 적시하고 있으며, 제주해협을 별도로 구분하여 제공하고 있다. 남북해운합의서(2005)로 인하여 제주해협에 일시적으로 북한선박이 제주해협을 통과하였으며, 2011년부터는 제3국 선박의 남북 간 단순 경유 운항이 대부분이다. 항공기 왕래 현황 역시 항공기의 운항 횟수와 수송 인원 등을 제공하고 있으나 그 통계수치가 많지 않다.

(3) 이산가족

이산가족 교류는 민간 차원, 생사 확인, 서신 교환, 상봉, 기타, 당국 차원, 생사 확인, 서신 교환, 방남 상봉, 방북 상봉 등을 모두 포함한다. 이산가족 교류현황은 국가통계포털(KOSIS)에서 공식적인 통계를 제공하는데 '국내통계-정부·재정-남북인적왕래현황-남북이산가족교류현황'에서 확인이 가능하다. 또한 이산가족정보통합시스템을 운영하여 이산가족찾기신청자 DB를 전산으로 통합관리하고 있어 위 통계에 대한 신뢰도는 매우 높다고 하겠다. 주요 출처는 남북 당국자 간의 합의에 의해 개최하는 이산가족 상봉 행사와 화상 상봉을 통해 성사되는 교류 참가자, 통일부 자료(공문, 공개통계, 문서 등), 통일부 주요사업통계, 인도협력국 이산가족과 인도협력기획과의 자료에 기초한다.

통계에 포함되는 이산가족 상봉의 현황은 '가족과 헤어져서 남북한 지역에 분리된 상태로 거주하고 있는 자와 그들의 자녀'를 지칭한다. 2000년 6.15 남북정상회담을 계기로 남북이산가족 문제 해결의 물꼬가 트이게 되어 2018년 8월까지 총 21차례의 남북이산가족 상봉 행사와 7차례의 화상 상봉이 개최되었다. 이러한 당국 간 이산가족 상봉 행사 및 화상 상봉 시 생사를 확인한 남북 총 가족 수와 인원 수를 의미한다고 하겠다. 상봉 종류는 방남 상봉, 방북 상봉, 화상 상봉을 따로 표기하고 있으며, 상봉은 총 4,847가족 24,352명, 21차례 이산가족방문단 교환으로 남북 총 4,290가족 20,604명이 상봉, 7차례의 이산가족 화상상봉을 통해 557가족이 총 3,748명의 가족, 친척과 상봉하였으며, 생사·주소 확인은 총 59,406명이다.(2023년 6월 기준)

이산가족 교류의 통계는 주무 부처인 통일부의 전담 부서를 통해 체계적으로 관리하고 있어 수치가 매우 정확하나, 단순 생사 확인, 서신 교환, 특히 제3국을 통한 비공식적 교류는 사실상 집계가 불가능하여 실제적인 수치의 오차가 있을 것으로 예상된다.

(4) 북한이탈주민입국

북한이탈주민의 입국추이는 북한이탈주민으로서 국내 입국한 인원을 말하며 (제3국 경유 입국 포함), 국내 입국한 시점을 기준으로 집계된다. 통일부 주요사업통계, 교류협력실 교류지원과, 하나원과 하나재단 등에서 북한이탈주민 입국자 수와 현황을 제공하고 있다. 북한이탈주민의 범위는 북한에 주소·직계가족·배우자·직장 등을 두고 있는 자로서 북한을 벗어난 후 외국의 국적을 취득하지 아니한 자로 규정하고 있다. 북한이탈주민의 입국 추이에 관한 통계를 제공하여 파악함으로써 정착지원 예산계획 등에 활용하고 북한이탈주민의 원활한 정착을 위한 정책 수립에 활용된다.

북한이탈주민 입국자 수는 2005년 이후 지속적으로 증가 추세를 유지하다 2012년 이후부터는 입국인원이 감소 추세를 보인다. 특히 2020년은 코로나-19로 인한 북중 국경통제 등의 영향으로 입국 인원이 급감한 것으로 파악된다. 2002년부터 제3국 경유 입국을 포함한 북한이탈주민 입국 현황을 제공하고 있으며 주요 자료 출처는 통일부, 북한이탈주민지원재단, 하나원 등이다. 북한이탈주민에 관련해서는 관련 기관의 철저한 관리가 있어 자료로서 신빙성 높다고 하겠다.

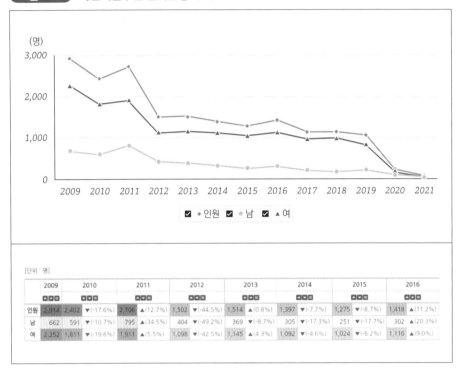

그림 9-5 북한이탈주민 입국현황 추이

[단위 : 명]

	2009			2010			2011			2012			2013			2014			2015			2016		
인원	2,914	2,402	▼(-17.6%)	2,706	▲(12.7%)		1,502	▼(-44.5%)		1,514	▲(0.8%)		1,397	▼(-7.7%)		1,275	▼(-8.7%)		1,418	▲(11.2%)	
남	662	591	▼(-10.7%)	795	▲(34.5%)		404	▼(-49.2%)		369	▼(-8.7%)		305	▼(-17.3%)		251	▼(-17.7%)		302	▲(20.3%)	
여	2,252	1,811	▼(-19.6%)	1,911	▲(5.5%)		1,098	▼(-42.5%)		1,145	▲(4.3%)		1,092	▼(-4.6%)		1,024	▼(-6.2%)		1,116	▲(9.0%)	

자료: 통일부

(5) 기금조성 · 집행

남북협력기금의 조성 및 집행과 관련한 통계는 주무부처인 통일부와 기금이 위탁되어 있는 한국수출입은행에서 제공하고 있다. 남북협력기금은 1990년 8월 1일 제정된 「남북협력기금법」을 근거로 남북교류협력의 촉진과 민족공동체 회복에 기여할 목적으로 설치되었으며, 1991년 3월에 최초로 정부 출연이 이루어지면서 시작되었다.

「남북협력기금법」상 정부 출연금, 민간 출연금, 운용수익금, 공공자금관리기금 예수금 등을 기금의 조성 재원으로 명시하고 있으나, 대부분 정부출연금, 공공자금관리기금 예수금으로 조성된다. 남북협력기금은 주로 정부출연금과 운용수익금 등을 재원으로 하고 있으며 기타 일부 자발적인 민간의 출연도 이루어지고 있다. 남북협력기금은 1999년까지는 비료와 쌀 지원 등 정부 차원의 인도적 대북지원과 경수로 건설 사업 등 남북협력기금법 제8조 제6호의 민족공동체 회복지원 항목의 자금으로 주로 사용되었으나 이후 경제 및 사회문화 분야 교류협력, 이산가족 교류 등 분야가 다양화되고 있다. 또한 대북지원(식량, 비료 등)으로 남북 간 신뢰 회복과 관계 개선의 토대를 마련하고 있으며, 인적 왕래 활성화 및 경제·사회문화 교류협력 확대를 지원하여 남북관계 진전에 기여하고 있다.

인도적 목적으로 시행하는 대북지원은 ①이재민의 구호와 피해복구를 지원하는 사업 ②식량난 해소를 위한 농업개발지원에 관한 사업 ③보건위생 상태의 개선 및 영양결핍 아동과 노약자 등을 지원하는 사업 ④자연재해 예방 차원에서 산림복구 및 환경보전 노력을 지원하는 사업 ⑤기타 대북지원사업의 특성을 고려하여 통일부장관이 인정하는 사업을 대상으로 하고 있다.

그림 9-6 **대북지원 현황**

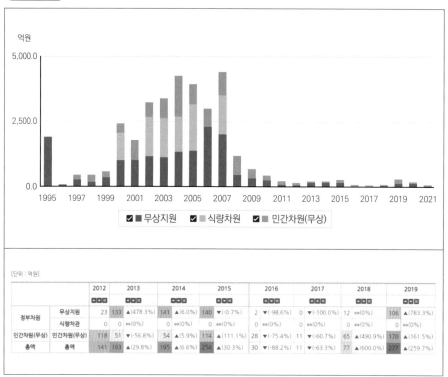

자료: 통일부 「남북협력기금통계」

남북협력기금은 정부의 예산 편성의 과정에서부터 그 사용 내역과 집행 및 정산이 국정감사를 통해 정보가 제공되고 있어 통계 수치에 오류가 나타날 가능성이 매우 희박하다. 하지만 사업 주체인 통일부와 위탁기관인 한국수출입은행과의 행정 혼선, 집행과 정산 과정에서 회계 누락 등의 오류가 발생할 가능성도 전혀 배제할 수 없다.

그림 9-7 **남북협력기금 조성액**

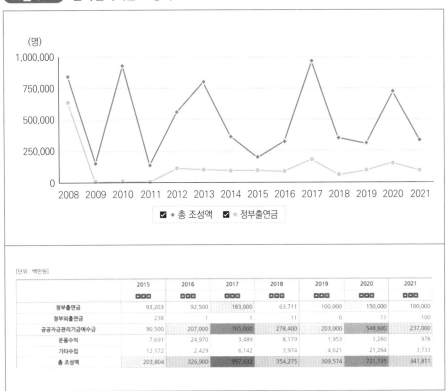

[단위 : 백만원]

	2015	2016	2017	2018	2019	2020	2021
	■■■	■■■	■■■	■■■	■■■	■■■	■■■
정부출연금	93,203	92,500	183,000	63,711	100,000	150,000	100,000
정부외출연금	238	1	1	11	0	11	100
공공자금관리기금예수금	90,500	207,000	765,000	278,400	203,000	548,600	237,000
운용수익	7,691	24,970	3,489	8,179	1,953	1,260	978
기타수입	12,172	2,429	6,142	3,974	4,621	21,264	3,733
총 조성액	203,804	326,900	957,632	354,275	309,574	721,135	341,811

자료: 통일부 「남북협력기금통계」

기금의 집행 역시 1994년부터 통계가 제공된다. 남북협력기금은 경상사업, 남북교류협력지원, 인적왕래 지원, 사회문화협력지원, 경제교류협력보험, 소계, 민족공동체회복지원, 한반도통일미래센터, 이산가족교류지원, 인도적지원 등으로 사용처를 구분하고 있다. 주요 자료 출처는 통일부 주요사업통계, 한국수출입은행 기금

팀, 통일부 기조실, 통일부의 공문, 공개통계, 문서 등이다. 남북협력기금 중 경상, 교류, 왕래지원, 사회문화, 경제교류 등 남북협력기급 법에 적시된 항목에 대한 기금 집행 내역에 관한 통계로 활용된다. 이 역시 한국수출입은행과 통일부의 공식 확인 사항이며 국정감사를 거친 통계 수치로 자료의 신빙성이 상당히 높다고 하겠다.

2) 남북한 교역

남북 간 교역에 관한 통계는 남북 간에 발생한 모든 인적·물적 교역과 개성공단사업 시 현황에 관한 내용을 포함하며, 통일부의 사전 신고·허가 사안이다. 이와 관련하여는 총 11개 항목의 통계를 제공하고 있으며 △남북교역(반입출통관, 교역액 전반) △개성공단(사업현황, 인적방문 전반)으로 구분이 가능하다.

(1) 남북교역

남북 간 성사된 교역 전반에 관한 통계와 유형별 교역액, 위탁 가공 형태의 교역 현황, 반입출 통관 현황, 가장 비중이 높은 농림수산물의 교역 현황에 관한 통계를 제공한다.

남북교역은 남북 간의 물품 등의 반출·반입을 말하며, 반출·반입이라 함은 매매, 교환, 임대차, 사용대차, 증여사용 등을 목적으로 하는 남북 간 물품 등의 이동(단순히 제3국을 경유하는 물품 등의 이동도 포함)을 의미한다. 따라서 제3국산 물품이라 하더라도 남북 간을 이동할 경우에는 남북교역(반출입)에 해당되며, 북한산 물품이 제3국으로 수출되어 남한으로 수입되는 경우는 대외무역(수입)에 포함된다.

남북교역에 해당하는 경우에는 수출입 절차와 구분되는 반출입 절차에 따라 이를 추진하며, 단순한 물품의 반출·반입에 해당하는 일반교역과 원부자재를 반출하여 가공제품을 반입하는 위탁가공교역으로 구분된다.

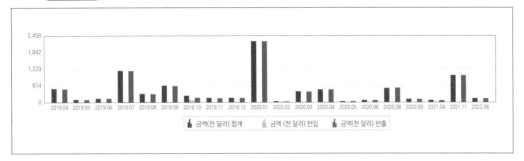

그림 9-8 남북교역 현황

자료: 통계청 북한통계

남북교역 현황은 1989.01부터 2022.05까지 집계되어 있으며, 반입, 반출을 일반교역·위탁가공, 경제협력, 비상업적 거래 등 유형별로 확인이 가능하다. 또한 위탁가공 구성비에 관한 별도의 통계도 제공된다. 품목별로는 농림수산물, 광산물, 화학공업제품, 플라스틱고무 및 가죽제품, 섬유류, 생활용품, 철강금속제품, 기계류, 전자전기제품, 잡제품 등으로 구분하여 반출 통관의 통계도 확인이 가능하다. 특히 남북 간 농림·수산물 교역 현황에 대하여 별도의 통계를 제공하는데, 1997년 이후 모든 농림수산물교역총액, 반입액, 농산물, 축산물, 임산물, 수산물 등의 현황이 있다.

(2) 개성공단

개성공단 사업에 관한 통계는 1989년부터 2015년까지 사업의 현황, 입주기업 수, 근로자 현황, 개성공단 방문 현황 등을 제공한다. 개성공단은 2005년 본격적으로 생산을 개시, 2015년까지 매해 생산액이 많이 증가하였고 이는 입주기업의 증가, 근로자들의 생산성 향상에 따른 것으로 평가된다. 다만, 2013년은 북한의 일방적인 개성공단 인력 철수로 인해 생산액이 감소하였다. 그러나 북한의 장거리 미사일 발사 등으로 인해 2016년 2월 가동이 전면 중단(2.10)되었고 이후 중단 상태가 지속되고 있다. 개성공단은 현재 경색된 남북관계로 인해 가동이 전면 중단된 상태이며 향후의 재가동 전망 등에 대해서는 가시적인 예측이 어려운 상황이다.

개성공단은 남측의 자본과 기술, 북측의 노동력을 결합하여 남북 공동의 이익

창출을 위해 조성된 공단으로서, 생산액 지표는 공단의 활성화 정도를 간접적으로 측정할 수 있는 지표였다. 이 지표는 추세분석 등 시계열분석을 통해 개성공단의 효율성과 정책성과 측정의 기초자료로 활용된다. 개성공단 입주기업이 북측의 노동자를 고용, 어느 정도의 생산실적을 올리고 있는가를 수치로 나타낸 지표로서, 수치가 커질수록 개성공단이 활성화되고 있음을 나타낸다. 생산액 현황은 입주기업들의 제품생산량에 공장 출하 가격을 곱해 산출하고 있다.

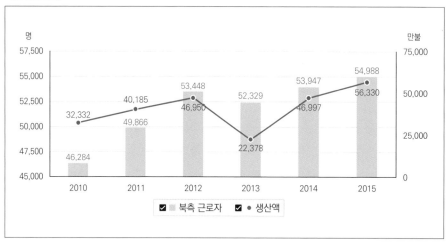

그림 9-9 **개성공단 생산액 및 북측 근로자 현황**

자료: 통일부(내부 행정자료)
주: 2016년 2월 개성공단 가동중단 및 입주기업 긴급 철수로 2016년(1~2월)의 생산액 및 근로자 현황은 집계가 불가(2016년 데이터 공란)

3. 평가 및 제언

대부분의 남북한 교류 및 교역의 행위 자체가 통일부의 사전 허가가 필요한 사안으로 관련 공문이나 문서로 검증이 가능하여 타 부문의 통계에 비해 정확성과 신빙성이 매우 높다고 하겠다. 또한 통일부 남북회담본부, 교류협력실 교류지원과, 남북협력지구발전기획단 인도협력기획과 등의 여러 부처로 해당 통계에 관한 사무분장이 세분화되어 있으며, 남북교류협력시스템, 북한정보포털, 남북관계지식사전 등의 다양한 경로를 통해 통계가 제공되어 시의성과 연속성 그리고 접근성이 매우 높다.

남북협력기금, 개성공단과 관련한 통계의 경우 한국수출입은행, 개성공업지구 지원재단 등 특수 유관기관에 업무를 위탁하고 있어 상호 교차 확인과 감사를 통해 검증된 통계 제공이 가능하다. 하지만 남북한 교류 및 교역에 관한 통계는 공식적으로 통일부에서 허가된 사안만을 포함하고 있는바, 비공식적인 남북 접촉과 교역 및 교류는 집계되지 못한다는 점과 대부분의 자료가 통일부에 의존하고 있다는 한계가 존재하며 보완되어야 할 부분이라고 하겠다.

또한 북한과의 교역을 어떠한 시각으로 보는지에 관한 문제가 있다. 그간 남북 간 교역은 민족 내부거래로 취급되어 왔으며, 이는 우리 헌법의 영토조항에도 북한 지역이 우리의 영토로 규정되어 있는데 기초한다. 우리의 체계적인 통계 집계 시스템에서는 북한과의 교역 부문에 대한 구분을 명확히 하여 혼선을 피할 수 있으며, 그 교역량 또한 전체 무역 규모에 비해 상당히 미미하다. 하지만 북한의 경우 무역의 규모가 중국 등 몇 개국에 편중되어 있고 전체 무역 규모에서 남북 교역이 차지하는 비중이 작지 않다. 따라서 북한의 대외 무역의 통계를 수집하는데 우리와의 교역을 포함할지에 관한 논의가 필요하다. 그 예로 한국무역협회(KITA)에서는 북한의 대외무역 통계를 수집하여 제공하고 있는데, 이 중에는 남북 교역 수치도 포함되어 있다. KITA를 제외한 대부분의 기관이 남북 교역을 북한의 대외무역에서 제외해 이를 별도로 파악하여 추가해야 하는 상황이다. 남북 교역 통계에 관한 정확한 범위와 성격을 규정하여 혼선을 피하는 것이 필요하다.

한편 통일부와 관세청에서는 남북 교역에 관한 통계를 HS code 기준으로 발표하고 있다. 각각 10자리, 4자리의 코드에 따라 남북 교역 통계를 제공함으로써 북한의 대외무역을 집계에 유용하게 활용할 수 있다. 또한 남북 교역의 세부 분류를 통해 통계에 대한 다양한 접근을 강화할 필요가 있다. 우선 남북 교역의 운송 방식을 내륙(차량·철도)운송, 해상운송, 항공운송으로 분류하되, 지역별로 세분화하여야 한다. 그리고 남북 교역의 주체도 우리 지역별로 구분할 필요가 있다. 남북 교역의 주체가 지방자치단체가 될 수 있는 근거가 마련되어 향후 남북 협력이 본격화될 경우를 대비해 지자체별 통계 축적을 위한 장치를 지금부터 마련해 둘 필요가 있다.

마지막으로 남북간 교역·교류는 북한 통계 역량 강화를 위한 매우 현실적인 시작점이 될 수 있다. 북한은 VNR 보고서(2019)를 발표하면서 자신들의 통계 수준을 지적하며 국제사회에 협력을 공식적으로 요구한 바 있다. 하지만 북한이 비핵화에 진정성 있는 태도 변화를 보이지 않으며, 대북제재가 공고히 작동하는 현실을 감안한다면 국제사회와의 협력은 요원한 일이다. 북한이 발표하는 내부 통계는 신뢰성이 극히 낮고 외부에서 발표하는 북한의 통계는 주로 추정치이다.

하지만 남북간 교역과 교류에 관해서 우리의 자료를 북한과 공유하는 것이 가능하다. 물론 전반적인 북한 통계의 신뢰성을 제고하는 데에는 그 표본이 충분하지 않다고 하겠지만, 북한의 통계 역량 강화 측면에서는 충분한 가치가 있다고 하겠다. 북한의 통계 인프라 확충을 지원하고 궁극적으로 북한이 자체적으로 보유하고 있는 raw data를 공개하는 방향으로의 유도가 필요하다. 북한의 조선중앙통계국, 조선중앙은행은 계획경제 시스템의 특성으로 상당한 자료가 있을 가능성이 있으며 이를 분석하고 분류하는 통계 기술 전수가 가능할 것으로 보인다. 이를 위해 남북한 통계기관 간 교류협력을 확대하고, World Bank, IMF, ADB 등 국제기구들을 점진적으로 포함해 회원국 수준으로 북한의 역량을 강화시키는 것이 바람직하다.

환경

이현주(서울평양연구원 원장)

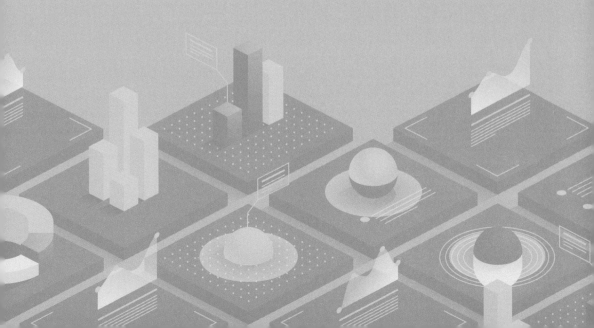

제10장

:

환경

1. 개요

북한은 가뭄과 홍수, 산사태 등 자연재해와 더불어 수자원, 산림과 생태를 포함한 대부분의 환경 부문에서 어려움을 겪고 있어, 2012년 기준 홍수, 가뭄 등 기후변화 자연재해 위험지수(Climate Risk Index)는 전체 180여 개 대상국 중 7번째로 높다.[1]

2014년과 2015년 초반 계속된 가뭄으로 관개에 필요한 물 저장량의 35%만 보유한 것으로 나타났으며(FAO 2016), 2015년과 2016년 여름에는 함경북도와 나선 지역의 홍수로 인해 지역주민이 피해를 입었으며 가을 작황에 부정적인 영향을 준 것으로 나타나고 있다(『뉴스1』 16/09/13).

각국의 환경개선정도(Performance)를 종합적으로 평가할 수 있는 환경성과지수(Environmental Performance Index)에서도 북한은 낮은 점수를 보여, 환경 전반에 있어 개선이 시급한 것으로 나타나고 있다.[2]

유엔환경계획(United Nations Environment Program, UNEP)과 북한 국토환경보호성(Ministry of Land and Environmental Protection, MoLEP)이 공동으로 조사한

---

1   Harmeling, S., Eckstein, D. 2012. "Global Climate Risk Index 2013. Who Suffers Most from Extreme Weather Events? Weather-Related Loss Events in 2011 and 1992 to 2011." German Watch, Bonn and Berlin, Germany.

2   명수정(2015), "북한의 환경 현황과 물관리 분야의 협력과제," 『한국수자원학회지(물과 미래)』 48(7), 27-33.

2012년 보고서에 따르면 북한은 환경문제가 심각한 상태이며 경제 회복에 부정적인 영향을 미치고 있는 것으로 평가되었다(ECCO 2012).

북한은 환경문제 해결을 위해 「산림건설총계획(2013~2042)」, 「림농복합경영방식의 산림복원 10개년 계획(2013~2022)」 등을 포함한 다양한 산림 복구를 위한 정책과 계획을 수립하였다.

북한은 산림황폐화 및 식량난 해결을 위해 2004년부터 스위스 개발협력청(Swiss Agency for Development and Cooperation, SDC)과 함께 경사지 관리 프로그램(Sloping Land Management Program, SLMP)을 진행하고 있으며, SLMP를 통해 임농복합경영(agroforestry)을 시작하였다. SLMP는 이용자 그룹(User group)을 통해 주민들이 직접 경사지를 이용할 수 있는 권리를 제공하고 있으며, 황해북도 수안군을 시작으로 연산군, 연탄군, 사리원시, 서흥군, 린산군, 평산군, 신평군을 포함한 8개 군으로 확대하였다.[3] 2015년에는 MoLEP와 함께 「국가 임농복합경역 정책과 전략(National Agroforestry Policy and Strategy), 행동계획(2015~2024)」을 수립하였다.

북한은 유럽연합 프로그램 지원단(European Union Programme Support unit, EUPS)과 함께 사업을 진행하고 있는 컨선 월드와이드(Concern Worldwide), 세이브 더 칠드런(Save the Children), 스웨덴 적십자(Swedish Red Cross) 등을 포함한 국제 민간기구(International nongovernmental organization, INGO)와 UNEP, 유엔 세계식량농업기구(Food and Agriculture Organization of the United Nations, FAO) 등 국제기구와 식량문제를 연계·협력하고 있다.

특히, 유럽연합(European Union, EU)의 경우 1995년부터 130개 이상의 사업에 1억 3천 6백만 유로 이상을 지원하였으며, 식량안보, 보건서비스 개선, 취약 계층을 위한 깨끗한 물과 위생시설 이용 등을 지원하였다. 2019년 초 가뭄과 함경도 취약 가정에 국제적십자연맹을 통하여 55만 유로를 지원하였으며 2017년 사이에는 재해 대비를 위한 사업에 30만 유로를 지원하였다.[4]

북한에 대한인도주의 단체들의 접근은 시간이 지남에 따라 점점 더 제한되어,

---

3   He, J., Xu, J. 2017. "Is there decentralization in North Korea? Evidence and lessons from the sloping land management program 2004-2014." Land Use Policy. 61, 113-125.

4   ECHO Factsheet - North Korea (DPRK). 2017.
    http://ec.europa.eu/echo/files/aid/countries/factsheets/dprk_en.pdf(검색일 2022.12.26)

수요는 여전히 높지만 COVID-19 대유행 이후 국경이 엄격하게 폐쇄되어 인도적 접근이 차단되고 있다.

2. 북한 환경 통계 현황

1) 김정은시기 환경 정책의 변화

북한은 환경 문제 해결을 위해 「산림건설총계획(2013~2042)」, 「림농복합경영 방식의 산림복원 10개년 계획(2013~2022)」 등을 포함한 다양한 산림 복구를 위한 정책과 계획을 수립하였다. 북한에서 환경 분야를 담당하는 주무 부처는 국토환경 보호성이며, 기상수문국과 같은 유관기구들과 함께 국제사회의 환경분야 논의 동향에 대응하고 있다.

북한 자체의 체계적인 환경 모니터링을 통한 통계 시스템은 확인할 수 없으나, 국제기구와 협력하여 국제사회에 환경 관련 보고서를 제출한 바 있다. 북한이 제출한 보고서로는 유엔환경계획(UNEP, UN Environment Programme)의 북한 환경상태보고서가 있으며, 환경과 기후변화에 대한 보고서 등이 있다. 또한 북한은 유엔기후변화협약, 생물다양성협약, 유엔사막화방지협약과 같은 주요 환경협약에 가입한 당사국으로서 국가보고서를 제출하고 있다.

3. 북한 환경 통계의 특징

통계청의 북한 주제별 환경 통계는 온실가스배출량(1971~2020), 연평균기온 (1980~2021), 연강수량(1980~2021), 연평균풍속(바람)(1980~ 2021)을 남한과 비교하여 보여주고 있다. 이 통계는 40년간 시계열적(time series) 통계가 축적되어 경향성 (trend)을 파악하는데 성과를 거두었다.

환경 분야는 대기와 물, 폐기물, 자연환경, 토양과 지하수 등 그 범위가 넓은데, 주요 관련 통계지표 또한 수질 및 대기질, 수자원, 생물다양성(식물상과 동물상 등), 보호지역, 폐기물 발생량, 토양오염, 토지이용 현황, 환경성 질환, 기후변화(기상자료와 온실가스 등) 및 재난재해 등 다양한 지표가 포함되었다.

대기질의 경우 남한은 주로 대기오염에 대해 미세먼지, 오존, 이산화질소, 일산화탄소, 아황산가스를 중심으로 자동측정망을 통해 분석하여 통계를 제공하고 있다.

위성을 통한 원격탐사 자료는 접근이 불가능한 북한 환경에 대한 정보의 추출을 가능하게 한다. NASA가 제공하는 Landsat TM과 우리나라의 천리안 위성 등 다양한 원격탐사 자료를 활용하여 산림과 토지이용 현황 등의 자료를 구축해 왔다.

환경부는 북한지역에 대한 토지이용 현황을 정주지를 비롯하여 농경지와 산림과 초지 및 나지, 습지, 그리고 수역의 7가지 토지이용 유형으로 구분하고 분석하여 이를 대분류 토지피복 영상으로 제공해오고 있다.

토지피복 영상은 1980년대 말부터 2010년대 말에 이르는 시기에 10년 주기로 4차례에 걸쳐 구축되었으며, 이러한 토지피복 영상 자료를 통해 시기별 토지이용의 변화추이를 파악하여 북한의 주요 토지이용 유형별 환경 통계의 구축이 가능하다.

그림 10-1 남북한 온실가스 배출량

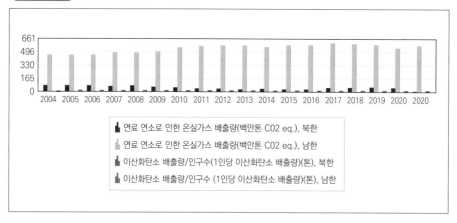

연료 연소로 인한 온실가스 배출량(백만톤 CO2 eq.), 북한
연료 연소로 인한 온실가스 배출량(백만톤 CO2 eq.), 남한
이산화탄소 배출량/인구수(1인당 이산화탄소 배출량)(톤), 북한
이산화탄소 배출량/인구수 (1인당 이산화탄소 배출량)(톤), 남한

자료: 통계청

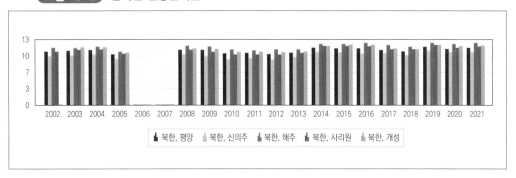

그림 10-2 남북한 연평균기온

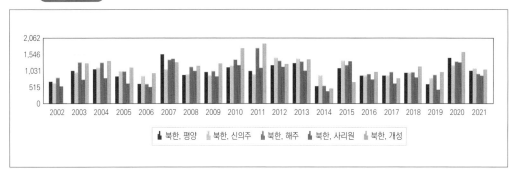

그림 10-3 남북한 연강수량

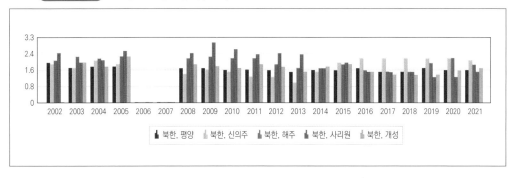

그림 10-4 남북한 연평균풍속(바람)

4. 북한의 VNR 환경 통계

북한의 VNR 보고서는 기후변화와 이로 인해 발생하는 재난의 영향을 줄이기 위한 방안들을 국가정책에 반영하고 유엔기후변화협약(UNFCCC)과 파리협정(Paris Agreement) 이행을 강조하고 있다.

SDG 13 기후변화 대응과 관련하여 그동안 UN SDG 국가별 프로파일[5]에서 북한을 급격한 기후변화로 위험이 큰 지역으로 농업 생산 감축, 농업 인프라 파괴, 토양 및 수자원 유실로 부정적 효과에 노출되어 있다고 평가하였다. 그러므로 북한에 대해 기후변화가 미칠 영향 감소와 조기경보, 민관대처능력 향상을 위한 교육과 인식 제고를 강조하고 있다.

북한은 기후변화 공동 대응 차원에서 온실가스(greenhouse gas, GHG)배출 감축 계획을 2016년 1차로 제출하였고 최근 2차로 수정한 계획에 의하면 2030년까지 국가감축기여목표를 3천 6백만 톤(15.6%)으로 제시하였다.[6]

표 10-1   **SDG 13 기후변화 대응 관련 북한 지표, 2015-2020**

지표	단위	2015	2018	2020
13.1.1 인구10만명당 재난으로 피해를 입은 인구 수	명	0.43	0.59	0.47
13.1.2 국가재난위험경감정책	년도		2019 제출	
13.1.3 국가의 전략에 따라 재난지역 채택하고 있는 지역의 비율	%	0	0	100
13.2.1 온실가스 배출 감소를 위해 격년으로 제출된 국가계획의 보고서		2차 보고서 (2012)	1차 NDC (2016)	업데이트 NDC (2021)

출처: DPRK, "Democratic People's Republic of Korea Voluntary National Review On the Implementation of the 2030 Agenda", p. 60, ⟨https://sustainabledevelopment.un.org/content/documents/282482021_VNR_Report_DPRK.pdf⟩ (Accessed October 15, 2022)

---

5   The United Nations Department of Economic and Social Affairs, "SDG Country Profile", ⟨https://country-profiles.unstatshub.org/prk⟩, (Accessed July 6, 2021).

6   김성 유엔주재 북한대사가 2019년 9월 유엔 기후행동정상회의 특사에게 보낸 서한에 따르면 2030년까지 북한의 국가감축기여목표는 3천 580만 톤(16.4%)이다.

5. 메타데이터 검토 분석

　기상청 국가기후데이터센터에서 매달 공개하는 【북한기상자료】는 북한 전역에서 27개 주요 지역의 매일 기온과 강수량을 엑셀로 정리하고 제공하여 가장 신뢰성이 높다.

　평양, 신의주, 개성, 원산, 남포, 사리원, 해주, 함흥, 청진, 혜산, 강계, 선봉, 삼지연, 중강, 풍산, 김책, 수풍, 장진, 구성, 희천, 신포, 안주, 양덕, 장전, 신계, 용연 등 지역의 1991~2020년까지 30년 간 평균값을 제시하여 기온과 강수량의 변화에 따른 평년차를 비교할 수 있도록 제공하고 있다. 세계기상기구(WMO) 기상통신망(GTS)을 통해서 1일 8회(03, 06, 09, 12, 15, 18, 21, 24 KST) 수집한 북한 기상관측자료를 통계처리하고 있다.

　온실가스 배출량의 경우 에너지 분야와 연계하여 통계구축이 가능하며, 이는 또한 북한통계에 포함되어 제공되고 있다.

　UNICEF와 같은 국제기구는 북한 일부지역에 대해 가계별 샘플링을 통해 보건과 위생에 대하여 조사를 진행하고 있다.

6. 평가 및 제언

　환경통계는 물과 대기와 같은 환경 매체를 직접 샘플링하고 분석하는 과정을 거치는 것이 일반적이나 북한지역은 물리적 접근성이 제한되어 있어 북한 내부에서 자료를 수집하여 공개하지 않을 경우 환경 현황 파악이 극히 어렵다.

　북한의 환경 현황을 살펴볼 수 있는 자료는 주로 과거 문헌을 통하거나 국제기구가 수집한 경우가 많으며, 공개된 자료가 있다 하더라도 평양과 같은 일부 지역에 한정되거나 자료가 오래되어 활용하는 데 어려움이 있다.

　북한은 자체적으로 환경 전반에 대한 체계적인 모니터링을 하지 않는 것으로 추측되는데, 관련 자료가 있다 하더라도 외부에 공개되는 것은 한시적인 자료이거나 특정지역에 국한된 경우가 많다.

　남한은 토지이용 현황과 관련하여 상세한 자료를 구축하고 있으나 북한의 경우 상세 토지이용 현황 파악에는 한계가 있다.

북한과 협력하여 북한의 환경모니터링 체계를 구축하고 환경 정보를 수집하여 남북한 환경 통계의 수준을 맞추려는 목표의 설정이 필요하다.

북한이 유엔에 제출하는 국가보고서, 2021년 출간한 SDGs에 대한 자발적 국가보고서(VNR, Voluntary National Reviews) 등을 통해 북한의 환경 현황 정보를 재구성하여 북한 환경 통계를 구축해나갈 필요성이 있다.

7. 환경 항목별 메타데이터 검토 분석

표 10-2	온실가스 배출량
개념	연소로 인한 온실가스는 (석탄, 석유, 가스 등) 연료의 연소과정에서 배출되는 이산화탄소, 메탄, 아산화질소를 포함한 온실가스의 총배출량을 나타냄. 1인당 이산화탄소 배출량은 1인당 이산화탄소 배출량(톤)으로 나타내며 연료연소에 의한 이산화탄소 배출량(CO2FCOMB)을 사용하여 산출.
생산주기	연간
출처	남북 IEA(2021.12월기준)
담당자	IEA Statistics〈statsnews@iea.org〉
조사방법	N/A
유사통계표	http://data.un.org/en/iso/kp.html https://data.oecd.org/air/air-and-ghg-emissions.htm
논의사항	연료연소에 의한 온실가스 배출량에 있어서 남북한 경제규모의 비율보다 작은 차이를 보이며, 연도별로는 큰 변화를 보임.

표 10-3	연평균기온
개념	연평균기온
생산주기	연간
출처	(남북)기상청 (2022. 7월 기준)
담당자	기상청 국가기후데이터센터 (042-481-7480)
조사방법	− 세계기상기구(WMO) 기상통신망(GTS)을 통한 1일 8회(03, 06, 09, 12, 15, 18, 21, 24 KST) 수집한 북한 기상관측자료를 통계처리한 자료임. 북한기상관측 통계자료 산출방법(기상청 기후통계지침 참고) − 연 통계값은 월 통계자료를 이용하여 실시하되 1개월이라도 자료가 없으면 통계처리하지 않음 − 월 통계값은 일 통계자료를 이용하여 실시하되 자료량이 80% 이상인 경우에 산출 − 일 통계값은 1일 8회 관측값을 이용하되 누락된 자료가 있을 경우 일 4회 이상 관측자료가 존재하면 일 통계값 산출
유사통계표	없음.

표 10-4	연강수량
개념	연강수량
생산주기	연간
출처	(남북)기상청 (2022. 7월 기준)
담당자	기상청 국가기후데이터센터 (042-481-7480)
조사방법	− 세계기상기구(WMO) 기상통신망(GTS)을 통한 1일 8회(03, 06, 09, 12, 15, 18, 21, 24 KST) 수집한 북한 기상관측자료를 통계처리한 자료임. 북한기상관측 통계자료 산출방법(기상청 기후통계지침 참고) − 연 통계값은 월 통계자료를 이용하여 실시하되 1개월이라도 자료가 없으면 통계처리하지 않음 − 월 통계값은 일 통계자료를 이용하여 실시하되 자료량이 80% 이상인 경우에 산출 − 일 통계값은 1일 8회 관측값을 이용하되 누락된 자료가 있을 경우 일 4회 이상 관측자료가 존재하면 일 통계값 산출
유사통계표	없음.

표 10-5	연평균풍속
개념	연평균풍속(바람)
생산주기	연간
출처	(남북)기상청 (2022. 7월 기준)
담당자	기상청 국가기후데이터센터 042-481-7480
조사방법	- 세계기상기구(WMO) 기상통신망(GTS)을 통한 1일 8회(03, 06, 09, 12, 15, 18, 21, 24 KST) 수집한 북한 기상관측자료를 통계처리한 자료임. 북한기상 관측 통계자료 산출방법(기상청 기후통계지침 참고) - 연 통계값은 월 통계자료를 이용하여 실시하되 1개월이라도 자료가 없으면 통계처리하지 않음 - 월 통계값은 일 통계자료를 이용하여 실시하되 자료량이 80% 이상인 경우에 산출 - 일 통계값은 1일 8회 관측값을 이용하되 누락된 자료가 있을 경우 일 4회 이상 관측자료가 존재하면 일 통계값 산출
유사통계표	없음.

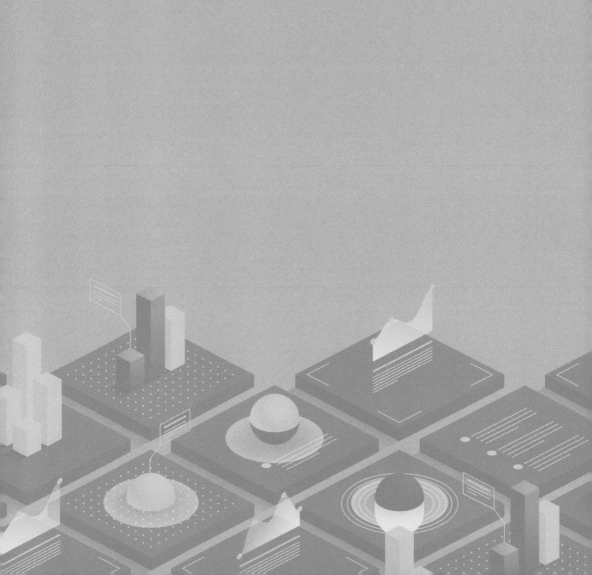

에너지

김엘렌(이화여자대학교 통일학연구원 객원 연구위원)

제11장

⋮

에너지

1. 에너지 통계의 필요성

북한의 에너지 통계 파악의 필요성은 무엇인가? 북한의 에너지 통계는 에너지 정책의 효과성과 시계열적 변화를 추적하는 데에 유의미한 역할을 한다. 에너지 통계 지표는 북한 에너지 산업에 대한 다양한 정보수집을 통해 산출한 결과로, 북한의 산업 현황을 파악하고 정책설계 기초자료로서의 역할을 수행한다. 디지털화로 인해 전 분야에 걸쳐 비용 효율적인 다량의 데이터가 수집되고는 있으나, 북한이 공식적인 통계를 공개하지 않고 있으므로 에너지 연구에 어려움이 있다.

이에 국내외 데이터 출처에 대하여 메타데이터 분석이 가능한 자료에 한하여, 에너지 통계 접근 방법을 보다 심도 있게 파악하는 방안을 제공하고자 하였다. 특히, 기후변화로 인해 2050 탄소중립이 국제규범이 된 현 상황에서 에너지 빅데이터를 구축할 필요성이 제기되었다. 저탄소, ESG 투자 흐름, 탄소 무역국경 등 환경친화적 탄소 중립 이행을 위한 평가체계가 필요하다. 북한도 이에 대해 적극적인 관심을 표명했으므로 이러한 데이터를 수집할 수 있는 세밀한 방안을 모색할 필요성이 있다.

2. 북한 에너지 통계 현황

통계청은 2022년 12월 기준으로 총 734종의 북한 통계자료를 제공하고 있다. 이는 11개 국내 기관을 출처로 한 110종과 14개 해외 기관 출처 624종으로 구성되어 있다. 본 장에서 다룰 에너지 분야 통계는 총 33개이다.

국내 기관을 출처로 한 통계의 경우, 관계기관에서 추정한 결과를 현황 파악과 분석에 이용하여 왔으나 메타데이터에 대한 출처가 분명하지 않아 이 부분은 개선 작업이 요구되는 시점이다. 그러나 북한과 지리적으로 인접한 한국의 정보기관이 제공하는 통계이며, 통계의 지속성이 담보된다는 점에서 여타 북한 에너지 통계에 비해 어느 정도의 비교우위를 가지고 있다고 판단된다. 1980년부터 2020년까지 수치를 제공하고 있으므로 추이 파악에도 유용하며 통계의 시의성 역시 가지고 있다. 더불어 남북의 에너지 통계를 함께 제시하여 비교에 용이하다는 장점이 있다. 주지하다시피 이 에너지 통계는 관계기관의 추정치이므로, 어떠한 자료를 기반으로 어떠한 분석과정을 거쳐 추정치를 산출했는지에 대한 정보가 이용자에게 제공되지 않는다는 한계점에 관한 부분을 밝혀 둔다.

해외 기관을 기반으로 한 통계의 특징을 다음과 같다. 북한은 정기적으로 에너지 통계를 발표하고 있지 않으므로, 부분 통계의 경우에는 북한 당국이 유엔기후변화협약(United Nations Climate Change, 이하 UNFCCC)에 제출한 보고서와 북한 당국이 자발적 국가 검토 보고서(Voluntary National Review, 이하 VNR)에 언급한 수치를 통해 확인할 수 있다. 해외 기관들이 제공하고 있는 북한 에너지 통계 역시 측정 방법이나 산출 방법이 메타데이터로 공개되고 있지 않으므로 통계이용자들이 추정치에 대한 한계를 인지할 필요가 있다.

통계청이 제공하는 북한의 에너지 통계 33종을 구체적으로 살펴보고자 한다. 이 장에서는 각 항목의 개념과 생산주기, 출처, 조사 방법을 확인 후 표기하였다. 이후 해당 항목과 유사한 국내외 통계지표를 밝히고, 정확성, 시의성·정시성, 일관성, 비교성, 관련성, 접근성·명확성 등 6가지 차원에서 해당되는 사안에 대해 논의사항에서 다루었다.

1) 원유수입량 및 정제능력(Crude Oil Imports and Refining Capacity)

원유수입량 및 정제능력의 경우, 연간 총 처리물량을 실제 가동일 수로 나눈 값이며, 매년 생산되는 통계이다. 이 항목은 국가정보원이 출처이므로, 그 조사 방법에 대해 자세히 알 수 없지만 역추정 결과 이 지표는 다음과 같이 평가할 수 있다.

첫째, 관련성 측면에서 남북의 원유수입량과 정제능력을 하나의 통계표로 보여주고 있어서 이용자가 남북의 수치를 비교에 용이하다는 점이다. 둘째, 정확성 측면에서 "정제능력"의 경우 북한은 1980년부터 2020년까지 모두 동일한 수치인 70으로 표기되어 있어 신뢰성에 의문을 제기할 수 있다. 이러한 수치의 경우, 제외하는 방향성이 필요하다. 셋째, 접근성과 명확성 측면에서 통계에 대한 접근성이 좋은 것으로 평가할 수 있다. 이와 유사한 통계표로는 미국 에너지관리청(U.S. Energy Information Administration)이 제공하고 있다.

표 11-1	원유수입량 및 정제능력(Crude oil Imports and Refining Capacity)
개념	원유수입량 및 정제능력(연간 총 처리물량을 실지 가동 일수로 나눈 값)
생산주기	연간
출처	관계기관
담당자	
조사방법	출처가 관계기관의 경우 찾지 못함.
유사통계표	미국 에너지관리청(U.S. Energy Information Administration) 홈페이지〉International〉Data
논의사항	– 관련성: 남북의 원유수입량과 정제능력을 하나의 통계표로 보여주고 있어 이용자가 남북의 수치를 비교하기에 용이함. – 정확성: 단, 정제능력(연간 총 처리물량을 연간 실지 가동 일수로 나눈 값)의 경우 북한은 1980년부터 2020년까지 모두 같은 수치(70)라서 신뢰성에 의문. 이런 수치의 경우에는 제외하는 방향을 제안함. – 접근성/명확성: 홈페이지 접근성이 좋음.

2) 1차 에너지 공급(열량)(Primary Energy Supply(Calorie basis))

1차 에너지 공급량(석탄, 석유, 수력 등)을 열량으로 환산한 값을 의미한다. 이 항목은 국가정보원이 출처이므로 그 조사 방법을 파악하기 어렵다. 다만 이와 유사한 통계표로는 미국 에너지관리청(U.S. Energy Information Administration)이 제공하고 있다. 1차 에너지 공급(열량) 지표에 대해서 다음과 같이 평가할 수 있다. 첫째, 관련성 측면에서 1차 에너지의 개별 공급원에 따른 열량과 구성비를 안내하고 있으므로 유용하다. 둘째, 비교성 측면에서 미국 에너지관리청의 통계는 단위가 BTU이므로 비교하기 위해서는 환산이 필요하다. 한편, 이 수치는 2015~2016년에 최저치가 나타난 한편, 미국 에너지관리청이 제시하는 최저치는 2018~2019년으로 나타났다. 통계표에 차이가 발생하고 있다는 점을 상기할 필요가 있다. 셋째, 접근성 및 명확성의 측면에서 살펴볼 때, 통계표 명이 1차 에너지 공급인데, 여타 통계들은 공급(supply) 대신 생산(production)을 사용하므로 통일하거나 통계표에 대한 설명을 덧붙일 필요가 있다. 넷째, 2020년 통계 수치까지 제공하고 있으므로 시의성이 있다.

표 11-2	1차 에너지공급(열량) Primary Energy Supply(Calorie basis)
개념	1차 에너지 공급량(석탄, 석유, 수력, 기타)을 열량으로 환산한 값
생산주기	연간
출처	관계기관
담당자	
조사방법	출처가 관계기관의 경우 찾지 못함.
유사통계표	미국 에너지관리청(U.S. Energy Information Administration) 홈페이지 〉 International 〉 Data
논의사항	- 관련성: 1차 에너지 공급원에 따른 열량, 구성비를 안내하고 있어서 유용함. - 시의성: 2020년까지 수치 제시하여 시의성 있음. - 비교성: 미국 에너지관리청 통계는 단위가 BTU이므로 비교할 때 환산이 필요함. 이 통계는 2015~2016년에 최저치, 미 에너지관리청 통계는 2018~2019년에 최저치로 차이를 보임. - 접근성/명확성: 통계표명이 '1차 에너지 공급'인데, 다른 통계들의 경우 공급(supply) 대신 생산(production)을 사용함. 통일하거나 통계표명에 대한 설명을 덧붙이는 것을 제안.

3) 1차 에너지 총공급량 및 1인당 공급량(Total and Per Capita Supply of Primary Energy)

1차 에너지 총공급량 및 1인당 공급량을 열량으로 환산한 값을 의미하며 출처는 국가정보원이다. 미국 에너지관리청(U.S. Energy Information Administration)과 국제에너지기구(International Energy Agency, 이하 IEA)가 유사 통계표를 제공하고 있다. 해당 통계는 다음과 같이 평가할 수 있다. 관련성 측면에서 1차 에너지 총공급량과 1인당 공급량을 함께 제시하고 있다는 점에서 유용하며, 2020년까지 수치를 제시하여 시의성이 높다. 유사 통계표 중 국제에너지기구 통계의 경우 공급량의 단위가 TJ이므로 비교시 환산이 필요하다는 제약이 존재한다.

표 11-3	1차 에너지 총공급량 및 1인당 공급량(Total and Per Capita Supply of Primary Energy)
개념	1차 에너지 총공급량 및 1인당 공급량을 열량으로 환산한 값
생산주기	연간
출처	관계기관
담당자	
조사방법	출처가 관계기관의 경우 찾지 못함.
유사통계표	미국 에너지관리청(U.S. Energy Information Administration) 홈페이지 〉 International 〉 Data, 국제에너지기구(IEA) 홈페이지 〉 Energy Statistics Data Browser
논의사항	– 관련성: 1차 에너지 총공급량과 1인당 공급량을 함께 제시하고 있어서 유용함. – 시의성: 2020년까지 수치 제시하여 시의성 있음. – 비교성: 국제에너지기구 통계는 공급량의 단위가 TJ이므로 비교할 때 환산이 필요하다는 제약이 있음.

4) 발전설비용량(Capacities of Power Generators)

발전설비가 제공할 수 있는 출력량을 의미하며, 출처는 관계기관으로 조사방법을 밝힐 수 없다. 유사 통계표로는 미국 에너지관리청이 있다. 해당 통계는 관련성 측면에서 발전설비용량을 수력 및 화력으로 제시하고 있어서 유용하며, 유사 통계표인 미국 에너지관리청과 유사한 추이를 보이므로 비교성을 가지고 있다. 또한 2020년 수치까지 제시하고 있다.

표 11-4	발전설비용량(Capacities of Power Generators)
개념	발전설비가 제공할 수 있는 출력량
생산주기	연간
출처	관계기관
담당자	
조사방법	출처가 관계기관의 경우 찾지 못함.
유사통계표	미국 에너지관리청(U.S. Energy Information Administration) 홈페이지 〉 International 〉 Data
논의사항	– 관련성: 발전설비용량을 수력, 화력으로 제시하고 있어 유용함. – 비교성: 다른 통계(미국 에너지관리청)와 유사한 추이를 보이고 있음. – 시의성: 2020년 수치제시하여 시의성 있음.

5) 발전 전력량(Gross Generation)

발전 에너지의 양을 의미하며, 출처는 관계기관으로 조사 방법을 밝힐 수 없다. 유사 통계표로는 미국 에너지관리청과 국제에너지기구가 있다. 해당 표는 발전전력량을 수력과 화력으로 제시하고 있으며 구성비도 함께 제시하고 있어 유용하다. 그러나 다른 유사통계표와 비교하여 수력과 화력 발전량의 비율에서 차이가 나타난다.

표 11-5	발전 전력량(Gross Generation)
개념	발전 에너지의 양
생산주기	연간
출처	관계기관
담당자	
조사방법	출처가 관계기관의 경우 찾지 못함.
유사통계표	UN, 미국 에너지관리청(U.S. Energy Information Administration) 홈페이지〉International〉Data
논의사항	- 관련성: 발전전력량을 수력, 화력으로 제시하고 있고 구성비도 제시하여 유용함. - 비교성: 다른 유사 통계(미국 에너지관리청, 국제에너지기구)와 수력/화력 발전량 비율에서 차이가 있음. 다른 통계의 경우 수력발전량이 화력발전보다 높게 측정

6) 에너지 생산량(UN 〉에너지)

이 에너지 생산량은 무연탄, 갈탄, 코크 오븐 가스, 장작, 석탄, 경유, 디젤유, 가솔린유, 연료유, 전기생산량, 전기총열량, 전기 총 수력 발전량, 용광로 가스 생산량을 각 항목으로 제공한다. 이 통계의 경우, UN Data Explorer의 에너지 데이터베이스를 그 출처로 한다. 이 통계의 조사 방법은 국별로 받은 설문을 수합하는 것으로, 연간 설문인 AQUES(Annual Questionnaire on Energy Statistics)와 월간 설문인 JODI(Joint Organizations Data Initiative), MBS(Monthly Bulletin of Statistics)가 그 대상이다. UN 데이터 개괄은 북한의 1차 에너지생산량을 제공한다. 유사통계표는 미국 에너지관리청에서 제공한다. 이 표의 경우 '에너지 생산량'이 '에너지원의 생산량'과 '전력량'을 어떤 관계로 설정한 것인지 불명확하다. 그러므로 '에너지 자원별 생산량'으로 통계표명을 변경하는 것이 적절할 것으로 보인다. 또한 에너지 자원별로 세부항목으로 통계표가 구성되어 있는 점은, 이용자가 직접 계산하지 않으면 총 생산량을 한 번에 알기 어렵다는 한계가 있다.

표 11-6	UN〉에너지〉에너지 생산량
개념	무연탄, 갈탄, 코크 오븐 가스, 장작, 석탄, 경유, 디젤유, 가솔린유, 연료유, 전기생산량, 전기총열량, 전기총 수력발전량, 용광로 가스 생산량
생산주기	연간
출처	UN Data Explorer(Datamarts) 〉 Energy Statistics Database
담당자	energy_stat@un.org
조사방법	UNSD 에너지 통계는 크게 연간 설문인 AQES(Annual Questionnaire on Energy Statistics)와 월간 설문인 JODI(Joint Organaizations Data Initiative), MBS(Monthly Bulletin of Statistics)를 수합함. - UNData 개괄은 북한의 Energy production, primary (1차 에너지 생산량)을 제공함 (단위: Petajoules) 　2010년: 688/2015년: 789/2018년: 558
유사통계표	미국 에너지관리청(U.S. Energy Information Administration) 홈페이지 〉 International 〉 Data
논의사항	- 관련성: 통계표명인 '에너지 생산량'이 '에너지원의 생산량'과 '전력량'을 어떤 관계로 보고 있는지 불명확. 에너지 자원별 생산량으로 통계표명을 변경할 필요 있음. - 접근성/명확성: 에너지 자원 별로 세부항목으로 통계가 나눠져 있어서, 이용자가 계산하지 않으면 총 생산량을 한 번에 알기 어려움. - UNData 개괄은 북한의 Energy production, primary (1차 에너지 생산량)을 제공함 (단위:Patajoules) 　2010년: 688 　2015년: 789 　2018년: 558

7) 에너지 수입량(UN〉에너지)

이 에너지 수입량은 무연탄, 코크 오븐 가스, 원유, 경유, 디젤유, 가솔린유, 등유 수입량을 각 항목으로 제공한다. 이 통계는 UN Data Explorer의 에너지 데이터베이스를 그 출처로 한다. 이 통계의 조사 방법은 국별로 받은 설문을 수합하는 것으로, 연간 설문인 AQUES(Annual Questionnaire on Energy Statistics)와 월간 설문인 JODI(Joint Organizations Data Initiative), MBS(Monthly Bulletin of Statistics)가 그 대상이다. 이 통계는 석탄과 석유 종류별로 통계를 제공하고 있어서 종류별 수입에 관해 세부지표 파악이 가능하다는 장점이 있다. 마찬가지로 세부항목으로 통계가 나누어져 있어서, 이용자가 직접 총합을 계산하지 않으면 총 수입량을 알기 어렵다는 제약이 있다.

표 11-7	UN 〉 에너지 〉 에너지 수입량
개념	무연탄, 코크 오븐 가스, 원유, 경유, 디젤유, 가솔린유, 등유 수입
생산주기	연간
출처	UN Data Explorer(Datamarts)〉 Energy Statistics Database
담당자	energy_stat@un.org
조사방법	UNSD 에너지 통계는 크게 연간 설문인 AQES(Annual Questionnaire on Energy Statistics)와 월간 설문인 JODI(Joint Organaizations Data Initiative), MBS(Monthly Bulletin of Statistics)를 수합함.
유사통계표	서비스 하고 있지 않음
논의사항	– 관련성: 석탄/석유 종류별로 통계를 제공하고 있어서 종류별 수입에 관한 세부지표 파악이 가능하다는 장점. – 접근성/명확성: 세부항목으로 통계가 나눠져 있어서, 이용자가 직접 총합을 계산하지 않으면 총수입량을 알기 어렵다는 제약이 있음.

8) 에너지 수출량(UN〉에너지)

이 통계의 에너지 수출량은 경탄 에너지 수출량을 그 항목으로 한다. 이 통계는 UN Data 의 에너지 데이터베이스를 그 출처로 하며, 조사방법은 국별로 받은 설문을 수합한 것이다. 마찬가지로 연간 설문인 AQUES(Annual Questionnaire on Energy

Statistics)와 월간 설문인 JODI(Joint Organizations Data Initiative), MBS(Monthly Bulletin of Statistics)가 그 대상이다. 미국 에너지관리청이 유사한 통계표를 제공하고 있으며, 그 추이는 본 통계표와 유사하다. 그러나 2018년 이후 통계수치가 제공되지 않고 있다.

표 11-8	UN 〉에너지 〉에너지 수출량
개념	경탄 수출
생산주기	연간
출처	UN Data Explorer(Datamarts) 〉 Energy Statistics Database
담당자	energy_stat@un.org
조사방법	UNSD 에너지 통계는 크게 연간 설문인 AQES(Annual Questionnaire on Energy Statistics)와 월간 설문인 JODI(Joint Organizaitons Data Initiative), MBS(Monthly Bulletin of Statistics)를 수합함.
유사통계표	미국 에너지관리청(U.S. Energy Information Administration) 홈페이지 〉 International 〉 Data
논의사항	– 시의성: 2018년 이후 통계 없음. – 비교성: 유사 통계인 미국 에너지관리청 통계와 추이가 유사함.

9) 잔유재고량(UN 〉에너지)

이 통계는 연료유(Fuel oil)의 재고를 의미한다. 이 통계는 UN Data의 에너지 데이터베이스를 그 출처로 하며, 조사방법은 국별로 받은 설문을 수합한 것이다. 마찬가지로 연간 설문인 AQES(Annual Questionnaire on Energy Statistics)와 월간 설문인 JODI(Joint Organizations Data Initiative), MBS(Monthly Bulletin of Statistics)가 그 대상이다. 이 통계의 경우, 1996년부터 2000년 사이, 2001년부터 2002년까지의 수치가 동일하여 그 정확성에 의문이 든다. 더불어 1996년에서 2002년까지의 통계만 존재하는 한계도 가지고 있다.

표 11-9	UN 〉 에너지 〉 잔유재고량
개념	연료유(Fuel oil) 재고
생산주기	연간
출처	UN Data Explorer(Datamarts) 〉 Energy Statistics Database
담당자	energy_stat@un.org
조사방법	UNSD 에너지 통계는 크게 연간 설문인 AQES(Annual Questionnaire on Energy Statistics)와 월간 설문인 JODI(Joint Organaizations Data Initiative), MBS(Monthly Bulletin of Statistics)를 수합함.
유사통계표	서비스 하고 있지 않음.
논의사항	– 정확성: 1996~2000, 2001~2002 수치가 같아서 정확성에 의문이 있음. – 시의성: 1996~2002 통계만 존재

10) 전기 에너지(UN 〉 에너지)

이 통계는 총 전력 생산(gross electricity production)을 의미하며, UN data의 Industrial Commodity Statistics 데이터베이스에 근거한다. 조사 방법은 알 수 없으나, 유사통계표로 미국 에너지 관리청과 〈북한의 주요통계지표〉가 있다. 다만, 〈북한의 주요통계지표〉와 본 통계표를 비교하였을 때 그 추이가 상이함을 알 수 있다. 특히, 2010년대 전력생산량을 적게 추산하고 있다는 점에서 특이점이 나타난다.

표 11-10	UN 〉 에너지 〉 전기에너지
개념	총 전력 생산(gross electricity production)
생산주기	연간
출처	UN Data Explorer(Datamarts) 〉 Industrial Commodity Statistics Database
담당자	
조사방법	알 수 없음
유사통계표	미국 에너지관리청(U.S. Energy Information Administration) 홈페이지 〉 International 〉 Data, 북한의 주요통계지표
논의사항	– 비교성: 북한의 주요통계지표와 비교하였을 때 상이함. 특히 2010년대 전력생산량을 적게 추산하고 있음.

11) 무연탄 및 갈탄(UN〉에너지)

이 통계표는 무연탄과 갈탄의 생산량을 의미하며, UN data의 Industrial Commodity Statistics 데이터베이스에 근거한다. 자원의 명칭과 개념 정의에 관한 메타데이터는 UNSD의 "List of Industrial Products"에서 확인할 수 있다. 유사 통계표는 미국 에너지관리청과 북한지하자원넷이 제공하고 있다. 이 통계표는 북한정확성 측면에서 무연탄과 유연탄의 개념과 구분, 세부항목에 대한 메타데이터가 부족하여 이용자가 비교하기에는 유용하지 않다는 진단을 할 수 있다. 또한 비교성 측면에서 통계청에서 발간하는 〈북한의 주요통계지표〉와 유사한 추이를 보인다. 그러나 무연탄, 유연탄 구분이 UN통계 항목과 상이하므로 항목을 통일할 필요성이 제기 될 수 있다.

표 11-11 UN〉에너지〉무연탄 및 갈탄

개념	무연탄(hard coal), 갈탄(brown coal), 자원의 명칭과 개념 정의에 관한 메타데이터는 UNSD의 List of Industrial Products에서 확인할 수 있음 (https://unstats.un.org/unsd/industry/Standards/LoIP.cshtml)
생산주기	연간
출처	UN Data Explorer(Datamarts) 〉 Industrial Commodity Statistics Database
담당자	
조사방법	알 수 없음
유사통계표	미국 에너지관리청(U.S. Energy Information Administration) 홈페이지 〉 International 〉 Data, 북한지하자원넷 홈페이지
논의사항	- 정확성: 무연탄 유연탄의 개념 및 구분, 세부 항목에 관한 메타데이터가 부족하여 이용자가 비교하기에 유용하지 않음. - 비교성: 북한의 주요통계지표와 유사한 양상을 보임. 무연탄·유연탄 구분이 UN통계와 상이함. UN통계 항목과 통일할 필요가 있어 보임.

12) 광석(UN〉에너지)

납, 아연 등의 생산량을 의미하며, UN data의 Industrial Commodity Statistics 데이터베이스에 근거한다. 자원의 명칭과 개념 정의에 관한 메타데이터는 UNSD의

"List of Industrial Products"에서 확인할 수 있다. 유사통계표를 미국 지질조사국(United States Geological Survey, USGS)이 제공하고 있다. 본 통계표는 시의성 측면에서, 대부분의 광석이 2005년 이후 수치가 없다는 점을 지적할 수 있다. 미국 지질조사국 통계가 최근 생산량을 제공하고 있으므로 이 통계표를 바탕으로 데이터를 보완할 필요가 있다. 세부 항목별로 조회해야 하므로 접근성은 좋지 않은 편이다.

표 11-12	UN〉에너지〉광석
개념	납, 아연 등 생산량 자원의 명칭과 개념 정의에 관한 메타데이터는 UNSD의 List of Industrial Products에서 확인할 수 있음 (https://unstats.un.org/unsd/industry/Standards/LoIP.cshtml)
생산주기	연간
출처	UN Data Explorer(Datamarts) 〉 Industrial Commodity Statistics Database
담당자	
조사방법	알 수 없음
유사통계표	미국 지질조사국(USGS) 〉 The Mineral Industry of North Korea
논의사항	– 시의성: 대부분의 광석은 2005년 이후 수치가 없음. 미국 지질조사국 통계가 최근 생산량을 제공하고 있으므로 이 통계를 바탕으로 보완할 필요가 있음. – 접근성/명확성: 세부 항목별로 조회해야 함. 접근성 좋지 않음.

13) 광물(UN〉에너지)

인산칼슘, 형석, 바륨, 염화나트륨, 마그네사이트, 흑연, 동석 등의 생산량을 의미하며, UN data의 Industrial Commodity Statistics 데이터베이스에 근거한다. 자원의 명칭과 개념 정의에 관한 메타데이터는 UNSD의 "List of Industrial Products"에서 확인할 수 있다. 유사통계표를 미국 지질조사국(United States Geological Survey, USGS)이 제공하고 있다. 앞서 살펴본 광석 통계표와 유사하게, 대부분의 광물 통계가 2004년 또는 2005년 이후 수치가 없다. 미국 지질조사국 통계가 최근 생산량을 제공하고 있으므로 이 통계를 바탕으로 데이터를 보완할 필요가 있다.

표 11-13	UN〉에너지〉광물
개념	인산칼슘, 형석, 바륨, 염화나트륨, 마그네사이트, 흑연, 동석 등 생산량 자원의 명칭과 개념 정의에 관한 메타데이터는 UNSD의 List of Industrial Products에서 확인할 수 있음 https://unstats.un.org/unsd/industry/Standards/LoIP.cshtml)
생산주기	연간
출처	UN Data Explorer(Datamarts) 〉 Industrial Commodity Statistics Database
담당자	
조사방법	알 수 없음
유사통계표	미국 지질조사국(USGS) 〉 The Mineral Industry of North Korea
논의사항	– 시의성: 대부분의 광물 통계의 경우 2004년 또는 2005년 이후 수치가 없음. 미국 지질조사국 통계가 최근 생산량을 제공하고 있으므로 이 통계를 바탕으로 보완할 필요가 있음. – 접근성/명확성: 세부 항목별로 조회해야 함.

14) 코크스 및 정제석유류(UN 〉 에너지)

코크스, 가솔린, 등유, 경유, 잔유의 생산량를 의미하며, UN data의 Industrial Commodity Statistics 데이터베이스에 근거한다. 자원의 명칭과 개념 정의에 관한 메타데이터는 UNSD의 "List of Industrial Products"에서 확인할 수 있다. 유사통계표를 미국 에너지관리청이 제공하고 있다. 이 통계표는 관련성 측면에서, 코크스와 정제석유류를 하나의 통계표에서 그 수치를 밝혀야 하는 지 의문을 제기할 수 있다. 각각의 통계표로 구분하는 것을 제안하고자 한다.

표 11-14	UN〉에너지〉코크스 및 정제석유류
개념	Coke / Motor gasoline / Kerosene / Gas-diesel oil(distillate fuel oil) / Residual fuel oils 자원의 명칭과 개념 정의에 관한 메타데이터는 UNSD의 List of Industrial Products에서 확인할 수 있음 (https://unstats.un.org/unsd/industry/Standards/LoIP.cshtml)
생산주기	연간
출처	UN Data Explorer(Datamarts) 〉 Industrial Commodity Statistics Database
담당자	
조사방법	알 수 없음
유사통계표	미국 에너지관리청(U.S. Energy Information Administration) 홈페이지 〉 International 〉 Data
논의사항	– 관련성: 코크스와 정제석유류를 하나의 통계표에 넣어야 하는지 의문. 각각의 통계표로 구분하는 것을 제안. – 접근성/명확성: 세부항목으로 통계가 나눠져 있어서, 이용자가 직접 계산하지 않으면 총 생산량을 알 수 없음.

15) 시멘트(UN〉에너지)

클링커 형태를 제외한 시멘트 생산량을 의미하며, UN data의 Industrial Commodity Statistics 데이터베이스에 근거한다. 자원의 명칭과 개념 정의에 관한 메타데이터는 UNSD의 "List of Industrial Products"에서 확인할 수 있다. 유사 통계표로 미국 지질조사국(United States Geological Survey, USGS)이 제공하는 표와 〈북한의 주요통계지표〉를 들 수 있다. 본 통계표는 정확성 측면에서 "북한의 주요통계지표"와 비교하였을 때, 1995~1996년 수치가 과대평가되어 있어서 그 신뢰도가 낮다.

표 11-15   UN〉에너지〉시멘트

개념	시멘트(클링커 형태 제외), 자원의 명칭과 개념 정의에 관한 메타데이터는 UNSD의 List of Industrial Products에서 확인할 수 있음 (https://unstats.un.org/unsd/industry/Standards/LoIP.cshtml)
생산주기	연간
출처	UN Data Explorer(Datamarts) 〉 Industrial Commodity Statistics Database
담당자	
조사방법	알 수 없음
유사통계표	미국 지질조사국(USGS) 〉 The Mineral Industry of North Korea, 북한의 주요 통계지표
논의사항	- 정확성: 북한의 주요통계지표와 비교하였을 때, 1995~1998년 수치가 과대평가되어 있어서 신뢰도가 낮음.

16) 기초금속(UN〉에너지)

선철, 규소철, 조강, 생동, 정련동, 납, 아연의 생산량을 의미하며, UN data의 Industrial Commodity Statistics 데이터베이스에 근거한다. 자원의 명칭과 개념 정의에 관한 메타데이터는 UNSD의 "List of Industrial Products"에서 확인할 수 있다. 유사통계표는 미국 지질조사국이 제공한다. 이용자가 세부항목별로 조회해야 하므로 접근성이 좋지 않은 편이다.

표 11-16   UN〉에너지〉기초금속

개념	Pig iron and spiegeleison / Ferro-silicon / Crude steel and steel semi-finished products / Unrefined copper; copper anodes for electrolytic refining / Refined copper; unwrought, not alloyed /Refined lead, unwrought / Zinc, unwrought, not alloyed 자원의 명칭과 개념 정의에 관한 메타데이터는 UNSD의 List of Industrial Products 에서 확인할 수 있음 (https://unstats.un.org/unsd/industry/Standards/LoIP.cshtml)
생산주기	연간
출처	UN Data Explorer(Datamarts)〉 Industrial Commodity Statistics Database
담당자	
조사방법	알 수 없음
유사통계표	미국 지질조사국(USGS) 〉 The Mineral Industry of North Korea
논의사항	- 접근성/명확성: 세부 항목별로 조회해야 함. 접근성 좋지 않음.

17) 주요 광물 생산(UN〉에너지)

철광석 생산량을 의미하며 UN data의 Industrial Commodity Statistics 데이터베이스에 근거한다. 자원의 명칭과 개념 정의에 관한 메타데이터는 UNSD의 "List of Industrial Products"에서 확인할 수 있다. 유사 통계표로 미국 지질조사국(United States Geological Survey, USGS)이 제공하는 표와, 〈북한의 주요통계지표〉를 들 수 있다. 이 통계표는 2009년부터 2011년까지의 수치가 모두 530만 톤으로 기재되어 있어서 그 정확성에 의문이 제기된다. 2016년 이후 데이터가 없다는 점에서 시의성이 부족함을 지적할 수 있다. 끝으로, "북한의 〈북한의 주요통계지표〉"와 그 추이를 비교하였을 때 차이가 있으므로 보완이 필요하다.

표 11-17   **UN〉에너지〉주요 광물 생산**

개념	철광석(Iron ores and concentrates), 자원의 명칭과 개념 정의에 관한 메타데이터는 UNSD의 List of Industrial Products에서 확인할 수 있음 (https://unstats.un.org/unsd/industry/Standards/LoIP.cshtml)
생산주기	연간
출처	UN Data Explorer(Datamarts) 〉 Industrial Commodity Statistics Database
담당자	
조사방법	알 수 없음
유사통계표	미국 지질조사국(USGS) 〉 The Mineral Industry of North Korea, 북한의 주요통계지표
논의사항	– 정확성: 2009~2011 수치가 동일(530만 톤). – 시의성: 2016년 이후 통계 없음. – 비교성: 북한의 주요통계지표와 추이 차이 있음.

18) 연료유 수입(UN〉에너지)

연료유 수입량을 의미한다. 이 통계는 UN Data의 에너지 데이터베이스를 그 출처로 한다. 조사방법은 국별로 받은 설문을 수합한 것으로, 연간 설문인 AQUES(Annual Questionnaire on Energy Statistics)와 월간 설문인 JODI(Joint Organizations Data

Initiative), MBS(Monthly Bulletin of Statistics)가 그 대상이다. 유사한 통계표로는 한국무역협회가 제공하는 북한 에너지교역국 통계를 유료로 제공하고 있다. 다만, 본 통계의 원래 표현은 "fuel oil"로 용어의 엄밀성을 위하여 '연료유'가 아닌 '중유'로 표현하는 것이 적절하다. 2019년까지 통계수치를 제공하고 있으며 북한의 주요 통계지표와 항목, 단위가 상이하므로 직관적인 비교에 어려움이 있다.

표 11-18	UN〉에너지〉연료유 수입
개념	Fuel Oil-Imports
생산주기	연간
출처	
담당자	energy_stat@un.org
조사방법	UNSD 에너지 통계는 크게 연간 설문인 AQES(Annual Questionnaire on Energy Statistics)와 월간 설문인 JODI(Joint Organaizations Data Initiative), MBS(Monthly Bulletin of Statistics)를 수합함.
유사통계표	한국무역협회 북한 에너지교역국 통계(중국 등) *유료통계
논의사항	– 관련성: 통계표의 명을 '연료유'가 아니라 '중유'로 표기하는 것이 적절함. – 시의성: 2019년 통계까지 있음 – 비교성: 북한의 주요통계지표와 항목, 단위가 상이 (원유, 배럴). 비교가 어려움.

19) 무연탄 수출입(UN〉에너지)

경탄의 수입량과 수출량을 각 항목으로 포함하는 통계표이다. 이 통계는 UN Data의 에너지 데이터베이스를 그 출처로 한다. 조사 방법은 국별로 받은 설문을 수합한 것으로, 연간 설문인 AQUES(Annual Questionnaire on Energy Statistics)와 월간 설문인 JODI(Joint Organizations Data Initiative), MBS(Monthly Bulletin of Statistics)가 그 대상이다. 미국 에너지 관리청이 유사통계표를 제공하고 있으며, 해당 통계표와 본 통계표의 수출량의 추이가 유사하게 나타난다. 2018년 이후 통계수치를 제공하고 있지 않다.

표 11-19	UN〉에너지〉무연탄 수출입
개념	경탄(Hard coal) 수입, 경탄 수출
생산주기	연간
출처	UN Data Explorer(Datamarts) 〉 Energy Statistics Database
담당자	energy_stat@un.org
조사방법	UNSD 에너지 통계는 크게 연간 설문인 AQES(Annual Questionnaire on Energy Statistics)와 월간 설문인 JODI(Joint Organaizations Data Initiative), MBS(Monthly Bulletin of Statistics)를 수합함.
유사통계표	미국 에너지관리청(U.S. Energy Information Administration) 홈페이지 〉 International 〉 Data
논의사항	– 시의성: 2018년 이후 통계 없음. – 비교성: 유사통계표와 수출량의 추이가 유사함. (무연탄 수출량의 경우 미국 에너지관리청 통계와 추이 유사)

20) 전기 접근성이 있는 인구 비율(도시, 농촌별)(UN〉지속가능개발목표(SDGs))

전기 접근성이 있는 인구 비율을 의미하며, 세부적으로 북한 전지역, 도시, 농촌 지역으로 나누어 제공한다. 출처는 World Bank이며 국가가구조사(센서스)와 설문조사를 바탕으로 측정하고 가중산술평균(weighted average)을 적용하였다. 북한이 보고한 자발적국별검토(VNR)에서 유사 통계표를 확인할 수 있다. 이 표는 관련성 측면에서 전기접근성이 있는 인구 비율을 전지역, 농촌, 도시로 나누어 세부항목으로 보여준다는 점에서 유용하다. 이 표는 2020년까지의 수치를 수록하고 있다. 유의할 점은 북한 당국이 VNR을 통해 발표한 통계와 큰 차이가 있다. VNR의 경우, 2017년을 기준으로 전체 전력망에 접근하는 인구 비율을 99.7%라고 밝히고 있기 때문이다. 접근성·명확성 측면에서 원출처인 World Bank 홈페이지를 통해 통계표에 대한 충분한 메타데이터를 제공하고 있다고 볼 수 있다.

표 11-20	UN_ 지속가능개발목표(SDGs)〉전기 접근성이 있는 인구 비율(도시, 농촌별)(%)
개념	전기 접근성이 있는 인구 비율
세부항목	전지역/농촌/도시
생산주기	연간
출처	World Bank
담당자	
조사방법	가중산술평균(weighted average), 대부분 국가 가구 조사(센서스)와 설문조사를 바탕으로 측정.
유사통계표	동일 통계표 세계은행(World Bank) 데이터 홈페이지에 기재, DPRK VNR
논의사항	– 관련성: 전기 접근성이 있는 인구 비율을 전지역/농촌/도시로 세부항목으로 보여줌. – 시의성: 2020년 수치까지 수록하고 있음. – 비교성: 북한 당국이 VNR을 통해 발표한 통계와 큰 차이가 있음(과소평가). ※ VNR: 전체 전력망에 접근하는 인구 비율 99.7%(2017년) – 접근성/명확성: 통계표에 대한 충분한 메타데이터를 제공하고 있음(세계은행 홈페이지의 경우)

21) 청정 연료 및 기술에 주로 의존하는 인구 비율(UN〉지속가능개발목표(SDGs))

깨끗한 연료와 기술에 주로 의존하는 인구의 비율을 의미하며, 출처는 World Health Organization(WHO)와 세계보건통계수집국(Global Health Observatory, GHO)이다. 이 통계표가 의미하는 것을 보다 상세하게 살펴보면 다음과 같다. 요리·난방·조명을 위해 깨끗한 연료와 기술을 사용하는 사람들의 수를, 모든 요리·난방·조명을 쓰는 총 인구로 나눈 백분율 값이다. 이때 "깨끗한"은 WHO 실내 공기질 표준지침인 가정용 연료 연소에 포함된 배출률 목표와 특정 연료(가공되지 않은 석탄 및 등유)에 의해 정의된다. 통계표는 가중산술평균을 적용하고 있으며, 본 통계표에 관하여 다음 지점을 논의할 수 있다. 시의성 측면에서 2020년 수치까지 수록하고 있으며 세계은행 홈페이지에서 통계표에 대한 충분한 메타데이터를 제공하고 있음을 알 수 있다. 한편, 비교성 측면을 논하기 위해서 북한이 제출한 VNR을 살펴보고자 한다. 본 통계표와 VNR의 수치는 근소한 차가 나타난다. 북한이 제출한

2014년 VNR에 따르면 난방과 취사를 위해 전기, 가스 중앙난방장치를 사용하는 가구 비율이 도시에서는 각각 12.4%와 12.4%, 시골지역에서는 0.5%, 2.4%로 나타났다. 더불어 2017년의 경우, 연료와 기술에 주로 의존하는 인구 비율을 전국 평균 10.3%, 도시와 시골은 각 15.8%와 1.5%로 밝히고 있다. 이는 본 통계표가 제시하는 2017년에 해당 비율 전체 9.5%, 도시와 15%, 시골 1%로 북한이 직접 제출한 VNR과 근사한 수치를 보인다.

표 11-21	UN_지속가능개발목표(SDGs)〉청정 연료 및 기술에 주로 의존하는 인구비율(%)
개념	깨끗한 연료와 기술에 일차적으로 의존하는 인구의 비율은 요리, 난방, 조명을 위해 깨끗한 연료와 기술을 사용하는 사람들의 수를 백분율로 나타낸 모든 조리, 난방 또는 조명을 쓰는 총 인구로 나눈 값으로 계산됨. "깨끗함"은 WHO 실내 공기질 표준 지침인 가정용 연료 연소에 포함된 배출률 목표와 특정 연료 권고(즉, 가공되지 않은 석탄 및 등유에 대한)에 의해 정의됨.
생산주기	연간
출처	WHO, GHO
담당자	
조사방법	가중산술평균(weighted average)
유사통계표	동일 통계표 세계은행(World Bank) 데이터 홈페이지에 기재, DPRK VNR
논의사항	– 관련성: 청정 연료 및 기술에 주로 의존하는 인구 비을 농촌/도시로 나누어서 보여줌. – 시의성: 2020년 수치까지 수록하고 있음. – 접근성/명확성: 통계표에 대한 충분한 메타데이터 제공(세계은행 홈페이지) – 비교성: 2017년 SDGs 데이터베이스와 VNR 수치는 근소한 차이를 보임. – [VNR] 2014년 기준, 난방과 취사를 위해 전기/가스 및 중앙난방장치를 사용하는 가구 비율이 도시에서 각각 12.4%/12.4%, 시골지역에서는 0.5%/2.4%로 나타남. 청정연료 및 기술에 1차적으로 의존하는 인구 비율은 2017년 기준, 전국 평균 10.3%, 도시와 시골은 각 15.8%와 1.5%로 집계되었다고 밝힘. – [SDGs 데이터베이스와의 비교] 2017년 청정연료 및 기술에 주로 의존하는 비율(Access to clean fules and technologies for cooking) 전체 9.5% 도시 15%, 시골 1%로 VNR과 근소한 차이 나타남.

22) 최종 에너지 소비에서 재생에너지 비중(UN 〉지속가능개발목표(SDGs))

본 통계표는 총 최종 에너지소비에서 재생에너지가 점유하는 비율을 의미한다. 보다 세부적으로 "재생 가능한 에너지 소비"는 수력, 고체 생물연료, 풍력, 태양에너지, 액체 생물연료, 생물가스, 지열, 바다, 폐기물에서 나오는 에너지를 소비하는 것을 의미한다. "전체 최종 에너지 소비"는 전체 최종 소비에서 비 에너지 사용을 뺀 값이다. 본 통계는 UN SDGs Indicator의 데이터베이스를 그 출처로 하고 있다. 이 통계는 국가로부터 에너지 데이터를 수집하고 가중산술평균을 적용하였다. 북한은 VNR을 통해 유사한 통계를 밝힌 바 있다. 해당 통계에 대하여, 2015년의 원통계는 23.31%이나 VNR은 재생에너지의 비중이 14.5%라고 밝히고 있어서 차이가 크게 나타난다. 한편, 2019년의 경우 본 통계표와 VNR 모두 11.31%로 그 수치를 밝히고 있다. UN통계는 2017년 이후 감소세인데, 세계은행 통계는 증가세로 추이가 상이하다는 점에서 정확성에 의문이 든다.

표 11-22   UN_ 지속가능개발목표(SDGs)〉최종 에너지 소비에서 재생에너지 비중(%)

개념	총 최종 에너지 소비에서 재생 에너지 점유율
생산주기	연간
출처	SDG Indicators Database 홈페이지(IEA (2021), World Energy Balances)
담당자	
조사방법	가중산술평균(weighted average), 국가로부터 에너지 데이터 수집. International Energy Agency (IEA), United Nations Statistics Division (UNSD), International Renewable Energy Agency (IRENA)
유사통계표	동일 통계표 세계은행(World Bank) 데이터 홈페이지에 기재, DPRK VNR
논의사항	– 비교성: 2015년 SDGs 데이터베이스(23.31%)와 VNR은 차이가 있으나, 2019년 SDGs 데이터베이스(11.31%)와 VNR 수치는 매우 근소한 차이를 보임. – [VNR] 2015년 재생에너지 비중은 14.5%이며 2019년 11.4% – [SDGs 데이터베이스와의 비교] DB에 따르면 renewable energy consumption은 2015년 23.31%, 2019년 11.31%. VNR과 차이가 남. – 시의성: 2019년 통계까지 있음. – 정확성: UN통계는 2017년 이후 감소세인데, 세계은행 통계는 증가세로 추이가 상이함.

23) 에너지 생산 및 사용(World Bank〉에너지 및 광업)

본 통계표는 에너지 사용량, 에너지 수입량, 에너지 생산량을 각 항목으로 제시하며, IEA의 〈World Energy Balances 2022〉를 원출처로 한다. 개별 데이터 수집방법은 제공하지 않고 있다. 본 통계는 에너지 사용량과 생산량의 경우, 단위가 석탄환산(kg) 또는 석유환산(kt)으로 되어 있어서 유사 통계와 비교할 때 환산이 필요하다는 제약이 있다. 홈페이지에 대한 접근성이 좋고 메타데이터를 제공하고 있다. UNSD와 미국에너지관리청이 유사통계표를 제공한다.

표 11-23	World Bank 〉 에너지 및 광업 〉 에너지 생산 및 사용
개념	에너지사용량, 에너지수입량(에너지사용량 중 비율), 에너지생산량
생산주기	연간
출처	IEA, World Energy Balances 2022
담당자	
조사방법	개별 데이터 수집 방법은 제공하지 않음.
유사통계표	UNSD, 미국에너지관리청 홈페이지
논의사항	– 관련성: 에너지사용량, 에너지수입량, 에너지생산량을 나타내고 있음. – 시의성: 2014, 2015년 수치까지 있음. – 비교성: 에너지사용량과 생산량의 경우, 단위가 석유환산kg 또는 석유환산kt으로 되어 있어서 유사 통계와 비교할 때 환산 필요하다는 제약 있음. – 접근성/명확성: 홈페이지 접근성이 좋음. 메타데이터 제공하고 있음.

24) 전력 생산(World Bank〉에너지 및 광업)

본 통계는 전체 전력 생산량에서 화력발전 생산량과 수력발전 생산량의 비율을 보여준다. IEA의 〈World Energy Balances 2022〉를 원출처로 하며, 가중산술평균을 적용한다. 유사통계표로 미국 에너지관리청이 제공하는 표와 〈북한의 주요 통계지표〉를 들 수 있으나, 본 통계표는 전력생산량의 수치가 아니라 전체 생산량대비 화력, 수력발전 생산량의 비율이므로 전력 생산에 관련한 다른 통계와 비교하기에는 어려움이 있다. 접근성과 명확성 측면에서 볼 때, 홈페이지의 접근성이 좋으며 한 그래프에 모아서 화력과 수력의 발전비율을 비교할 수 있으며 메타데이터를 제공하고 있다.

표 11-24	World Bank 〉에너지 및 광업 〉전력 생산
개념	전체 전력생산량에서 화력발전 생산량, 수력발전 생산량의 비율
세부항목	화력발전, 수력발전
생산주기	연간
출처	IEA(World Energy Balances 2022)
담당자	
조사방법	가중산술평균(weighted average)
유사통계표	미국 에너지관리청, 북한의 주요통계지표
논의사항	– 관련성: 전력 생산을 전체 전력생산량 대비 화력, 수력 발전량의 비율로 나타내고 있음. – 시의성: 2015년 수치까지 있음. – 비교성: 전력생산량의 수치가 아니라 전체 생산량 대비 화력, 수력발전 생산량(비율)이므로 전력 생산 관련 다른 통계와 비교하기에는 어려움이 있음. – 접근성/명확성: 홈페이지 접근성이 좋음. 한 그래프에 모아서 화력, 수력 발전량을 비교할 수 있음. 메타데이터 제공하고 있음.

25) 재생전기 생산량(World Bank 〉에너지 및 광업)

본 통계는 전체 전력생산량에서 재생 에너지의 비율(%)을 의미하며, 가중산술평균을 적용하였다. 원출처는 IEA의 〈World Energy Statistics and Balances〉이다. 홈페이지의 접근성이 좋고 통계표 명이 명확하며 메타데이터를 제공한다는 특징이 있다.

표 11-25	World Bank〉에너지 및 광업〉재생전기 생산량
개념	전체 전력생산량에서 재생에너지의 비율
생산주기	연간
출처	World Energy Statistics and Balances, IEA
담당자	
조사방법	가중산술평균(weighted average)
유사통계표	DPRK VNR
논의사항	– 관련성: 전체 전력 생산량에서 재생에너지 생산량의 비율을 나타내고 있음. – 시의성: 2015년 수치까지 있음. – 비교성: ※VNR: 재생에너지 비중 2015년 14.5%, 2019년 11.4% – 접근성/명확성: 홈페이지 접근성이 좋음. 통계표 명이 명확함. 메타데이터 제공.

26) 대체 및 원자력 에너지 생산(World Bank〉에너지 및 광업)

본 통계는 전체 전력사용량에서 대체에너지의 사용량의 비율(%)을 나타내며, 가중산술평균을 적용하였다. 원출처는 IEA이다. 전체 전력 생산량에서 대체에너지 생산량의 비율을 나타내고 있다. 단, 대체에너지가 무엇인지에 관한 메타데이터의 정확한 개념 설명이 제공되고 있지 않으며 석유 연료를 쓰지 않는다는 문구가 존재한다. 북한통계포털에는 주석으로 다음과 같은 문구가 있다. 청정에너지는 발생시 이산화탄소를 배출하지 않는 비탄수화물 에너지이다. 수력, 원자력, 지열 및 태양열 에너지 등이 이에 포함된다. 홈페이지의 접근성이 좋고 통계표 명이 명확하다는 장점이 있다. 미국 에너지관리청이 유사통계표를 제공한다.

표 11-26	World Bank〉에너지 및 광업〉대체 및 원자력 에너지 생산
개념	전체 전력사용량에서 대체에너지 사용량의 비율
생산주기	연간
출처	IEA
담당자	
조사방법	가중산술평균(weighted average)
유사통계표	미국 에너지관리청
논의사항	– 관련성: 전체 전력 소비량에서 대체에너지 소비량의 비율을 나타내고 있음. 단, 대체에너지가 무엇인지에 관한 메타데이터의 정확한 개념 설명이 제공되고 있지 않음. 석유연료를 쓰지 않는다는 문구만 존재함. – 시의성: 2014년 수치까지 있음. – 접근성/명확성: 홈페이지 접근성이 좋음. 통계표 명이 명확함.

27) 전기이용률(World Bank〉에너지 및 광업)

전기에 대한 접근권을 가진 인구의 비율을 의미하며, 북한지역 전체, 도시, 농촌으로 세부항목을 나누어 보여준다. 원출처는 World Bank이며 가중산술평균을 적용하였다. 홈페이지의 접근성이 좋고 메타데이터를 제공하고 있다. 동일한 통계표를 UN SDGs에서도 확인 가능하며 북한은 이에 관한 통계를 VNR에서 밝힌 바 있는데 큰 차이가 나타난다. 북한은 직접 제출한 VNR에서는 2017년 전체 전력망에 접근하는 인구비율이 99.7%, 더불어 2016년 전기 사용 인구비율은 평균 97.6%라고 밝힌 바 있다. 이는 본 통계표의 원출처인 2016년 세계은행 조사에 따른 전력접근성(access to electricity) 42.96%와 크게 차이가 나는 수치이다.

표 11-27	**World Bank〉에너지 및 광업〉전기이용률**

개념	전기에 대한 접근권을 가진 인구의 비율
세부항목	전체/도시/농촌
생산주기	연간
출처	World Bank
담당자	
조사방법	가중산술평균(weighted average)
유사통계표	UN SDGs Database
논의사항	– 관련성: 전기에 접근권을 가진 인구 비율을 전체/도시/농촌에 따라 나타내고 있음. – 시의성: 2009~2020년 수치 있음. – 비교성: 동일 통계표 UN SDGs 데이터 홈페이지에 있음. 출처는 세계은행으로 동일함. VNR과는 큰 차이가 있음. 　※VNR: 전체 전력망에 접근하는 인구 비율 99.7%(2017년) – 접근성/명확성: 홈페이지 접근성이 좋음. 메타데이터 제공하고 있음. – [VNR] 2016년 전기접근성이 있는 인구 비율(=the proportion of population using electricity)이 97.6%라고 밝힘. – [SDGs Database와의 비교] 본 표에 기재된 2016년 세계은행 출처 전력 접근성 지표(access to electricity, 42.96%)와 크게 차이나는 수치임.

28) 1인당 전력소비량(World Bank〉에너지 및 광업)

1인당 전력소비량을 kWh를 단위로 나타낸 값으로 가중산술평균을 적용하였다. IEA 및 OECD를 원출처로 한다. 에너지 데이터는 IEA로부터 수집되는데, OECD 회원국이 아닌 국가의 데이터는 OECD 회원국 정부가 작성한 연간 설문지에 따라 조정된 국가 에너지 데이터를 기반으로 추정한다. 주요 데이터가 누락된 주요 집계를 보완하기 위하여 추정과 보정의 과정을 거치며, 이때 국가 통계청, 석유 회사, 전기 회사 및 국가에너지 전문가와 협의한다. 이 데이터는 1971년부터 2014년까지 매년 수집되었다는 측면에서 일관성이 있다. 홈페이지 접근성이 좋고 메타데이터를 제공한다.

표 11-28	World Bank〉에너지 및 광업〉1인당 전력소비량
개념	1인당 전력소비량(kWh)
생산주기	연간
출처	IEA, OECD 설명: 에너지 데이터는 국제 에너지 기구(IEA)에 의해 수집됨. 경제협력개발기구(OECD) 회원국이 아닌 경제에 대한 IEA 데이터는 OECD 회원국 정부가 작성한 연간 설문지에 따라 조정된 국가 에너지 데이터를 기반으로 함.
담당자	
조사방법	가중산술평균(weighted average)
유사통계표	유사통계표 서비스하고 있지 않음.
논의사항	– 관련성: 1인당 전력소비량을 나타내고 있음. – 시의성: 2014년 수치까지 있음. – 일관성: 통계가 1971~2014년 매년 수집되었음. – 접근성/명확성: 홈페이지 접근성이 좋음. 메타데이터 제공하고 있음.

29) 전력 송배전손실률(World Bank〉에너지 및 광업)

전력 생산과 배급과정에서 일어나는 손실을 백분율로 나타낸 것을 의미한다. IEA가 원출처이며 국가 에너지 기관으로부터 수집하고 국제정의를 충족할 수 있도록 조정한 데이터 값으로 가중산술평균을 적용하였다. 다만, 1971~1978년까지 9.4%로 동일 수치, 2001~2014년까지 15.81%로 동일 수치가 연속된 연도가 많아 신뢰성에 의문을 제기할 수 있다. 홈페이지 접근성이 좋으며 메타데이터를 제공한다는 장점이 있다.

표 11-29	World Bank〉에너지 및 광업〉전력 송배전손실률
개념	전력 생산과 배급 과정에서 일어나는 손실을 백분율로 나타냄.
생산주기	연간
출처	IEA: 국가 에너지 기관으로부터 수집하고 국제 정의를 충족할 수 있도록 조정한 데이터 값임.
담당자	
조사방법	가중산술평균(weighted average)
유사통계표	서비스 하고 있지 않음.
논의사항	– 관련성: 전력송배전손실률을 나타내고 있음. – 정확성: 1971~1978년 동일 수치(9.4), 2001~2014년 동일 수치(15.81)로 동일 수치가 연속된 연도가 많아서 신뢰성이 의문이 있음. – 시의성: 2014년 수치까지 있음. – 접근성/명확성: 홈페이지 접근성이 좋음. 메타데이터 제공.

30) 화석연료 소비율(World Bank〉에너지 및 광업)

전체 에너지 소비량 중 석탄, 석유, 휘발유, 천연가스 소비량의 비율을 의미하며 가중산술평균을 적용한다. 에너지 데이터는 IEA로부터 수집되는데, OECD 회원국이 아닌 국가의 데이터는 OECD 회원국 정부가 작성한 연간 설문지에 따라 조정된 국가 에너지 데이터를 기반으로 추정한다. 주요 데이터가 누락된 주요집계를 보완하기 위하여 추정과 보정의 과정을 거치며, 이때 국가 통계청, 석유회사, 전기 회사 및 국가에너지 전문가와 협의한다. 미국 에너지관리청이 유사통계표를 제공하고 있다. 유사통계표가 2019년까지의 수치를 제공하는 반면, 본 통계표는 2014년까지 수치를 제공하고 있으며, 2014년까지의 추이는 유사하다. 홈페이지 접근성이 좋고 메타데이터를 제공한다는 장점이 있다.

표 11-30	World Bank〉에너지 및 광업〉화석연료 소비율
개념	전체 에너지 소비량 중 석탄, 석유, 휘발유, 천연가스 소비량의 비율
생산주기	연간
출처	IEA, OECD 설명:국제 에너지 기구(IEA)가 수집하였음. 그러나 OECD 회원국 정부가 아닌 북한의 경우, OECD 회원국이 작성한 연간 설문지에 따라 조정된 국가 에너지 데이터를 기반으로 함. 또한 주요 데이터가 누락된 주요 집계를 완료하기 위해 추정을 수행하기도 하며, 정의의 차이를 보상하기 위해 조정을 수행하기도 함. IEA는 국가 통계청, 석유 회사, 전기 회사 및 국가 에너지 전문가와 협의하여 이러한 추정치를 작성함.
담당자	
조사방법	가중산술평균(weighted average)
유사통계표	미국 에너지관리청
논의사항	– 관련성: 화석연료 소비량의 백분율을 나타내고 있음. – 시의성: 2014년 수치까지 있음. 유사 통계(화석연료 소비량)의 경우 2019년 수치 있음. – 비교성: 유사 통계와 추이가 유사함. – 접근성/명확성: 홈페이지 접근성이 좋음. 메타데이터 제공.

31) 신재생에너지 소비율(World Bank〉에너지 및 광업)

최종 에너지 소비 중 신재생 에너지 소비의 점유율을 의미하며 가중산술평균을 적용하였다. 세계보건기구(WHO)의 글로벌 가정용 에너지 데이터베이스를 기반으로 하며, 국가 인구조사를 포함한 가계조사의 데이터가 사용되었다. 이는 인구통계학 및 보건조사(DHS)와 생활표준 측정조사(LSMS), 다중지표 클러스터 조사(MICS), 세계보건조사(WHS), 기타 국가적으로 개발 및 시행된 조사 및 다양한 정부 기관(예: 에너지 및 공공사업부)을 포함한다. 각 연료 유형을 사용하는 인구 비율의 추세는 단일 다변량 계층 모델을 사용하여 추정하였다. 미국 에너지관리청이 유사통계표를 제공하고 있다. 본 통계표는 유사통계표와 유사한 추이를 보이며 신뢰도를 갖고 있는 한편, 2019년까지의 수치만 존재한다는 한계가 있다. 홈페이지 접근성이 좋고 메타데이터를 제공한다는 장점이 있다.

표 11-31	World Bank〉에너지 및 광업〉신재생에너지 소비율
개념	최종 에너비 소비 가운데 신재생에너지의 점유율
생산주기	연간
출처	World Bank세계보건기구(WHO)의 글로벌 가정용 에너지 데이터베이스를 기반으로 하며 이는 다음과 같은 조사를 통해 수집함. 국가 대표적인 가계 조사(국가 인구 조사 포함)의 데이터만 사용됨. 이는 다음을 포함함. 인구통계학 및 보건 조사(DHS)와 생활표준 측정조사(LSMS), 다중지표 클러스터 조사(MICS), 세계보건조사(WHS), 기타 국가적으로 개발 및 시행된 조사 및 다양한 정부 기관(예: 에너지 및 공공사업부)이 포함됨. 각 연료 유형을 사용하는 인구 비율의 추세는 단일 다변량 계층 모델을 사용하여 추정함.[1]
담당자	
조사방법	가중산술평균(weighted average)
유사통계표	미국 에너지관리청
논의사항	- 관련성: 신재생에너지 소비의 점유율을 나타내고 있음. - 시의성: 2019년 수치까지 있음. - 비교성: 유사 통계(신재생에너지 소비량)와 유사한 추이를 보임. 신뢰도 있음. - 접근성/명확성: 홈페이지 접근성이 좋음. 메타데이터 제공.

32) 가연성 재생에너지 및 폐기물(World Bank〉에너지 및 광업)

가연성 재생에너지와 폐기물은 고체 바이오매스, 액체 바이오매스, 바이오 가스, 산업 폐기물 및 도시 폐기물로 구성되며, 이 항목의 가연성 재생에너지와 폐기물이 총 에너지 사용에서 차지하는 비율을 가중산술평균을 적용하여 나타낸다. 원 출처는 IEA이며, OECD 비회원국의 에너지 데이터는 OECD 회원국 정부가 작성한 연간 설문지에 따라 조정된 국가 에너지 데이터를 기반으로 한다. 모든 형태의 에너지(1차 에너지 및 1차 전기)는 석유 등가물로 변환한 값이며, 원자력 발전을 석유 등가물로 변환하는 경우 33%, 수력발전으로 변환하는 경우 100%의 개념적 열효율

---

1 연구 방법론 참조: Stoner, O., Shaddick, G., Economou, T., Gumy, S., Lewis, J., Lucio, I., Ruggeri, G. and Adair-Rohani, H. (2020), Global household energy model: a multivariate hierarchical approach to estimating trends in the use of polluting and clean fuels for cooking. J. R. Stat. Soc. C, 69: 815-839.

을 가정하고 있다. 통계수치는 2014년까지 제공하고 있다. 홈페이지 접근성이 좋고 메타데이터에서 정확한 개념을 제공한다.

표 11-32	World Bank〉에너지 및 광업〉가연성 재생에너지 및 폐기물
개념	가연성 재생 에너지와 폐기물은 고체 바이오매스, 액체 바이오매스, 바이오가스, 산업 폐기물 및 도시 폐기물로 구성되며, 이는 총 에너지 사용에서 차지하는 비율로 측정됨.
생산주기	연간
출처	IEA: 에너지 데이터는 국제 에너지 기구(IEA)에 의해 수집됨. 경제협력개발기구(OECD) 회원국이 아닌 경우, IEA 데이터는 OECD 회원국 정부가 작성한 연간 설문지에 따라 조정된 국가 에너지 데이터를 기반으로 함. 모든 형태의 에너지(1차 에너지 및 1차 전기)는 오일 등가물로 변환하였음. 원자력 발전을 석유 등가물로 변환하는 경우 33%, 수력 발전을 변환하는 경우 100%의 개념적 열효율을 가정하고 있음.
담당자	
조사방법	가중산술평균(weighted average)
유사통계표	찾지 못했음.
논의사항	- 관련성: 가연성 재생에너지 및 폐기물이 전체 에너지사용에서 차지하는 비율을 나타냄. - 비교성: 유사 통계표(폐기물 가열 등 공급 비율)와 어느 정도 추이 유사함. - 시의성: 2014년 수치까지 있음. - 접근성/명확성: 홈페이지 접근성이 좋음. 메타데이터에서 정확한 개념 제공.

33) 재생에너지(OECD)

태양, 바람, 물, 생물유기체, 해양에너지와 생분해가 가능한 폐기물 에너지가 포함되는데, 재생가능하고 환경친화적인 에너지를 의미한다. 세계은행 데이터 홈페이지와 UN SDGs가 유사 통계표를 제공하고 있다. 통계수치는 1971년~2020년까지 제공하고 있다. 접근성 측면에서 용이하지만 나머지는 유의미하지 않으므로 세계은행 또는 UN 통계표를 참고하는 것이 필요하다.

현재 북한정보포털에서 제공하는 문구를 보면 재생에너지는 1차 에너지 공급량(TPES)에 대한 재생에너지의 비중을 나타내고 있다. 재생에너지는 수력(양수식 수력

발전 제외), 지열, 태양열, 풍력, 조력, 파력에 해당하는 1차 에너지를 포함한다. 고체 바이오 연료, 바이오 가솔린, 바이오 디젤, 기타 액체 바이오 연료, 바이오 가스 및 도시 폐기물에서 파생되는 에너지도 포함하고 있다. 바이오연료는 바이오매스에서 직간접적으로 추출되는 연료를 의미한다. 바이오매스는 목재, 식물 폐기물, 에탄올, 동물성 물질/폐기물, 아황산 잿물을 포함한다. 도시폐기물은 난방 또는 전력생산을 위해 지방자치단체가 한 곳에 수집하는 주거, 상업, 공공서비스 부문에서 발생하는 폐기물을 의미한다. 이 지표는 1차 에너지 공급량에 대한 재생에너지 비율 뿐만 아니라 석유환산톤(toe)로도 제시하고 있다.

표 11-33	OECD〉재생에너지
개념	태양, 바람, 물, 생물유기체(biomass), 해양에너지와 생분해가 가능한 폐기물에너지가 포함되는데, 말 그대로 재생가능하고 환경친화적인 에너지
생산주기	
출처	OECD data 홈페이지
담당자	
조사방법	찾지 못했음.
유사통계표	세계은행 데이터 홈페이지, UN SDGs 데이터 홈페이지
논의사항	- 접근성: 1971년~2020년 통계 제공. - 세계은행 또는 UN 통계표로 대체하는 것 필요함.

3. 주요 메타데이터

주요 메타데이터 통계로 UNSD가 있다. UNSD의 에너지 통계지표는 연간 설문인 Annual Questionnaire on Energy Statistics(AQES)과 월간 설문인 Joint Organizations Data Initiative(JODI)와 Monthly Bulletin of Statistics(MBS)를 통해 수집하고 있다.

AQES: 에너지 지표 수집을 위한 연간 국가별 설문. 2011년 2월 유엔 통계위원회에서 채택한 〈에너지 통계에 대한 국제권고(International Recommendations for Energy Statistics, IRES)〉에 따르며, 용어 및 에너지 분류 정의를 포함하는 가이드라인이다.

JODI: 에너지 지표 수집을 위한 월간 국가별 설문. APEC, Eurostat, GECF, IEA, IEF, OLADE, OPEC의 7개 국제/지역 기구와 협력함. 석유 및 가스 데이터를 수집한다.

MBS: 에너지 지표 수집을 위한 월간 국가별 설문. 무연탄, 갈탄, 원유, 천연가스 및 전기생산 데이터를 수집한다.

〈JODI 설문예시〉

JOINT OIL DATA INITIATIVE - Maxi-JODI

4. 평가 및 제언

　　총 33개 에너지 통계에 대한 출처에 관한 조사를 한 결과 관계기관이 출처인 경우 대부분 메타데이터를 찾을 수 없다는 점은 한계점을 재차 확인한 작업이었다. 더불어 유사 통계표가 존재한다고 하더라도 북한 통계 추정치는 다를 수 있다는 점을 확인하였다. 앞으로 북한 통계치는 풀어야 할 숙제가 많은 도전 과제이다. 국제 기구에서도 여러 경로를 통하여 통계 추정치를 발표하고는 있지만 저마다 국제 기구에 따라 상이하다는 점은 각종 기초 통계가 미비할 뿐 아니라 수치를 나타내는 단위가 다르거나 GNP 계산을 달러로 할 경우 환율 적용이 부정확해 질 수 있다는 점을 상기시켜주었다. 그럼에도 불구하고 그동안 해당 통계의 작성 과정이나 배경과 같은 통계수치를 생성하는데 기초가 되는 원 설명자료에 대한 분석(Metadata)을 시도한 점은 큰 의미가 있다. 이번 시도를 바탕으로 각종 통계 설명자료 설명이 용이해지고 문제점으로 대두된 북한통계 개념 확립과 작성 과정의 문제점을 최대한 제거하여 앞으로 통계품질이 개선되는 단초가 되는 연구가 나오길 요망한다.

　　이 통계 연구는 각종 에너지에 관한 추이에 관한 분석이 목적이 아니었다. 원자료출처에 관한 분석이 목적이었으므로 이 부분에 부합하지 않은 33개의 에너지 통계 중 4개의 데이터에 한하여 서비스를 유사 통계로 대체하는 제안으로 갈음하였다.

　　연료유의 재고를 의미하는 잔유재고량의 통계는 UN의 데이터베이스를 출처로 하고 있다. 조사방법은 국가별로 받은 설문은 수합하는 방식을 취하고 있다. 1996~2000, 2001~2002 수치가 같아 정확성에 의문이 들고 1996년에서 2002년까지의 통계만 존재하는 시의성 문제도 있지만 대체할 유사통계표를 찾지 못해 이 부분에 관한 논의가 필요할 것으로 보인다.

　　납, 아연 등의 생산량을 의미하는 광석의 경우는 UN Data Explorer를 출처로 한다. 시의성 측면에서 대부분의 광석이 2005년 이후 수치를 제공하지 않는다는 점을 지적할 수 있다. 미국 지질조사국 통계가 북한 광석의 최근 생산량을 제공하고 있으므로 이 수치를 바탕으로 보완할 필요가 있다.

　　인산칼륨, 형석, 바륨, 염화나트륨, 마그네사이트, 흑연, 동석 등의 생산량을 의미하는 광물의 경우도 광석과 마찬가지로 UN Data Explorer를 출처로 한다. 광물통계와 마찬가지로 2005년 수치를 제공하지 않고 있다. 미국 지질조사국 통계가 최근 생산량을 제공하고 있으므로 데이터를 보완할 필요가 있다.

재생에너지는 태양, 바람, 물, 생물유기체, 해양에너지와 생분해가 가능한 폐기물 에너지가 포함되는데 재생가능하고 환경친화적인 에너지를 의미한다. OECD 데이터 홈페이지가 자료 출처이지만 북한통계가 미비하므로 세계은행 데이터나 UN SDGs 데이터에서 제공하는 자료로 대체하는 것이 필요하다.

북한 자체적으로 데이터를 밝히지 않는 항목에 대한 추정치는 기본적인 한계를 상정하고 있다. 북한 통계 구축 역량을 강화를 위한 지원에 관한 고민이 필요하다.

북한은 현재 SDGs에 관한 관심을 보이고 있고 2021년 VNR보고서도 제출한 바 있다. 북한이 제시한 SDGs달성 여부는 계량화된 지표에 근거해 결정될 수 밖에 없고 이를 위해서는 북한이 각종 지표에 대하여 신뢰할 수 있는 통계를 구축하는 것이 선결 조건일 수밖에 없다. 현재 북한은 자체 통계도 밝히고 있지 않지만 통계를 구축하는 역량 또한 부족한 상태임을 VNR 보고서에 인정한 사안은 큰 틀에서 보면 국제 사회에 규범에 관한 문제를 염두에 두고 있다는 해석도 가능할 것으로 보인다. 따라서 북한 스스로 이러한 경제지표에 관한 데이터 제출의 필요성을 유도하는 방안을 적극적으로 검토할 방안에 대해 세심한 로드맵이 필요할 것이다.

제12장

수교국 및 국제기구

김엘렌(이화여자대학교 통일학연구원 객원 연구위원)

제12장

⋮

수교국 및 국제기구

1. 수교국 및 국제기구 통계의 특징

1) 국내 통계

남북한의 수교국 및 국제기구에 관한 통계는 한국 외교부에서 연간 발행하는 '외교백서'에 수록되어 있다. 외교부 홈페이지에서 수교국, 국제기구 등 관련 정보를 확인할 수 있다.

2) 해외통계

북한은 56년 국제철도협력기구 가입을 시작으로 국제연합(UN), 유엔식량농업기구(FAO) 등 총 33개 국제기구에 가입한 상황이다.

표 12-1 남북한 단독 수교국

지역	한국	북한
아주	니우에, 마셜제도, 마이크로네시아, 말레이시아, 부탄, 사모아, 솔로몬제도, 일본, 키리바시, 통가, 투발루, 팔라우, 쿡제도 (13)	
미주	미국, 볼리비아, 아르헨티나, 아이티, 에콰도르, 엘살바도르, 온두라스, 우루과이, 코스타리카, 파나마, 파라과이 (11)	
유럽	교황청, 모나코, 안도라, 우크라이나, 에스토니아, 프랑스 (6)	
중동	사우디아라비아, 이라크, 이스라엘, 요르단 (4)	시리아, 팔레스타인(2)
아프리카	보츠와나, 에스와티니 (2)	
계	36	2

출처: 외교부 홈페이지 2024.

표 12-2	남북한 동시 수교국 현황
지역	구분
아주 (25)	나우루, 네팔, 뉴질랜드, 동티모르, 라오스, 몰디브, 몽골, 미얀마, 바누아투, 방글라데시, 베트남, 브루나이, 스리랑카, 싱가포르, 아프가니스탄, 인도, 인도네시아, 중국, 캄보디아, 태국, 파키스탄, 파푸아뉴기니, 피지, 필리핀, 호주
미주 (24)	가이아나, 과테말라, 그레나다, 니카라과, 도미니카(공), 도미니카(연), 멕시코, 바베이도스, 바하마, 베네수엘라, 벨리즈, 브라질, 세인트루시아, 세인트빈센트그레나딘, 세인트키츠네비스, 수리남, 앤티가바부다, 자메이카, 칠레, 캐나다, 콜롬비아, 쿠바, 트리니다드토바고, 페루
유럽 (48)	그리스, 네덜란드, 노르웨이, 덴마크, 독일, 라트비아, 러시아, 루마니아, 룩셈부르크, 리투아니아, 리히텐슈타인, 몬테네그로, 몰도바, 몰타, 벨기에, 벨라루스, 보스니아헤르체고비나, 북마케도니아, 불가리아, 사이프러스, 산마리노, 세르비아, 스웨덴, 스위스, 스페인, 슬로바키아, 슬로베니아, 아르메니아, 아이슬란드, 아일랜드, 아제르바이잔, 알바니아, 영국, 오스트리아, 우즈베키스탄, 이탈리아, 조지아, 체코, 카자흐스탄, 크로아티아, 키르기스스탄, 타지키스탄, 튀르키예, 투르크메니스탄, 포르투갈, 폴란드, 핀란드, 헝가리
중동 (14)	레바논, 리비아, 모로코, 모리타니아, 바레인, 아랍에미리트, 알제리, 예멘, 오만, 이란, 이집트, 카타르, 쿠웨이트, 튀니지
아프리카 (46)	가나, 가봉, 감비아, 기니, 기니비사우, 나미비아, 나이지리아, 남수단, 남아프리카공화국, 니제르, 라이베리아, 레소토, 르완다, 마다가스카르, 말라위, 말리, 모리셔스, 모잠비크, 베냉, 부룬디, 부르키나파소, 상투메프린시페, 세네갈, 세이셸, 소말리아, 수단, 시에라리온, 앙골라, 에리트레아, 에티오피아, 우간다, 잠비아, 적도기니, 중앙아프리카공화국, 지부티, 짐바브웨, 차드, 카메룬, 카보베르데, 케냐, 코모로, 코트디부아르, 콩고, 콩고민주공화국, 탄자니아, 토고
계	157개국

출처: 외교부 홈페이지 2024.

지역	국명
표 12-3	**수교국 현황**
아주 (38)	나우루, 네팔, 뉴질랜드, 니우에, 동티모르, 라오스, 마셜제도, 마이크로네시아, 말레이시아, 몰디브, 몽골, 미얀마, 바누아투, 방글라데시, 베트남, 부탄, 브루나이, 사모아, 솔로몬제도, 스리랑카, 싱가포르, 아프가니스탄, 인도, 인도네시아, 일본, 중국, 캄보디아, 쿡제도, 키리바시, 태국, 통가, 투발루, 파키스탄, 파푸아뉴기니, 팔라우, 피지, 필리핀, 호주
미주 (35)	가이아나, 과테말라, 그레나다, 니카라과, 도미니카(공), 도미니카(연), 멕시코, 미국, 바베이도스, 바하마, 베네수엘라, 벨리즈, 볼리비아, 브라질, 세인트루시아, 세인트빈센트그레나딘, 세인트키츠네비스, 수리남, 아르헨티나, 아이티, 앤티가바부다, 에콰도르, 엘살바도르, 온두라스, 우루과이, 자메이카, 칠레, 캐나다, 코스타리카, 콜롬비아, 쿠바, 트리니다드토바고, 파나마, 파라과이, 페루
유럽 (54)	교황청, 그리스, 네덜란드, 노르웨이, 덴마크, 독일, 라트비아, 러시아, 루마니아, 룩셈부르크, 리투아니아, 리히텐슈타인, 모나코, 몬테네그로, 몰도바, 몰타, 벨기에, 벨라루스, 보스니아헤르체고비나, 북마케도니아, 불가리아, 사이프러스, 산마리노, 스웨덴, 스위스, 스페인, 슬로바키아, 슬로베니아, 세르비아, 아르메니아, 아이슬란드, 아일랜드, 아제르바이잔, 안도라, 알바니아, 에스토니아, 영국, 오스트리아, 우즈베키스탄, 우크라이나, 이탈리아, 조지아, 체코, 카자흐스탄, 크로아티아, 키르기스스탄, 타지키스탄, 튀르키예, 투르크메니스탄, 포르투갈, 폴란드, 프랑스, 핀란드, 헝가리
중동 (18)	레바논, 리비아, 모로코, 모리타니아, 바레인, 사우디아라비아, 아랍에미리트, 알제리, 예멘, 오만, 요르단, 이라크, 이란, 이스라엘, 이집트, 카타르, 쿠웨이트, 튀니지
아프리카 (48)	가나, 가봉, 감비아, 기니, 기니비사우, 나미비아, 나이지리아, 남수단, 남아프리카공화국, 니제르, 라이베리아, 레소토, 르완다, 마다가스카르, 말라위, 말리, 모리셔스, 모잠비크, 베냉, 보츠와나, 부룬디, 부르키나파소, 상투메프린시페, 세네갈, 세이셸, 소말리아, 수단, 시에라리온, 앙골라, 에리트레아, 에스와티니, 에티오피아, 우간다, 잠비아, 적도기니, 중앙아프리카공화국, 지부티, 짐바브웨, 차드, 카메룬, 카보베르데, 케냐, 코모로, 코트디부아르, 콩고, 콩고민주공화국, 탄자니아, 토고
계	193개국

출처: 외교부 홈페이지 2024.

표 12-4

외교관계 수립현황

지역	한국	북한	동시수교
아주	38	25	25
미주	35	24	24
유럽	54	48	48
중동	18	16	14
아프리카	48	46	46
계	193	159	157

출처: 외교부 홈페이지 2024.

표 12-5

남북한 수교 재외공관 현황

지역	구분	한국	북한
아주	대사관	네팔, 뉴질랜드, 동티모르, 라오스, 말레이시아, 몽골, 미얀마, 방글라데시, 베트남, 브루나이, 스리랑카, 싱가포르, 아프가니스탄, 인도, 인도네시아, 일본, 중국, 캄보디아, 태국, 파키스탄, 파푸아뉴기니, 피지, 필리핀, 호주 (24)	라오스, 몽골, 미얀마, 베트남, 싱가포르, 인도, 인도네시아, 중국, 캄보디아, 태국, 파키스탄 (11)
	총영사관	광저우, 상하이, 선양, 시안, 우한, 청두, 칭다오, 홍콩, 고베, 나고야, 니가타, 삿포로, 센다이, 오사카, 요코하마, 후쿠오카, 히로시마, 시드니, 호치민, 뭄바이, 첸나이, 다낭 (22)	선양 (1)
	대표부	아세안 (1)	
미주	대사관	과테말라, 니카라과, 도미니카공화국, 멕시코, 미국, 베네수엘라, 볼리비아, 브라질, 아르헨티나, 에콰도르, 엘살바도르, 온두라스, 우루과이, 칠레, 캐나다, 코스타리카, 콜롬비아, 트리니다드토바고, 파나마, 파라과이, 페루 (21)	멕시코, 베네수엘라, 브라질, 쿠바, 페루 (5)

	총영사관	뉴욕, 로스앤젤레스, 보스턴, 샌프란시스코, 시애틀, 시카고, 애틀랜타, 호놀룰루, 휴스턴, 몬트리올, 밴쿠버, 토론토, 상파울루(13)	
	대표부	유엔 (1)	유엔 (1)
유럽	대사관	교황청, 그리스, 네덜란드, 노르웨이, 덴마크, 독일, 라트비아, 러시아, 루마니아, 벨기에, 벨라루스, 불가리아, 세르비아, 스웨덴, 스위스, 스페인, 슬로바키아, 아일랜드, 아제르바이잔, 영국, 오스트리아, 우크라이나, 우즈베키스탄, 이탈리아, 체코, 카자흐스탄, 크로아티아, 키르기스스탄, 타지키스탄, 튀르키예, 투르크메니스탄, 포르투갈, 폴란드, 프랑스, 핀란드, 헝가리 (36)	독일, 러시아, 루마니아, 벨라루스, 불가리아, 스웨덴, 스위스, 이탈리아, 오스트리아, 영국, 체코, 폴란드 (12)
	총영사관	밀라노, 바르셀로나, 블라디보스톡, 상트페테르부르크, 알마티, 이르쿠츠크, 이스탄불, 프랑크푸르트, 함부르크 (9)	블라디보스톡 (1)
	대표부	제네바, 오이시디(파리), 유네스코 (3)	제네바, 프랑스(일반대표부. 유네스코 겸임) (2)
중동	대사관	레바논, 리비아, 모로코, 바레인, 사우디아라비아, 아랍에미리트, 알제리, 예멘, 이라크, 이집트, 이란, 이스라엘, 오만, 요르단, 카타르, 쿠웨이트, 튀니지 (17)	시리아, 알제리, 이란, 이집트, 쿠웨이트 (5)
	총영사관	두바이, 젯다 (2)	
아프리카	대사관	가나, 가봉, 나이지리아, 남아프리카공화국, 르완다, 마다가스카르, 모잠비크, 세네갈, 수단, 앙골라, 에티오피아, 우간다, 짐바브웨, 코트디부아르, 콩고민주공화국, 카메룬, 케냐, 탄자니아 (18)	나이지리아, 남아프리카공화국, 에티오피아, 적도기니, 콩고민주공화국, 탄자니아 (6)
계		167	44

출처: 외교부 홈페이지 2024.

2. 메타데이터 검토 분석

1) 지역별 수교 현황

지역별 수교 현황은 외교관계 수립현황을 의미한다. 외교부의 「외교백서」를 출처로 하며 연간 발행된다. 유사 통계표는 e-나라 지표 웹사이트에서 제공하고 있다. 관련성, 시의성, 접근성/명확성이 좋다.

표 12-6	지역별 수교 현황
개념	지역별 외교관계 수립 현황. 수교-국가 사이에 교제를 맺는 것
세무항목	북한/남한/동시수교
생산주기	연간
출처	외교부, 「외교백서」
담당자	혁신행정담당관실(02-2100-8264)
조사방법	찾지 못함.
유사통계표	동일 통계표 e-나라지표 웹사이트에서 제공
논의사항	- 관련성: 남북의 외교관계 수립현황을 한 표에서 비교하여 이용자에게 편의를 제공. - 시의성: 외교부 홈페이지에서 최신 소식이 업데이트 됨. - 접근성/명확성: 홈페이지 접근성이 좋음.

2) 단독 수교국 현황

남북한 단독 수교국 현황을 의미한다. 외교부의 「외교백서」를 그 출처로 하며 연간으로 발행된다. 남북의 단독 수교국 현황을 한 표에서 비교하여 이용자에게 편의를 제공하고 있으며, 외교부 홈페이지에서 최신 소식이 업데이트되고 있다.

표 12-7	단독 수교국 현황
개념	남북한 단독 수교국
세부항목	북한/남한
생산주기	연간
출처	외교부,「외교백서」
담당자	혁신행정담당관실(02-2100-8264)
조사방법	찾지 못함.
유사통계표	서비스 하고 있지 않음.
논의사항	- 관련성: 남북의 단독 수교국 현황을 한 표에서 비교하여 이용자에게 편의를 제공. - 시의성: 외교부 홈페이지에서 최신 소식이 업데이트 됨. - 접근성/명확성: 홈페이지 접근성이 좋음.

3) 남북한 주재 외국 공관 현황

남북한 주재 외국 공관 현황 중 북측 현황은 외교부 대북정책협력과, 남측 현황은 외교부 외교사절담당관실에서 담당하고 있다. 세부항목으로 북한/남한, 총영사관/영사관/경제협력대표부/국제기구가 있고 연간으로 발행된다. 관련성, 시의성, 접근성/명확성이 좋다.

표 12-8	남북한 주재 외국 공관 현황
개념	남북한 주재 외국 공관 현황
세부항목	북한/남한, 총영사관/영사관/경제협력대표부/국제기구
생산주기	연간
출처	외교부
담당자	(북) 외교부 대북정책협력과 (남) 외교부 외교사절담당관실
조사방법	찾지 못함.
유사통계표	서비스 하고 있지 않음.
논의사항	- 관련성: 남북한 주재 외국 공관 현황을 한 표에서 비교하여 이용자에게 편의를 제공. - 시의성: 2021년 10월 기준 통계까지 수록. - 접근성/명확성: 홈페이지 접근성이 좋음.

4) 재외공관 현황

재외공관은 우리나라와 외교관계를 수립한 국가의 수도에 설치하는 대사관, 유엔이나 WTO 등 국제기구에 설치하는 대표부, 재외국민 및 재외동포가 다수 거주하고 있는 국가를 대상으로 영사보호 활동을 위해 설치하는 총영사관으로 구분할 수 있다. 출처는 외교부이며 생산주기는 알 수 없다. 남북한 재외공관 현황과 분포를 한 표에서 비교하여 이용자에게 편의를 제공하며 외교부 홈페이지에서 최신 소식이 업데이트 되었다. 유사통계표는 동일 통계표 e-나라지표에서 제공하고 있다.

표 12-9 　　재외공관 현황

개념	재외공관은 우리나라와 외교관계를 수립한 국가의 수도에 설치하는 대사관, 유엔이나 WTO 등 국제기구에 설치하는 대표부, 재외국민 및 재외동포가 다수 거주하고 있는 국가를 대상으로 영사보호 활동을 위해 설치하는 총영사관으로 구분
세부항목	북한/남한
생산주기	알 수 없음
출처	외교부, 「외교백서」
담당자	혁신행정담당관실(02-2100-8264)
조사방법	
유사통계표	동일 통계표 e-나라지표에서 제공
논의사항	- 관련성: 남북한 재외공관 현황과 분포를 한 표에서 비교하여 이용자에게 편의를 제공. - 시의성: 외교부 홈페이지에서 최신 소식이 업데이트 됨. 2022년 4월 업데이트. - 접근성/명확성: 홈페이지 접근성이 좋음.

5) 국제기구 가입 현황

외교부의 「외교백서」를 출처로 하며 연간 발행된다. 유사 데이터는 공공 데이터 포털에서 제공한다. 2012~2021년 남북한이 가입한 국제기구 숫자 현황을 한 표에서 비교하여 이용자에게 편의를 제공히고 있다.

표 12-10	국제기구 가입 현황
개념	국제기구 가입 현황
세부항목	북한/남한
생산주기	연간
출처	외교부,「외교백서」(2021. 12월 기준)
담당자	외교부 유엔과(02-2100-7243)
조사방법	
유사통계표	동일 통계표 공공 데이터 포털에서 제공
논의사항	− 관련성: 2012~2021년 남북한이 가입한 국제기구 숫자 현황을 한 표에서 비교하여 이용자에게 편의를 제공. − 시의성: 2021년 6월 기준 통계까지 수록. − 접근성/명확성: 홈페이지 접근성이 좋음.

6) 남북 모두 가입한 국제기구

출처는 외교부이며 담당 부서는 유엔과에서 관리하다. 세부 항목으로 유엔 및 유엔 산하·전문·독립기구에 가입한 남한과 북한의 현황 자료가 있다. 북한이 가입한 국제기구의 명칭을 가입연도와 함께 한 표에서 비교하여 이용자에게 편의를 제공하고 있으므로 관련성이 높고 2021년 자료까지 수록하고 있어 시의성도 좋다. 더불어 남북한 국제기구 가입 현황을 한 표로 비교하여 이용자에게 편의를 제공하고 있다.

표 12-11	남북 모두 가입한 국제기구
개념	남북 모두 가입한 국제기구
세부항목	유엔 및 유엔 산하·전문·독립기구에 가입한 남한과 북한의 현황 자료
생산주기	알 수 없음
출처	외교부
담당자	외교부 유엔과(02-2100-7243)
조사방법	
유사통계표	서비스 하고 있지 않음
논의사항	– 관련성: 남북한이 가입한 국제기구의 명칭을 가입연도와 함께 한 표에서 비교하여 이용자에게 편의를 제공하고 있음. – 시의성: 2021년 6월 기준 통계까지 수록. – 비교성: 남북한 국제기구 가입 현황을 한 표에서 비교하여 이용자에게 편의를 제공. – 접근선/명확성: 홈페이지 접근성이 좋음.

7) UN 〉국제사회지원 〉국제사회의 대북지원 실적 총괄

국제사회의 대북지원 모금액 및 이행 약속액을 의미하고 있으며 생산주기는 연간이며 UNOCHA, Financial Tracking Database 출처로 하고 있다. 조사 방법은 FTS 홈페이지 자료 활용를 활용하여 FTS의 메타데이터: 자발적 보고 메커니즘, 수집항목: 자금 지원 조직, 수취인 조직, 목적 국가, 대응 계획 또는 이름, 프로젝트 설명, 자금조달유형, 상태, 원화금액, US $기준 금액, 다년 보조금의 연간 부문 금액 등을 보고한다. 자발적 데이터 보고에 따른 수집이므로 기부자 / 유엔 기구 및 기금 또는 프로그램 / 비정부기구 / 영향을 받는 국가(=인도주의적 지원의 수혜국) 등이 보고자에 해당이 된다. 시의성, 일관성이 있으며 한글로 번역되어 있고 국가/단체/기구별 지원액을 함께 표기하고 있다.

표 12-12	UN 〉국제사회지원 〉국제사회의 대북지원 실적 총괄
개념	국제사회의 대북지원 모금액(프로젝트 모금액 및 긴급구호 자금) 및 이행약속액
생산주기	연간
출처	UNOCHA, Financial Tracking Database
담당자	한국농촌경제연구원(이슬아 061-820-2306)
조사방법	– FTS 홈페이지 자료 활용 – FTS의 메타데이터: 자발적 보고메커니즘 (특정 국가에서 인도주의적 결과에 기여하는 모든 공공 및 민간단체는 FTS에 보고할 수 있음) – 수집항목: 자금 지원 조직, 수취인 조직, 목적 국가, 대응 계획 또는 이름, 프로젝트 설명, 자금조달유형, 상태, 원화금액, US \$기준 금액, 다년 보조금의 연간 부문 금액 등을 보고함 – 자발적 데이터 보고에 따른 수집이므로 이하와 같은 유형의 사람들이 보고자에 해당됨. 기부자 / 유엔 기구 및 기금 또는 프로그램 / 비정부기구 / 영향을 받는 국가(=인도주의적 지원의 수혜국)
유사통계표	
논의사항	– 시의성: 1995년부터 2022년 수치까지 있음. – 일관성: FTS 데이터를 지속, 일관적으로 활용하였음. – 접근성/명확성: 한글로 번역되어 있으며, 국가/단체/기구별 지원액을 함께 표기하고 있어서 접근성이 좋음.

8) UN 〉국제사회지원 〉국제사회의 지원창구별 대북지원 실적

생산주기는 계간으로 하며 출처는 UNOCHA, Financial Tracking Database 이다. 조사방법은 FTS 홈페이지 자료를 활용하고 있으며 유사통계표는 대북지원정보시스템가 있다. 계간지 발행일 기준으로 해당년도 데이터를 반영하기 때문에 시의성이 좋고 FTS 데이터를 지속적, 일관적으로 활용하므로 일관성이 있다.

표 12-13	UN 〉 국제사회지원 〉 국제사회의 지원창구별 대북지원 실적
개념	지원창구(국제기구) 별 대북지원액
생산주기	계간
출처	UNOCHA, Financial Tracking Database
담당자	한국농촌경제연구원(이슬아 061-820-2306)
조사방법	FTS 홈페이지 자료 활용
유사통계표	대북지원정보시스템 통계〉국제〉분야별
논의사항	– 시의성: 계간지 발행일 기준으로 해당년도 데이터 반영함. – 일관성: FTS 데이터를 지속, 일관적으로 활용하였음. – 접근성/명확성: 한글로 번역되어 있음. 이전 시기 데이터를 보려면, 앞선 계간지를 확인하거나 원 출처로 들어가서 조회해야 함.

9) UN 〉 국제사회지원 〉 분야별 대북 지원 실적

분야별 대북지원액을 의미하며 생산주기는 계간이다. 출처는 UNOCHA, Financial Tracking Database이고 조사방법은 FTS 홈페이지 자료를 활용하고 있다.

표 12-14	UN 〉 국제사회지원 〉 분야별 대북 지원 실적
개념	분야별 대북지원액
생산주기	계간
출처	UNOCHA, Financial Tracking Database
담당자	한국농촌경제연구원(이슬아 061-820-2306)
조사방법	FTS 홈페이지 자료 활용
유사통계표	대북지원정보시스템 통계〉국제〉분야별
논의사항	– 시의성: 계간지 발행일 기준으로 해당년도 데이터 반영함. – 일관성: FTS 데이터를 지속, 일관적으로 활용하였음. – 접근성/명확성: 한글로 번역되어 있음. 이전 시기 데이터를 보려면, 앞선 계간지를 확인하거나 원 출처로 들어가서 조회해야 함.

10) UN 〉국제사회지원 〉국제사회의 대북 식량지원

세부항목별 대북지원 식량 총량을 의미하며 세부 항목으로는 쌀, 곡물, 우유, 콩, 밀가루 등이 있다. 출처는 WFP이고 조사방법은 www.fao.org 홈페이지 데이터베이스를 활용하고 있다. 세부 항목별로 데이터가 있어서 유사한 다른 통계(OECD)에 비하여 접근성이 좋다고 할 수 있지만 항목명에 해당하는 곡물이 무엇인지 명확하지 않은 측면이 존재한다.

표 12-15	UN 〉국제사회지원 〉국제사회의 대북 식량지원
개념	세부항목별 대북지원 식량 총량
세부항목	쌀, 곡물, 우유, 콩, 밀가루 등
생산주기	연간
출처	WFP
담당자	Andrey Shirkov(andrey.shirkov@wfp.org)
조사방법	www.fao.org 홈페이지 DB
유사통계표	대북지원정보시스템 통계 〉국제 〉분야별
논의사항	– 시의성: 1995~2016년 수치 있음. – 일관성: WFP 데이터를 지속, 일관적으로 사용하였음. – 접근성/명확성: 세부 항목별로 데이터가 있어서 유사한 다른 통계(OECD)에 비하여 접근성이 좋다고 할 수 있음. 단, 항목 명에 해당하는 곡물이 무엇인지 명확하지 않음. 'Cereals'와 'Coarse Grains'의 차이는 무엇인지 등.

11) UN_지속가능개발목표(SDGs) 〉지난 1개월간 보호자의 육체적인 체벌이나 정서적 폭력 경험 1–14세 아동 비율

지난 1개월 동안 보호자에 의한 육체적 처벌 또는 정서적 공격을 경험한 1~14세 아동의 비율을 의미하며 생산주기는 연간으로 출처는 MICS 2017이다. 조사 방법은 데이터 출처인 유니세프가 지원하는 가계조사 MICS를 통한 수집을 통해서 한다. 2017년도 수치만 있기 때문에 다른 연도와 비교하기 어려움이 있으며 다른 통계와의 비교도 힘들다. 메타데이터 자료를 통해서 지표에 대해서 충분히 설명하고 있으므로 접근성/명확성이 좋다고 할 수 있다.

표 12-16	**UN_ 지속가능개발목표(SDGs)〉 지난 1개월간 보호자의 육체적인 체벌이나 정서적 폭력 경험 1-14세 아동 비율(1-14세 아동 중 %)**

개념	지난 1개월 동안 보호자에 의한 육체적 처벌 및/또는 정서적 공격을 경험한 1~14세 아동의 비율
세부항목	남성/여성
생산주기	연간
출처	MICS 2017
담당자	
조사방법	(데이터 출처) 유니세프가 지원하는 가계조사 MICS를 통한 수집 - 세부: 아동의 징계 방법에 대한 모든 모듈을 포함한 척도인 CTSPC(the parent-child version of the Conflict Tactics Scale)를 채택 (데이터 수집 방법) CRING (Country Data Reporting on the Indicators for the Goals) - 세부: 어린이와 관련된 주요 지표에 대한 데이터 품질 및 국제비교 가능성을 보장하기 위한 메커니즘으로, 국가당국과 협력하기 위해 사용함. (유효성 검사) 국가 출처의 데이터를 수집, 평가, 검증하기 위한 광범위한 협의과정을 수행함. 이는 사용한 데이터 소스를 포함한 지표의 편집, 해당 국가의 데이터에 대해 국제적으로 합의한 정의, 분류 및 방법론의 적용에 대해 통계청과 공식 통계를 담당하는 다른 정부 기관으로부터 직접 피드백을 요청함. 이 협의 과정은 유니세프에 의해 검토됨. 검토 완료 후, 특정 데이터의 수용여부를 제공하고, 수용되지 않은 경우 그 이유에 대한 피드백을 국가에 제공함.
유사통계표	유니세프 홈페이지에서 동일 통계표 제공
논의사항	- 비교성: 2017년도 수치만 존재하기에, 다른 연도와 비교하기 어려움. 다른 통계와의 비교도 어려움. - 접근성/명확성: 메타데이터 자료를 통해서 지표에 대해서 충분히 설명하고 있음.

12) UN_ 지속가능개발목표(SDGs) 〉 16.9.1. 행정당국에 출생등록이 되어 있는 5세 미만 아동 비율

전체 5세 아동 미만 인구 대비 행정당국에 출생등록이 되어 있는 5세 미만 아동 비율을 의미하며 출처는 유니세프, 생산주기는 연간이다. 신뢰할 수 있는 행정자료가 없는 상황에서, 가계조사를 통해 출생등록의 수준과 추세를 감시하도록 하고 있으며 DHS와 MICS에서 출생 신고에 대해 보고할 때 사용하는 표준지표는 면접관이 눈으로 확인할 수 있는지 여부와 관계없이 출생 증명서를 소지한 5세 미만 아동의 비율을 말하고 있다. 더불어 인구조사는 10년마다 실시되기 때문에 정기적 모니터링에 적합하지 않다고 판단된다. 2009년 수치만 있으므로 비교성은 낮고 출생등록이 되어 있는 5세 미만 아동 비율을 100%라고 보고 있어서 신뢰도도 또한 낮다.

표 12-17	UN_ 지속가능개발목표(SDGs)〉 16.9.1. 행정당국에 출생등록이 되어 있는 5세 미만 아동 비율(전체 5세 아동 미만 인구 대비)
개념	행정당국에 출생등록이 되어 있는 5세 미만 아동 비율(전체 5세 아동 미만 인구 대비)
생산주기	연간
출처	유니세프 Multiple Indicator Cluster Survey
담당자	Claudia Cappa / UNICEF Senior Adviser, Statistics, Child Protection and Development(ccappa@unicef.org)
조사방법	신뢰할 수 있는 행정자료가 없는 상황에서, 가계조사를 통해 출생등록의 수준과 추세를 감시하도록 했음. DHS와 MICS에서 출생 신고에 대해 보고할 때 사용하는 표준지표는 면접관이 눈으로 확인할 수 있는지 여부와 관계없이 출생증명서를 소지한 5세 미만 아동의 비율을 말함. 그러나 인구조사는 10년마다 실시되기 때문에 정기적 모니터링에 적합하지 않다고 판단됨.
유사통계표	서비스하고 있지 않음
논의사항	– 비교성: 2009년 수치만 있음. 출생등록이 되어 있는 5세 미만 아동 비율을 100%라고 보고 있어서 신뢰도가 낮다고 할 수 있음.

13) UN_ 지속가능개발목표(SDGs)〉 16.a.1. 국가인권기구를 설립하고 파리원칙 인가를 미신청한 국가

The Office of the United Nations High Commissioner for Human Rights (OHCHR)에서 연간으로 보고되고 있다. 데이터 출처는 GANHRI의 보고서로 OHCHR은 보고서 제출 이후 6개월마다 업데이트되는 GANHRI의 데이터를 합친다. 수집된 데이터는 국가 인권기관으로 보내지며 각 기관은 이를 작성해서 국제 메커니즘으로 회신한다. 인증을 원하는 국가인권기관은 아래와 같은 항목을 제출해야 한다. 국가인권기구 의사결정기구 위원의 임기보장, 국가인권기구의 상근 회원, 기능면책성 보장 여부, 국가인권기구 직원 모집 및 유지, 파견근무자, 쿠테타 또는 비상사태가 발생한 경우, 행정규제 등과 같이 접수된 정보에 기초하여 GANHRI 인증 소위원회인 SCA가 점검하여 수행한다.

'파리원칙에 따른 국가인권기구의 존재'를 표기하는 통계가 필요한지(1이면 있음, 0이면 없음)에 대해 문제를 제기할 수 있다. 북한은 없는 것으로 알려졌으나 수치로는 1이 표기되어 있다.(2010, 2015~2021) 신뢰도와 관련성에 의문이 제기된다.

표 12-18	UN_ 지속가능개발목표(SDGs)〉 16.a.1. 국가인권기구를 설립하고 파리원칙 인가를 미신청한 국가(1 = 예; 0 = 아니오)
개념	파리원칙(Paris Principles)에 따른 독립적인 국가인권기구의 존재
생산주기	연간
출처	The Office of the United Nations High Commissioner for Human Rights (OHCHR)
담당자	
조사방법	(데이터 출처) GANHRI의 보고서로 OHCHR은 보고서 제출 이후 6개월 마다 업데이트 되는 GANHRI의 데이터를 합침. (데이터 수집방법) 이 조사는 국가 인권기관으로 보내지며 각 기관은 이를 작성해서 국제 메커니즘으로 회신함. 인증을 원하는 국가인권기관은 아래와 같은 항목을 제출해야 함.: 국가인권기구 의사결정기구 위원의 임기보장, 국가인권기구의 상근 회원, 기능면책성 보장 여부, 국가인권 기구 직원의 모집 및 유지, 파견근무자, 쿠테타 또는 비상사태가 발생한 경우, 행정규제 등 – 접수된 정보에 기초하여 GANHRI 인증 소위원회인 SCA가 점검하여 수행함.
유사통계표	서비스 하고 있지 않음
논의사항	– 관련성: '파리원칙에 따른 국가인권기구의 존재'를 표기하는 통계가 필요한지(1이면 있음, 0이면 없음)에 대해 문제를 제기할 수 있음. 북한은 없는 것으로 알려졌으나 수치로는 1이 표기되어 있음(2010, 2015~2021) 신뢰도와 관련성에 의문이 제기됨.

14) UN_ 지속가능개발목표(SDGs)〉 17.9.1. 기술협력에 대한 총 공적개발원조(ODA) (2019 불변 100만 달러)

기술협력을 위한 총 공적 개발 지원 지출을 의미하며 출처는 OECD에서 생산주기는 연간이다. 조사는 CRS(Creditor Reporting System)에 따라 수집하며, 이 데이터는 국가행정기관의 통계 리포터에 의해 보고된다. 북한이 공적개발원조의 수혜국이며, 통계 수치에는 지출액이 나와 있다. 세계은행 홈페이지의 북한 ODA 수혜 통계와도 차이가 있다. 신뢰도와 관련성에 의문이 존재한다. 유사통계표로는 세계은행 홈페이지가 있다.

표 12-19	UN_ 지속가능개발목표(SDGs)〉 17.9.1. 기술협력에 대한 총 공적개발원조(ODA) (2019 불변100만 달러)
개념	기술협력을 위한 총 공적 개발 지원 지출
생산주기	연간
출처	OECD
담당자	
조사방법	(데이터 출처) CRS(Creditor Reporting System)에 따라 수집하며, 이 데이터는 국가행정기관의 통계 리포터에 의해 보고됨.
유사통계표	세계은행 data 홈페이지
논의사항	– 관련성: 북한이 공적개발원조의 수혜국으로 통계 수치에는 지출액이 나와 있음. 세계은행 홈페이지의 북한 ODA 수혜 통계와도 차이가 있음. 신뢰도와 관련성에 의문이 있음.

15) UN_ 지속가능개발목표(SDGs)〉 선진국에 부과되는 상품 유형별 최혜국관세 평균

개발도상국이 받는 가중평균관세를 의미한다. 세부 항목은 직물, 공산품, 무기, 농산품, 의류등이다. 출처는 ITC, UNCTAD, WTO이며 생산주기는 연간이다. 수입 관세 데이터-WTO 회원국이 공식 통보하는 방식으로 조사가 이루어지고 있다. 관련성을 보면 품목별 관세 평균 및 전체 관세 평균이 모두 제시되어 있고 시의성의 경우, 2000년부터 5년 단위, 2010~2020년 1년 단위로 수치가 존재한다. 메타데이터 자료를 통해서 지표에 대해서 충분히 설명하고 있으므로 접근성/명확성이 높다고 할 수 있다.

표 12-20	UN_ 지속가능개발목표(SDGs)〉 선진국에 부과되는 상품 유형별 최혜국관세 평균
개념	개발도상국이 받는 가중평균관세
세부항목	직물, 공산품, 무기, 농산품, 의류
생산주기	연간
출처	ITC, UNCTAD, WTO
담당자	
조사방법	수입 관세 데이터-WTO 회원국의 공식 통보
유사통계표	서비스 하고 있지 않음
논의사항	- 관련성: 품목별 관세 평균 및 전체 관세 평균이 모두 제시되어 있음. - 시의성: 2000년부터 5년 단위, 2010~2020년 1년 단위로 수치 있음. - 접근성/명확성: 메타데이터 자료를 통해서 지표에 대해서 충분히 설명하고 있음.

16) UN_ 지속가능개발목표(SDGs)〉 선진국에 부과되는 상품 유형별 우대 관세 평균

선진국에 부과되는 상품 유형별 우대 관세 평균으로 세부항목은 직물, 공산품, 무기, 농산품, 의류이다. 출처는 ITC, UNCTAD, WTO이며 생산주기는 연간이다. 수입 관세 데이터-WTO 회원국이 공식 통보하는 방식으로 조사가 이루어진다. 관련성 측면에서 보면 품목별 관세 평균 및 전체 관세 평균이 모두 제시되어 있고 2000년부터 5년 단위, 2010~2020년 1년 단위로 수치 있으므로 시의성도 있다고 할 수 있다. 메타데이터 자료를 통해서 지표에 대해서 충분히 설명하고 있으므로 접근성/명확성이 높다고 볼 수 있다.

표 12-21	UN_ 지속가능개발목표(SDGs)〉 선진국에 부과되는 상품 유형별 우대 관세 평균
개념	선진국에 부과되는 상품 유형별 우대 관세 평균
세부항목	직물, 공산품, 무기, 농산품, 의류
생산주기	연간
출처	ITC, UNCTAD, WTO
담당자	
조사방법	수입 관세 데이터-WTO 회원국의 공식 통보
유사통계표	서비스 하고 있지 않음
논의사항	– 관련성: 품목별 관세 평균 및 전체 관세 평균이 모두 제시되어 있음. – 시의성: 2000년부터 5년 단위, 2010~2020년 1년 단위로 수치 있음. – 접근성/명확성: 메타데이터 자료를 통해서 지표에 대해서 충분히 설명하고 있음.

17) UN_ 지속가능개발목표(SDGs)〉 공식통계기본원칙 준수 통계법제 정 국가

국가통계법 공식통계 기본원칙을 준수하는지 여부(SDGs 17.18.1)를 의미하며 출처는 PARIS21 SDG Survey이고 생산주기는 연간이다. 이 항목에 대한 통계표가 UN SDGs(unstats) 데이터 홈페이지에 없으므로 관련성은 낮다고 할 수 있다. 유사통계표로 PARIS21 SDG Survey가 있다.

표 12-22	UN_ 지속가능개발목표(SDGs)〉 공식통계기본원칙 준수 통계법제정 국가
개념	국가통계법 공식통계 기본원칙을 준수하는지 여부(SDGs 17.18.1)
생산주기	연간
출처	PARIS21 SDG Survey
담당자	
조사방법	찾지 못했음.
유사통계표	PARIS21 홈페이지
논의사항	– 관련성: 이 항목에 대한 통계표가 UN SDGs(unstats) 데이터 홈페이지에 없음.

18) UN_ 지속가능개발목표(SDGs)〉 국가통계계획 시행 국가

국가통계계획을 시행하면 1, 하지 않으면 0(SDGs 17.18.2)을 의미하며 출처는 PARIS21 SDG Survey, 생산주기는 연간이다. 관련성 부분을 보면 국가통계계획 시행 여부를 0, 1로 표기하고 있다. 통계표로 확인하여야 하는 지표인지에 대해서는 의문이 있다. 2019~2021년 수치가 있으므로 시의성은 있다고 볼 수 있다.

표 12-23	UN_ 지속가능개발목표(SDGs)〉 국가통계계획 시행 국가
개념	국가통계계획을 시행하면 1, 하지 않으면 0(SDGs 17.18.2)
생산주기	연간
출처	PARIS21 SDG Survey
담당자	
조사방법	찾지 못했음.
유사통계표	서비스하고 있지 않음
논의사항	- 관련성: 국가통계계획 시행 여부를 0, 1로 표기하였음. 통계표로 확인하여야 하는 지표인지에 대해서는 의문이 있음. - 시의성: 2019~2021년 수치 있음.

19) UN_ 지속가능개발목표(SDGs)〉 국가통계계획에 공여국 재정지원을 받는 국가

자금을 지원받는 국가 통계 계획을 가진 국가(있으면 1, 없으면 0)(SDGs 17.18.3)를 의미한다. 출처는 PARIS21 SDG Survey, 생산주기는 연간이다. 국가통계계획 자금 지원을 받았는지 여부를 0, 1로 표기하였다. 통계로 보아야 하는 지표인지는 관계성 부문에 의문이 있다.

표 12-24	UN_ 지속가능개발목표(SDGs)〉 국가통계계획에 공여국 재정지원을 받는 국가
개념	자금을 지원받는 국가 통계 계획을 가진 국가(있으면 1, 없으면 0)(SDGs 17.18.3)
생산주기	연간
출처	PARIS21 SDG Survey
담당자	
조사방법	찾지 못했음.
유사통계표	서비스 하고 있지 않음
논의사항	– 관련성: 국가통계계획 자금 지원을 받았는지 여부를 0, 1로 표기하였음. 통계로 보아야 하는 지표인지는 의문이 있음. – 정확성: 통계표에 수치가 아니라 계산오류가 표기되어 있음(NaN). 통계표로 사용 불가능한 상황.

20) World Bank〉 외국인 직접투자 유입액(BoP, current million US$)

외국인 직접투자 유입액을 의미하며 출처는 IMF, UNCTD이며 생산주기는 알 수 없다. 조사 방법은 찾지 못했으며 유사통계표로 UNCTD Data 홈페이지가 있다. 2021년 수치가 있으며 비교성 측면에서 보면 세부적인 수치는 다르지만 UNCTD 와 유사한 추이를 보이고 있다. 메타데이터 자료를 통해서 지표에 대해서 충분히 설명하고 있다.

표 12-25	World Bank〉 외국인 직접투자 유입액 (BoP, current million US$)
개념	외국인 직접투자 유입액
생산주기	알 수 없음
출처	IMF, UNCTD
담당자	
조사방법	찾지 못했음.
유사통계표	UNCTD Data 홈페이지
논의사항	– 시의성: 2021년 수치 있음. – 비교성: 세부적인 수치는 다르지만 UNCTD와 유사한 추이를 보임. – 접근성/명확성: 메타데이터 자료를 통해서 지표에 대해서 충분히 설명하고 있음. 홈페이지 접근성이 좋음.

21) World Bank〉원조의 의존성(US$)

국가의 원조 의존성을 의미한다. 출처와 생산주기는 알 수 없으며 조사 방법도 찾지 못했다. 원조의 의존성을 알 수 있는 통계표가 없었다. ODA 공여의 GNI 대비 비율, 총자본 대비 비율, 수입 대비 비율 같은 통계표에 북한 수치는 찾을 수 없었다.

표 12-26	World Bank〉원조의 의존성(US$)
개념	국가의 원조 의존성
생산주기	알 수 없음
출처	찾지 못했음
담당자	
조사방법	찾지 못했음
유사통계표	서비스 하고 있지 않음
논의사항	– 관련성: 원조의 의존성을 알 수 있는 통계표가 없었음. ODA 공여의 GNI 대비 비율, 총자본 대비 비율, 수입 대비 비율 같은 통계표에 북한 수치는 없었음.

22) World Bank〉개발원조위원회회원국별 순원조분포

개발원조위원회회원국별 순원조분포를 의미하며 유사통계표로는 OECD Stat 홈페이지가 있다. 원조국 분포에 대한 통계표가 세계은행 데이터베이스에 없으므로 관련성에 의문이 제기된다. 회원국별로 북한에 얼마나 원조하는지에 관한 총액은 OECD 홈페이지에 수록되어 있다. 따라서 OECD 홈페이지로 출처를 바꾸는 것을 제안한다.

표 12-27	World Bank〉 개발원조위원회회원국별 순원조 분포
개념	개발원조위원회회원국별 순원조 분포
생산주기	알 수 없음
출처	찾지 못했음
담당자	
조사방법	찾지 못했음
유사통계표	OECD Stat 홈페이지
논의사항	– 관련성: 원조국 분포에 대한 통계표가 세계은행 데이터베이스에 없었음. 회원국별 북한에 얼마나 원조하는지에 관한 총액은 OECD 홈페이지에 수록되어 있음. OECD 홈페이지로 출처를 바꾸는 것을 제안함.

3. 주요 메타데이터

그밖에 주요 메타데이터로는 UN OCHA (United Nations office for the Coordination of Humanitarian Affairs), 국제연합아동기금(UNICEF, United Nations Children's Fund), 유엔 인권최고대표사무소(UN Human Rights Office of the High Commissioner, UN OHCHR)가 있다.

UN OCHA에 대한 담당 부서는 Financial Tracking Database(FTS)로 데이터는 자발적 보고 메커니즘에 따라 수집되고 있으며 이는 특정 국가에서 인도주의적 결과에 기여하는 모든 공공 및 민간단체는 FTS에 보고할 수 있음을 뜻한다. 자발적 데이터 보고에 따른 수집이므로 다음과 같은 유형의 사람들이 보고자에 해당한다. 기부자, 유엔 기구 및 기금 또는 프로그램, 비정부기구, 영향을 받는 국가(인도주의적 지원의 수혜국)가 있다. 수집항목은 자금 지원 조직, 수취인 조직, 목적 국가, 대응 계획 또는 이름, 프로젝트 설명, 자금조달유형, 상태, 원화금액, US \$기준 금액, 다년 보조금의 연간 부문 금액 등이 포함된다.

국제연합아동기금(UNICEF, United Nations Children's Fund) 데이터 출처는 유니세프가 지원하는 가계조사 MICS를 통해 수집하며, 아동의 징계 방법에 대한 모든 모듈을 포함한 척도인 CTSPC(the parent-child version of the Conflict Tactics Scale)를

사용한다. 데이터 수집방법으로는 CRING(Country Data Reporting on the Indicators for the Goals)를 채택하고 있다. 어린이와 관련된 주요 지표에 대한 데이터 품질 및 국제 비교 가능성을 보장하기 위한 메커니즘으로, 국가 당국과 협력하기 위해 사용한다. 조사 방법은 신뢰할 수 있는 행정자료가 없는 상황에서, 가계조사를 통해 출생등록의 수준과 추세를 감시하도록 하고 있다.

DHS와 MICS에서 출생 신고에 대해 보고할 때 사용하는 표준지표는 면접관이 눈으로 확인할 수 있는지 여부와 관계없이 출생증명서를 소지한 5세 미만 아동의 비율을 의미한다. 그러나 인구조사는 10년마다 실시되기 때문에 정기적 모니터링에 적합하지 않은 편이다. 유효성 검사는 국가 출처의 데이터를 수집, 평가, 검증하기 위한 광범위한 협의 과정을 수행하고 있으며, 이는 사용한 데이터 소스를 포함한 지표의 편집, 해당 국가의 데이터에 대해 국제적으로 합의한 정의, 분류 및 방법론의 적용에 대해 통계청과 공식 통계를 담당하는 다른 정부 기관으로부터 직접 피드백을 요청하여 수집한다. 이 협의 과정은 유니세프에 의해 검토되며 검토 완료 후, 특정 데이터의 수용 여부를 제공하고 수용되지 않은 경우 그 이유에 대한 피드백을 국가에 제공하고 있다.

유엔 인권최고대표사무소(UN Human Rights Office of the High Commissioner, UN OHCHR) 데이터 출처는 Global Alliance of National Human Rights Institutions (GANHRI)의 보고서, OHCHR은 보고서 제출 이후 6개월마다 GANHRI의 데이터를 수합하여 업데이트하고 있다. 데이터 수집 방법은 다음과 같다. 이 조사는 국가 인권기관으로 보내지며 각 기관은 이를 작성해서 국제 메커니즘으로 회신하는 방법을 택한다.

인증을 원하는 국가인권기관은 특정 항목을 제출해야 하며, 이를 기초로 GANHRI 인증 소위원회인 Sub-Committee on Accreditation(SCA)가 점검하도록 한다. 수집항목은 다음과 같다. 국가인권기구 의사결정기구 위원의 임기보장, 국가인권기구의 상근 회원, 기능 면책성 보장 여부, 국가인권기구 직원의 모집 및 유지, 파견근무자의 수, 쿠테타 또는 비상사태가 발생한 경우 대책, 행정규제 등이다.

4. 평가 및 제언

수교국과 국제기구에 대한 메타데이터에서 22개 중 2개 종목에 관한 문제점을 발견하였다. 첫 번째, 지속가능한개발목표(SDGs)에서 행정당국에 출생등록이 되어 있는 5세 미만 아동 비율에 관한 통계수치이다. 출처는 유니세프로 신뢰할 수 있는 행정자료가 부재한 상태에서 출생 신고에 대해 보고할 때 사용하는 표준지표는 면접관의 직접 조사가 아니다. 출생 증명서를 소지한 5세 미만 아동의 비율을 의미하며 인구조사는 10년마다 실시하기 때문에 정기적 모니터링에 적합한지 의문이 든다. 유사통계표가 존재하지 않으므로 이에 대한 보완을 어떻게 할지 고민해야 할 것이다.

두 번째, 세계은행에서 제공하는 개발원조위원회회원국별 순원조분포에 대한 메타데이터는 찾지 못하였다. 회원국별 북한에 얼마나 원조하고 있는지에 대한 총액은 OECD 홈페이지에 수록되어 있다. 이런 점에서 OECD로 대체하는 것을 제안한다.

참고문헌

『로동신문』

「북한 원전자료」

「북한 최고인민회의 자료집」

「월간 근로자」

「조선중앙연감」

「조선민주주의인민공화국 인민경제발전 통계집」

「조선노동당대회 자료집」

『DailyNK』

강창익, 『남북교류사업 효율화를 위한 남북한 통계협력방안 토론회-제2주제 북한 통계 작성 및 협력 방안』, 2018.

강택구 · 홍윤근 외, 『북한 자연재해 자료 구축과 협력전략』, pp.63-64, 2021.

고등교육도서출판사, 『국토관리학(대학용)』, 2007.

과학백과사전출판사, 『경제사전』 2권, 과학백과사전출판사, 1984.

교육도서출판사, 『조선지리전서(운수지리)』, 1988.

_____, 『도로리정도』, 2006.

국가규격제정연구소, 「국가규격목록」, 평양: 국가규격제정연구소, 2015.

국토통일원 조사연구실, 『북한조사연구-경제, 북한인구추계(1946~1978년간)』, 1978.

그레고리 멘큐 저. 김경한 역, 『멘큐의 경제학』, 한티에듀, 2021.

김두섭, 『북한 인구센서스 분석 연구』, 통계청, 2010.

김정은, "위대한 김정일동지를 우리 당의 영원한 총비서로 높이 모시고 주체혁명 위업을 빛나게 완성해나가자", 『로동신문』, 2012년 4월 19일자.

남영준, 『국가 통계표준 메타데이터 설계에 관한 연구』, 정보관리연구, vol. 36, no. 1, pp. 33-56, 2005.

노용환, 『북한의 인구센서스결과 분석』, 한국보건사회연구원, 보건복지포럼 1997년 4월 통권 제7호, pp.42~52, 1997.

『동북아북한총서 2019-3, 동북아북한교통자료집』, 2019.

명수정, "북한의 환경 현황과 물관리 분야의 협력과제", 『한국수자원학회지(물과 미래)』 48(7). 27-33, 2015.

박호신·홍승린, "한반도 통합물류인프라 구축에 관한 연구", 『관세학회지 15권 3호』, 2014.8.

백과사전출판사, 『광명백과사전 17(화학공업, 경공업, 건설, 운수, 체신)』, 2011.

북한, 『조선민주주의인민공화국 인민경제발전 통계집(1946~1960)』, 평양: 국립출판사, 1961.

북한웹사이트 내나라(조선외국문도서출판사), (http://www.naenara.com.kp/ 현재 차단됨)

사회과학출판사, 『경제사전 2』, 평양: 사회과학출판사, 1970.

서남원, 『북한의 경제정책과 생산관리: 독재경제의 이론과 실제』, 서울: 고려대학교 아세아문제연구소, 1966.

서종원, "북한 교통물류인프라 통계의 이해와 한계", 『북한통계포털』 (http://kosis.kr), 2016.9.

서진영 편, 『현대 중국과 북한 40년- 자료와 통계』, 고려대학교 출판부, 1991.

스카이데일리, 국정원, 김정은 상당한 수면장애(https://skyedaily.com/news/news_view.html?ID=193604), 검색일: 2023.6.5.

안병민, "북한교통 인프라 현황 및 통일에 대비한 향후 대응 방향", 『대한토목 학회지』, 2012.3.

연합뉴스, 유엔인구기금, "北, 인구센서스 자체 진행"…유엔지원 거부(https://www.yna.co.kr/ view/AKR20190618175700072), 검색일: 2023.6.5.

우해봉 외, 『인구추계 방법론의 현황과 평가』, 한국보건사회연구원, p.24, 2016.

윤인주·진희권, "북한 해양통계의 특징과 시사점", 『북한통계포털』(http://kosis.kr), 2021.12.

이병용, 『남북의 부문별 경제력 비교 및 장기예측』, 국토통일원, 1972.

이석, 『2008년 북한 인구센서스의 분석과 문제점』, 정책연구시리즈 2011-11, 2011.

____, 『북한의 통계: 가용성과 신뢰성』, 통일연구원, 2007.

이제우, 『북한의 신분·공민·주민·등록제도에 관한 연구』, 사법정책연구원, 2017.

이향규 외, "학교교육의 팽창과 교육개혁", 『북한교육 60년 형성과 발전. 전망』, 교육과학사, p. 97~129, 2010.

임상순, 『유엔 인권메커니즘의 관여전략과 북한 김정은 정권의 대응전략-로동신문과 유엔문서 분석을 중심으로』, 북한연구학회보 19권 제1호, 2015.

정기원·이상헌, 『북한 인구의 현황과 전망』, 한국보건사회연구원, 1992.

정상훈, 『The North Korea Economic Structure and Development』, 미국 Wayne 주립 대학교, 박사학위 논문, 1964.

정영철, 『북한의 인구 통계와 사회 변화 – 교육체제의 변화와 군대 규모에 대한 새로운 추정』, 국회정보위원회, 2015.

정영철 외, 『북한 인구의 동태적 및 정태적 특징과 사회경제적 함의』, 선인, 2011.

조선 과학백과사전출판사·한국 평화문제연구소 공편, 『조선향토대백과』, 평화문제연구소, 2005.

조선로동당출판사, 『김일성저작집』 18권, 1998.

조선민주주의인민공화국 정부, 『지속가능한 발전을 위한 2030 의제 이행에 관한 자발적 국가 검토 보고서』, 2021.

조정아, 『교육통계를 통해 본 북한의 교육』, 통일연구원, p.1, 2016.

『철도경제신문』(https://www.redaily.co.kr)

최지영, 『북한 인구구조의 변화 추이와 시사점』, 한국은행 경제연구원, 제2015-18, 2015.

KDB산업은행, 『북한의 산업』, KDB산업은행, 2020.

통계청, 『1993~1955 북한 인구추계』, 2010.

____, 『북한 인구와 인구센서스 분석』, 2011.

____, 『북한의 주요통계지표』, 2022.

통계청, 『국가통계포털』(http://kosis.kr)

통일부, 『북한정보포털』(https://nkinfo.unikorea.go.kr/)

한국개발연구원, 『북한통계 입수 및 서비스 개선 방안 연구』, 2021.

한국광물자원공사, 『북한의 광물자원 개발현황』, 2009.

한국교통연구원, 『남북한간 정기 항공운송 개시를 위한 기초연구』, 2006.

한국해양수산개발원, 『북한의 해양도시1: 남포, 나선, 원산』, 2023.

한만길 · 이향규, 『북한의 교육통계 및 교육기관 현황 분석』, 한국교육개발원, 2010.

홍윤근, 『북한의 재난관리 실태와 개선』, 스페이스메이커, p.18, 2020.

홍제환, 『UNICEF 조사 결과로 본 북한 민생 실태』, 통일연구원, p.2, 2018.

홍제환 외, 『북한의 인구변동: 추세, 결정요인 및 전망』, 경제 · 인문사회연구회 협동
    연구 총서 20-67-01, 2020.

Central Bureau of Statistics Pyongyang, 『DPR Korea, DPR Korea 2008
    Population Census National Report』, 2009.

Central Bureau of Statistics Pyongyang, UNFPA 『2014 Socio=Economic,
    Demographic and Health Survey』(https://dprkorea.un.org/en/10162-2014-
    socio-economic-demographic-and-health-survey), 2014.

Central Bureau of Statistics(DPRK), UNICEF 『Multiple Indicator Cluster
    Survey, 2009』, 2009.

Central Bureau of Statistics(DPRK), UNICEF 『Multiple Indicator Cluster
    Survey, 2017』, 2017.

CIA, 『World Fact Book』, every year, https://www.cia.gov/the-world-factbook/

CIA, 『The World Factbook』, https://www.cia.gov/the-world-factbook/
    countries/korea-north319.

CSIS, 『Beyond Parallel』, https:://beyondparallel.csis.org.

DPRK, "Democratic People's Republic of Korea Voluntary National Review
    On the Implementation of the 2030 Agenda", p. 57-58. 〈https://
    sustainabledevelopment.un.org/content/documents/282482021_

VNR_Report_DPRK.pdf⟩ (Accessed October 25. 2022) 2021 북한 자발적국
가보고서 지표별 데이터.

DPRK, "Democratic People's Republic of Korea Voluntary National
Review On the Implementation of the 2030 Agenda". p. 60. ⟨https://
sustainabledevelopment.un.org/content/documents/282482021_
VNR_Report_DPRK.pdf⟩ (Accessed October 15. 2022)

ECHO Factsheet - North Korea (DPRK). 2017, http://ec.europa.eu/echo/
files/aid/countries/factsheets/dprk_en.pdf. 검색일: 2022.12.26.

FlyTeam aviation community, '航空會社 檢索', https://flyteam.jp/airline/
air-koryo/aircrafts.

Global Health Data Exchange (GHDx), 『Dataset Records for Central Bureau of
Statistics』(https://ghdx.healthdata.org/organizations/central-bureau-statistics-
north-korea), 검색일: 2022.10.23.

Harmeling. S.. Eckstein. D, "Global Climate Risk Index 2013. Who Suffers
Most from Extreme Weather Events? Weather-Related Loss Events in
2011 and 1992 to 2011", German Watch. Bonn and Berlin. Germany,
2012.

He. J.. Xu. J, "Is there decentralization in North Korea? Evidence and
lessons from the sloping land management program 2004-2014",
Land Use Policy. 61. 113-125, 2017.

ILO, 『ILO-modelled-estimates』(https://ilostat.ilo.org/resources/concepts-and-
definitions/ilo-modelled -estimates)

Nicholas Eberstadt and Judith Banister, The Population of North Korea
(Berkeley, California: University of California, Institute of East Asian Studies,
Berkeley), 1992.

OSJD, 『Report on OSJD activities for 2021』, https://en.osjd.org/en/9194.

Tanaka, Hiroyuki. North Korea: Understanding migration to and from
a closed country. Migration Policy Institute, 2008. https://www.

migrationpolicy.org/article/north-korea-understanding-migration-and-closed-country/. 검색일: 2023.6.9.

The United Nations Department of Economic and Social Affairs, "SDG Country Profile"(https://country-profiles.unstatshub.org/prk), 검색일: 2021.7.6

UN Population Division, 『World Population Prospects 2022』(https://population.un.org/wpp/)

UN Statistics Division, 『2020 World Population and Housing Census Programme, Census Dates』(https://unstats.un.org/unsd/demographic-social/census/census dates/), 검색일: 2022.10.16.

UNCTAD, 『UNCTADstat - Maritime profile: Korea, Dem. People's Rep. of』, https://unctadstat.unctad.org/CountryProfile/en-GB/index.html 『Review of Maritime Transport 2022』, http://unctad.org/rmt2022.

UNFPA, "UNFPA Helps Plan and Monitor Successful DPRK Census"(https://www.unfpa.org/news/unfpa-helps-plan-and-monitor-successful-dprk-census), 검색일: 2022.10.15.

UNFPA, 『2008 Census of Population of DPRK Key Findings』, 2009.

United States Census Bureau, 『Internationa Database(IDB), Korea, North』, (https://www.census.gov/data), 검색일: 2023.6.9.

찾아보기

▌ 저자 약력 ▌

남성욱

고려대학교 통일융합연구원 원장

고려대학교 행정전문대학원 · 통일외교안보전공 교수

통일부 통일미래기획위원회 정치군사분과 위원장

前) 민주평화통일자문회의 사무처장

前) 국가안보전략연구원장

홍윤근

신한대학교 특임교수

한국국가정보학회 이사

한반도안보전략연구원 이사

前) 건국대학교 안보재난관리학과 겸임교수

前) 국가안보전략연구원 연구위원

前) 외교관(주몽골 참사관, 주블라디보스톡 영사, 주카자흐스탄 공사참사관)

곽은경

통일부

고려대학교 북한학과 정책학 박사

이현주

서울평양연구원 원장

고려대학교 통일외교안보 전공 강사

고려대학교 행정전문대학원 강사

고려대학교 북한학 박사

노현종

숭실대학교 숭실평화통일연구원 도시연구단 전임연구원

서울대학교 사회학과 강사

서울대학교 사회학 박사

고려대학교 북한학 석사

이가영

통일부

고려대학교 북한학과 정책학 박사

이화여자대학교 경제학 석사

이화여자대학교 중어중문학 · 경제학 학사

김수정

산업연구원 산업통상연구본부 부연구위원

통일부 통일미래기획위원회 경제분과위원

민주평통자문회의 자문위원

이덕행

통일연구원 초청 연구위원

고려대학교 통일융합연구원 운영위원

前) 통일부 기획조정실장, 대변인, 청와대 통일정책비서관 역임

前) 주미 한국대사관 통일협력관, WHO 본부 대북사업 담당관 등

북한대학원대학교 북한학 박사

Syracuse University 행정학 석사

정유석

통일연구원 통일정책연구실 부연구위원

고려대학교 통일융합연구원 책임연구위원

통일부 통일미래기획위원회 위원, 통일부 자체평가 위원, 민주평통 상임위원

서울특별시 평화통일기반조성위원회 위원, 지방보조금관리위원회 위원

前) IBK 기업은행 경제연구소 북한경제연구팀 연구위원

前) 한국수출입은행 북한동북아연구센터 책임연구원

김엘렌

이화여자대학교 통일학연구원 객원 연구위원

서울특별시 남북교류협력위원회 위원

前) 국가인권위원회 북한인권전문위원회 전문위원

이화여자대학교 북한학 박사

이화여자대학교 경영학 석사

이화여자대학교 경영학 학사

고려대학교 통일융합연구원 해란연구총서 시리즈 2
북한의 국내외 북한 통계 진단과 품질 개선 방안

초판발행   2024년 4월 30일

지은이   남성욱·홍윤근·곽은경·이현주·노현종·이가영·김수정·이덕행·정유석·김엘렌
펴낸이   안종만·안상준

편 집   한두희
기획/마케팅   김한유
표지디자인   이은지
제 작   고철민·조영환

펴낸곳   ㈜ **박영사**
                 서울특별시 금천구 가산디지털2로 53, 210호(가산동, 한라시그마밸리)
                 등록 1959.3.11. 제300-1959-1호(倫)

전 화   02)733-6771
f a x   02)736-4818
e-mail   pys@pybook.co.kr
homepage   www.pybook.co.kr
ISBN   979-11-303-1893-6 93340

정 가   27,000원